Pierre-Yves McSween
Brauchst du das wirklich?

Pierre-Yves McSween

BRAUCHST DU
DAS
WIRKLICH?

Mit weniger Besitz
zu mehr mentaler und finanzieller Freiheit

Übersetzung aus dem kanadischen Englischen von Silvia Kinkel

REDLINE | VERLAG

Bibliografische Information der Deutschen Nationalbibliothek
Die Deutsche Nationalbibliothek verzeichnet diese Publikation in der Deutschen National-
bibliografie. Detaillierte bibliografische Daten sind im Internet über http://dnb.d-nb.de
abrufbar.

Für Fragen und Anregungen:
info@redline-verlag.de

1. Auflage 2020

© 2020 by Redline Verlag, ein Imprint der Münchner Verlagsgruppe GmbH,
Nymphenburger Straße 86
D-80636 München
Tel.: 089 651285-0
Fax: 089 652096

© der Originalausgabe Guy Saint-Jean Éditeur inc., 2016
Die französische Originalausgabe erschien 2016 bei Guy Saint-Jean Éditeur in Quebec unter
dem Titel *En as-tu vraiment besoin?*
Die englische Originalausgabe erschien 2018 bei Random House Kanada, einer Abteilung von
Penguin Random House Canada Limited unter dem Titel *Do you really need it?*

Alle Rechte, insbesondere das Recht der Vervielfältigung und Verbreitung sowie der Übersetzung, vorbehalten. Kein Teil des Werkes darf in irgendeiner Form (durch Fotokopie, Mikrofilm
oder ein anderes Verfahren) ohne schriftliche Genehmigung des Verlages reproduziert oder
unter Verwendung elektronischer Systeme gespeichert, verarbeitet, vervielfältigt oder verbreitet
werden.

Übersetzung: Silvia Kinkel
Redaktion: Britta Fietzke, Frankfurt a. Main
Umschlaggestaltung: Marc Fischer, München
Umschlagabbildung: Shutterstock/ Gepäcksymbol_verktorisland/ Kreditkartensymbol_Djent/
Autosymbol_hanec015
Abbildungen Innenteil aus französischer Originalausgabe: Christiane Séguin
Satz: abavo GmbH, Buchloe
Druck: GGP Media GmbH, Pößneck
Printed in Germany

ISBN Print 978-3-86881-776-8
ISBN E-Book (PDF) 978-3-96267-180-8
ISBN E-Book (EPUB, Mobi) 978-3-96267-181-5

Weitere Informationen zum Verlag finden Sie unter

www.redline-verlag.de

Beachten Sie auch unsere weiteren Verlage unter www.m-vg.de

INHALTSVERZEICHNIS

Finanzieller Spielraum
Brauchst du den wirklich?
9

Eine Kreditkarte
Brauchst du die wirklich?
14

Die neueste Technologie
Brauchst du die wirklich?
21

Marken
Brauchst du die wirklich?
27

Verhandlungsgeschick
Brauchst du das wirklich?
35

Bequemlichkeit
Brauchst du die wirklich?
43

!%#*?& Punktekarten
Brauchst du die wirklich?
49

High-End-Equipment
Brauchst du das wirklich?
54

Ein Budget
Brauchst du das wirklich?
57

Auf andere Menschen hören
Musst du das wirklich?
65

Ein neues Auto
Brauchst du das wirklich?
70

Ein Auto
Brauchst du es wirklich?
78

Ausgeglichenheit
Brauchst du die wirklich?
83

Heiraten
Musst du das wirklich?
90

Sparen
Musst du das wirklich?
96

Ein guter Kreditscore
Brauchst du den wirklich?
103

Inhaltsverzeichnis

Es sich leisten können
Musst du das wirklich?
108

Liebe
Brauchst du die wirklich?
114

Einen Job
Brauchst du den wirklich?
125

Neues Zeug
Brauchst du das wirklich?
132

Besitz
Brauchst du den wirklich?
138

Für die Ausbildung der Kinder sparen
Musst du das wirklich?
144

Wohneigentum
Brauchst du das wirklich?
147

Kinder
Brauchst du die wirklich?
155

Personenversicherung
Brauchst du die wirklich?
161

Schaden- und Unfallversicherung
Brauchst du die wirklich?
171

Geld
Brauchst du das wirklich?
179

Schulden
Brauchst du die wirklich?
185

Deine Investitionen managen
Musst du das wirklich?
190

Kinderpartys
Brauchst du die wirklich?
196

Der Keine-Geschenke-Pakt
Brauchst du den wirklich?
198

Eine Ausgabenstrategie
Brauchst du die wirklich?
203

Erwartungen managen
Musst du das wirklich?
207

Verreisen
Musst du das wirklich?
214

Kochen
Musst du das wirklich?
220

Eine Krawatte
Brauchst du die wirklich?
227

Deine Socken essen
Musst du das wirklich?
230

Einen Friseursalon
Brauchst du den wirklich?
235

Sich auf das Scheitern vorbereiten
Musst du das wirklich?
240

Bankrott
Brauchst du den wirklich?
245

Vorsorge für deinen Tod treffen?
Musst du das wirklich?
250

Fazit ...
Warum brauchst du es
wirklich?
255

Danksagung
257

Anmerkungen
261

Stichwortverzeichnis
265

Über den Autor
271

FINANZIELLER SPIELRAUM
BRAUCHST DU DEN WIRKLICH?

Du hast noch nie größere Probleme gehabt und dein Leben fließt dahin wie ein langer, ruhiger Fluss (geht das überhaupt?). Aber hast du auch 2.000 Euro beiseitegelegt, auf die du sofort zurückgreifen kannst? Verfügst du über das Geld, um mit Unerwartetem umgehen zu können? Du weißt schon, diese böse Überraschung, die hinter der nächsten Ecke lauert? (Ich rede hier von Geld, das innerhalb weniger Stunden verfügbar ist – und nicht von einem Kredit.)

Anders ausgedrückt: Hast du 2.000 Euro auf der hohen Kante, um sie deiner Tochter zu schicken, die nach Florida gezogen ist, um ihren Traum zu leben, sich dann aber mit ihrem Freund verkracht hat und aus Angst den nächsten Flieger nach Hause nehmen will?

Hast du 2.000 Euro, damit dein bester Freund seinen Dealer bezahlen kann ... *sofort*? Kannst du ihm innerhalb von 24 Stunden helfen? Falls nicht, dann ist er entweder nicht dein bester Freund oder du hast das Geld nicht. Du kannst dich damit trösten, dass er immer noch ein Freund ist – wenn auch ohne Zähne (und wenn der Dealer nett ist, sieht das Gebiss deines Freundes jetzt aus wie eine Klaviertastatur).

Damit will ich nicht behaupten, dass du die Drogenschulden deines Freundes begleichen sollst. Vielmehr möchte ich eine ehrliche Antwort auf die folgende Frage: »Hättest du 2.000 Euro zur Hand?« Und alles ist natürlich relativ, denn der Betrag hängt von deinem Lebensstil ab, deinem Einkommen, deinen kurz- und mittelfristigen finanziellen Verpflichtungen. Es ist nur ein Beispiel.

Der Anfang der Schuldenspirale

Unvorhergesehene Ereignisse können eine Schuldenspirale auslösen, ob wir nun über eine plötzliche Trennung sprechen, ein undichtes Dach, einen beruflichen Rückschlag oder einen Verkehrsunfall, bei dem die Versicherung nur einen Teil der Kosten übernimmt.

Brauchst du den wirklich?

Und dennoch sind diese scheinbar unvorhersehbaren Situationen alles andere als das. Statistisch gesehen wissen wir sehr wohl, dass der Puck nicht immer vor unserem Schläger landet.

Es ist das Gesetz der Wahrscheinlichkeit: Früher oder später schlägt das Unerwartete zu. Und dann, wie ein Freund, der dich nachts um 4 Uhr anruft, lässt es dich im Bett aufschrecken. Bevor du auch nur nach Luft schnappen kannst, wird aus allen Richtungen auf dich geschossen und du stehst plötzlich mit dem Rücken zur Wand.

 Du brauchst ein Sicherheitspolster, um mit dem Unerwarteten umgehen zu können. Wenn du keinen »Puffer« hast, kann etwas so Einfaches wie eine Kreditkartenrechnung über 2.000 Euro zu einer Fußfessel werden, die du noch Jahre mit dir herumschleppst – mit möglicherweise 20 Prozent Zinsen.

Die Menschen weisen oft darauf hin, dass sie diese Schulden mit ihrem Dispo auffangen können – was auch stimmt, falls dieser nicht bereits ausgereizt sein sollte. Aber selbst, wenn du deinen Dispo als Sicherheitspolster nutzt, darfst du nicht vergessen, dass auf eine erste oftmals direkt die zweite und dritte kostspielige Überraschung folgt. Tatsächlich ist das Leben eine lange Reihe solcher Überraschungen. Also … hast du 2.000 Euro?

Die Geschichten hinter den Fassaden

Menschen erzählen mir oft von ihren finanziellen Problemen. Erst neulich sagte mir eine junge Frau, dass ihre Kreditkarte ausgereizt sei und sie nicht einmal mehr kleinere Zahlungen leisten könne. Sie ist 35 Jahre alt, hat keine Ersparnisse und derartig viele Schulden, dass ich nicht weiß, wann sich ihre Situation bessern wird. Ihre Not war geradezu spürbar. Aber leider ist ihre Geschichte nicht ungewöhnlich.

Irgendwann halten die Schulden dich nachts wach. Menschen schämen sich für ihr finanzielles Scheitern. Sie wollen nicht um Hilfe bitten, so wie jemand mit einer Depression keinen Termin beim Therapeuten vereinbaren will. Finanzielle Not hält uns davon ab, klar zu sehen oder die Situation ruhig analysieren zu können. Und alles beginnt mit einem unvorhergesehenen Ereignis oder ein bisschen wucherndem Pech. Es ist nicht einfach, Menschen zu erklären, dass ihre Vergangenheit einen dauerhaften Einfluss auf ihre Zukunft hat. **Ohne signifikante Einkommenssteigerung können schlechte Entscheidungen oder Pech deine Zukunft ernsthaft gefährden.**

Finanzieller Spielraum

Im Angesicht finanzieller Schwierigkeiten neigen wir zum Abwarten. Zum Verdrängen. Zum Augenverschließen. Bis schließlich der Geldautomat die Karte einzieht. An dem Punkt ist es oftmals schon zu spät. Es ist so, als würdest du warten, bis du 50 Kilo Übergewicht hast, bevor du dich mit deiner Ernährung auseinandersetzt. Wenn du jedoch das Sicherheitspolster eines Notgroschens hast, kannst du das Ruder herumreißen.

Du siehst tagtäglich, wie Menschen in finanzielle Engpässe geraten. Eine prekäre finanzielle Situation hat nichts mit dem Einkommen zu tun; es ist lediglich eine Frage eines ausgeglichenen Budgets und der finanziellen Verpflichtungen. Es gibt jede Menge Berufstätige mit beindruckenden Gehältern, die dennoch immer knapp bei Kasse sind. Ein Notfallgroschen ist keine Frage des Einkommens – es ist eine Frage der Weitsicht.

Die Verfügbarkeit des Notfallgroschens

Die Idee hinter einem Notfallgroschen ist, dass du ihn hoffentlich nie brauchen wirst. Wie die Feuerwehraxt hinter der Scheibe sollte er nur im äußersten Notfall eingesetzt – und anschließend sofort wieder aufgefüllt werden.

Wie ich später noch erläutern werde (siehe »Sparen« auf S. 96) ist ein Sparkonto ein guter Platz für den Notfallgroschen. Man kann nicht so einfach darauf zugreifen wie auf ein normales Bankkonto.

Du musst deinen Notfallgroschen vor dir selbst und deinen Wünschen schützen, denn Wünsche sind ein Fass ohne Boden: Sobald ein Wunsch erfüllt ist, taucht ein neuer auf. Um aber unsere Wünsche zu erfüllen, sind wir bereit, uns auf unsere Ersparnisse zu stürzen wie das Elend auf die Armen. Wünschen ist nicht rational. Es beleiht die Rücklagen für den Ruhestand ebenso wie das Haushaltsgeld und bringt uns dazu, Sachen zu kaufen, die keine unmittelbare Bedeutung haben. Das Wünschen saugt das Blut aus unserem Gehirn und vernebelt unser Denken. Wir rutschen vom Rationalen ins Impulsive.

Dein Sicherheitspolster zu behüten, bedeutet, ein Schutzschild gegen Unvorhergesehenes zu haben.

Brauchst du den wirklich?

Wie lange würdest du brauchst, um 1.000 Euro anzusparen?

Es ist eine gute Übung, sich zu fragen, wie lange man brauchen würde, um 1.000 Euro zusammenzusparen, und sich die Antwort in Erinnerung zu rufen, wenn du das nächste Mal dein Geld mit vollen Händen ausgeben möchtest. Viele Menschen brauchen Monate, bis sie 1.000 Euro zusammenhaben. Wie willst du mit dem Unerwarteten umgehen, wenn es dir nicht einmal möglich ist, auf die Schnelle 1.000 Euro zusammenzubekommen?

Von deinem Nettoeinkommen sollte auch etwas für Wünsche zur Verfügung stehen – anders ausgedrückt, finanzielle Mittel, die frei sind, nachdem du deinen finanziellen Verpflichtungen nachgekommen bist. Nachdem die laufenden Kosten gedeckt sind (Miete oder Hypothek, Auto, Versicherungen, Telefon, Fernsehgebühren, Kleidung, Lebensmittel, Sparverträge), bleibt dir noch wie viel Geld, um dich ein bisschen zu verwöhnen?

Diese Übung ist auch nützlich, wenn du größere Ausgaben in Erwägung ziehst. Wenn du also, sagen wir mal, einen Verbraucherkredit über 10.000 Euro aufnimmst, wie lange brauchst du dann für die Rückzahlung?

Es ist verrückt, wie schnell Menschen an 1.000 Euro kommen, um sich einen Wunsch zu erfüllen, und gleichzeitig anscheinend nicht in der Lage sind, sich ein Sicherheitspolster anzusparen. Offenbar ist es wenig reizvoll, für das Unvorhersehbare vorzusorgen. Man lädt nicht seinen Nachbar zu sich ein, um ihm das neue glitzernde Sicherheitspolster zu zeigen. Nein, das Sicherheitspolster erregt kein Aufsehen. Niemand aus deinem Umfeld wird es beachten oder dich dafür bewundern. Aber nur dieses Polster kann dir die nötige Zuversicht geben, um dem Leben ohne die Angst entgegenzutreten, deine finanzielle Sicherheit zu gefährden oder, schlimmer noch, die deiner Angehörigen.

Leben ohne finanziellen Spielraum

Keinen finanziellen Spielraum zu haben, bedeutet, unbequem auf einem wackeligen Kreditast zu hocken. Das bringt dir nur einen wundgescheuerten Hintern. Äußerst unbequem. Eine Weile kannst du so unbequem dort hocken, aber auf Dauer wirst du das nicht wollen.

Nach einer Weile wird der Blutfluss in deine Beine abgeklemmt, und wenn sich dann eine interessante Möglichkeit auftun sollte, sind deine Beine gefühllos und du verpasst die Chance zur Verbesserung deiner Situation.

Finanzieller Spielraum

> Brauchst du also wirklich einen finanziellen Spielraum?
>
> Sollte die Frage nicht vielmehr lauten: Kommst du auch ohne klar?

EINE KREDITKARTE
BRAUCHST DU DIE WIRKLICH?

Hast du je die Gebrauchsanweisung für ein Bügeleisen gelesen? Ich gehöre zu den Menschen, die so etwas machen, und habe die Anleitung studiert, die bei meinem Bügeleisen dabei war (und ja, ich brauchte es wirklich). Neben einigen wichtigen Punkten wurde der neue Besitzer dazu angehalten, »nicht das Gesicht an das heiße Eisen zu pressen«.

Mich amüsierte die ernst gemeinte Warnung des Herstellers. Vermutlich musste es in der Anleitung stehen, weil es tatsächlich mal irgendein Depp gemacht hat, um das Resultat zu testen, was passiert – wie ein Kind, das im Winter mit der Zunge an einer Eisenstange leckt.

Von den Gefahren abgesehen, ist ein Bügeleisen ein wunderbares Gerät. Und so ist es auch mit der Kreditkarte.

Ein Kredit ist also etwas Gefährliches? Ja, genauso wie ein Bügeleisen oder ein Hammer es sein kann. Richtig gehandhabt ist ein Hammer, wie ein Kredit, ein hilfreiches Werkzeug. Ich habe einen Hammer in meiner Garage. Er kann mir helfen, etwas zusammenzubauen – oder mir als Mordwaffe à la *American Psycho* dienen.

»Kostenlose« Finanzierung

Mal ehrlich – wer hat seinen Kreditkartenvertrag vollständig gelesen? Selbst nachdem man ihn unterschrieben hat? Die wenigsten von uns. Die Kreditkartenanbieter lassen uns stapelweise Formulare ausfüllen, die wir angesichts der Menge an Kleingedrucktem oft nur überfliegen. Aber wie kannst du deine Kreditkarte vernünftig nutzen, wenn du gar nicht weißt, wie sie funktioniert? Das trotzt jeglicher Vernunft – und dennoch tun wir es alle.

Kreditkarten haben für gewöhnlich den Vorteil, dass sie eine Zahlungsfrist bis zur nächsten Abrechnung gewähren. Du hast also bis dahin Zeit mit dem »Bezahlen«. Kostenlose Finanzierung ist wunderbar, aber wie soll das gehen? Ganz einfach: dank der Menschen, die nicht rechtzeitig zahlen. Es gibt so

Eine Kreditkarte

viele von ihnen, dass sie die Zahl der pünktlich zahlenden Leute mehr als ausgleichen.
Kreditkarten bieten auch Belohnungen an, die viele von uns verlockend finden. Aber das ganze System finanziert sich selbst, nämlich mit Gewinn. Um in den Genuss von Belohnungen zu kommen, tragen wir stillschweigend auf zahlreiche Arten zu diesem System bei. Und zwar wie folgt:
Für jede Transaktion zahlt der Händler eine Gebühr, in Form eines prozentualen Anteils der Gesamtrechnung. Das ist ein merkwürdiges System, denn die Verarbeitungszeit ist bei allen Beträgen gleich.
Mit diesen Transaktionsgebühren verdienen Visa, Mastercard und andere Kreditkartenanbieter ihr Geld. Wenn du deine Kreditkartenrechnung nicht pünktlich bezahlst, bekommt die Kreditkarten ausgebende Bank die Zinsen. Das Kreditkarten ausgebende Unternehmen wiederum geht also mit dem Kunden kein Kreditrisiko ein, denn die schlechten Schulden gehören der Bank. Ist das ein Problem? Nicht wirklich.
Wenn die Finanzierungskosten der Bank wesentlich geringer sind als der Zinssatz auf die Karten, kann sie es sich leisten, ein paar Euro an schlechten Schulden zu verlieren, vorausgesetzt, andere bezahlen ihre täglich aufgelaufenen Zinsen zu einem Mindestzinssatz von 19,99 Prozent.
Vielleicht sollten die Menschen nach einem Rabatt fragen, wenn sie etwas bar bezahlen, wie zum Beispiel bei einem Fahrrad für 2.000 Euro. (Braucht die Person das wirklich? Ich werde im Kapitel über High-End-Equipment näher darauf eingehen.) Bei der Bezahlung per Kreditkarte entsteht für den Händler eine Gebühr. Es liegt also im Interesse des Händlers, dem Kunden einen Rabatt zu gewähren, wenn dieser mit seiner EC-Karte zahlt. Wenn die Zahlungsmethode aber keine Auswirkung auf den Preis hat, dann profitiert irgendwo irgendjemand davon.

Handhabe Barvorschüsse mit Vorsicht

Diesen Monat knapp bei Kasse? Kein Problem. Heb einfach mit der Kreditkarte etwas am Automaten ab. Moment, nicht so schnell! Das ist ein Barvorschuss.
Diese Bargeldvorschüsse werden mit höheren Zinsen belastet als Käufe. Aber wieso? Wenn du mit der Kreditkarte Geld abhebst, weist das rein technisch gesehen darauf hin, dass du nur noch so an Bargeld kommen kannst.

Brauchst du die wirklich?

Bargeldverfügungen haben keine Zahlungsfrist. Sobald das Geld abgehoben ist, laufen die Zinsen.

Barabhebungen sind das Schlimmste, das du mit deiner Kreditkarte tun kannst. Würdest du für ein Privatdarlehen oder eine Autofinanzierung über 20 Prozent Zinsen zahlen? Niemals! Aber genau das tun viele Menschen mit ihren offenen Kreditkartenrechnungen.

Bei Kreditkarten sind die Zinsen hoch, was sich durch das Produkt selbst erklärt. Praktisch jeder – auch ohne persönliche Sicherheiten – kann in den Genuss einer Kreditkarte kommen. Die Hürden sind niedrig – selbst mit einem schlechten Kreditrating kannst du eine Kreditkarte bekommen – und die Zinssätze spiegeln das wider.

Eine deutliche Senkung des Zinssatzes bei Kreditkarten hätte zur Folge, dass es schwieriger wird, eine zu bekommen: Weniger begüterte Personen kämen nicht länger in den Genuss einer solchen. Um also ein allgemein verfügbares Produkt zu schaffen, müssen wir hohe Zinsen zahlen. Und warum sollten wir auch niedrigere Zinssätze haben wollen? Wenn die Menschen ihre Kreditkartenrechnung pünktlich bezahlen, sind die angesetzten Zinssätze für sie irrelevant.

Wozu sollte man also eine Kreditkarte haben? Wegen ihrer Vorteile.

Niedrigere Kontoführungsgebühren: keine Gebühren für zahlreiche Einzelbuchungen. Wenn du mit einer Kreditkarte bezahlst, gibt es lediglich einmal im Monat eine Abbuchung für deine Einkäufe.

Kredit ohne zusätzliche Sicherheiten

Kostenlose Finanzierung für mindestens 21 Tage: Zwischen dem Tag der Bezahlung und dem Begleichen der Kreditkartenrechnung werden keine Zinsen berechnet.

Ein gutes Kreditrating aufbauen: Pünktliches Bezahlen von Kreditkartenrechnungen und ein ausgeglichenes Konto sind zwei Sachen, auf die Finanzdienstleister schauen und die dir helfen, ein gutes Rating aufzubauen (siehe »Ein guter Kreditscore« auf S. 103).

Erweiterte Garantien auf Waren und Dienstleistungen: Einige Kreditkartenfirmen verdoppeln oder verlängern die Garantie des Herstellers, wenn Waren mit der Kreditkarte bezahlt werden.

Eine Kreditkarte

Automatische Versicherung: Mit Kreditkarte bezahlte Waren sind manchmal gegen Diebstahl oder Schaden versichert.

Rabatte bei bestimmten Produkten: Manchmal bekommst du einen Rabatt der Art »Zahlen Sie mit Kreditkarte und Sie erhalten einen Rabatt von 10 Prozent«.

Eine weithin akzeptierte Zahlungsmethode: Heutzutage kannst du vielerorts mit Kreditkarte zahlen, abgesehen von Geschäften, die keine Transaktionsgebühr zahlen wollen, und denen, die ihre Einnahmen nicht angeben wollen.

Eine Möglichkeit, deine Ausgaben nachzuhalten: Deine Abrechnung ist eine Auflistung der getätigten Ausgaben. Bei einigen Kreditkarten bekommst du sogar eine in Kategorien unterteilte Jahresabrechnung.

Eine Auflistung der Kaufdaten: Wenn du deine Kreditkartenabrechnungen behältst, kannst du das Kaufdatum eines Artikels und so den Ablauftermin für die dazugehörige Garantie herausfinden.

Belohnungen: Bei jeder Nutzung der Kreditkarte sammelst du Punkte für den Erwerb von Waren und Dienstleistungen (falls du deine Karte ausschließlich für diesen Zweck verwendest, darfst du jedoch nicht vergessen, dass der Ertrag äußerst gering ist).

Käufe online oder am Telefon durchführen

Schutz vor Betrug: Wenn du deine Bank darüber informierst, dass ohne dein Wissen Transaktionen mit deiner Kreditkarte durchgeführt wurden, musst du in der Regel nicht dafür aufkommen.

Geringeres Risiko bei Verlust oder Diebstahl: Mir wurden einmal 200 Euro aus meiner Brieftasche gestohlen – das Geld war unwiderruflich weg. Wird jedoch eine Kreditkarte gestohlen, dann meldest du das der jeweiligen Bank, und diese kommt für sämtliche mit der Karte getätigten Zahlungen auf.

Überflüssige Versicherung?

Eine Lebensversicherung über die Kreditkarte ist nicht teuer. Warum also nicht nutzen? Zunächst musst du dich fragen, ob im Fall deines Todes deine

Brauchst du die wirklich?

Angehörigen auf einer Schuldenlast sitzenbleiben. Wenn das der Fall ist, warum sollten sie das Erbe dann annehmen? Wenn du ihnen etwas hinterlässt, wird es ausreichen, um deine Kreditkartenschulden zu begleichen?

Wozu also diese Lebensversicherung? Um aus deinem Tod möglichst viel herauszuholen? Woher willst du wissen, dass bei deinem Tod dein Kreditkartensaldo den bisher bezahlten Beiträgen zu der Lebensversicherung entspricht?

Ich lehne Lebensversicherungen über Kreditkarten stets ab. Es ist eine persönliche Entscheidung. Du musst dich fragen, ob du diese Versicherung wirklich brauchst. Welche Gefahr besteht wirklich, wenn du sie nicht abschließt?

Vergiss nicht, dass die Kundenberater in der Bank ihre Verkaufsziele für Kreditkarten und entsprechende Lebensversicherungen erreichen müssen. Du würdest niemals einem Autoverkäufer die Entscheidung überlassen, was du wirklich brauchst, warum also einem Verkäufer von Kreditkarten?

Was kaufst du am besten mit den Punkten?

Wozu setzt du die Kreditkartenpunkte am sinnvollsten ein? Zum Sparen. Investieren. In Kanada bieten Finanzinstitute manchmal im Austausch gegen Punkte Investments in den Registered Retirement Savings Plan (RRSP) an (ein individueller Rentensparplan von Revenue Canada). In der Regel sind Beiträge zum RRSP und Einkommen im Rahmen des RRSP steuerfrei.[1] Warum nicht investieren, statt unnötigen Kram zu kaufen oder Gutscheine von einem Geschäft zu bekommen?

Manchmal stocken Finanzinstitutionen das Investment auf, wenn du eine bestimmte Anzahl von Punkten gesammelt hast. Du kannst Vorteile ziehen aus Angeboten wie: »Hole dir ein 500 Euro Investment mit 50.000 statt mit 55.000 Punkten.«

Eine, zwei oder zehn Kreditkarten?

Ist es schlimm, mehrere Kreditkarten zu haben? Warum lautet die Frage nicht eher: Wozu brauchst du mehr als eine Karte? Um sagen zu können: »Hey, schaut mich an: Ich habe sechs Kreditkarten!« Hast du auch sechs Hämmer, sechs Bügeleisen oder sechs Rasenmäher? Kreditkarten sind ein Werkzeug. Wozu soll mehr Plastik in der Brieftasche gut sein?

Eine Kreditkarte

Möchtest du eine zweite Karte zücken können, falls die erste aus irgendeinem Grund nicht funktioniert? Okay. Aber in dem Fall sollte die zweite Karte, die du nur sparsam nutzt, ein wesentlich niedrigeres Limit haben als die erste. Wenn du zum Beispiel auf der ersten Kreditkarte ein Limit von 10.000 Euro hast, dann sollte die zweite ein Limit von 2.000 Euro aufweisen.

Hast du Kreditkarten nur, um in Geschäften Rabatte zu bekommen? Wie wirkt es sich auf deinen Kreditscore aus, wenn du viele Kreditkarten hast? Es könnte ihn verschlechtern (siehe »Ein guter Kreditscore« auf S. 103). Einfach ausgedrückt: Jede weitere Kreditkarte ist ein neuer Kreditantrag. Das könnte als Bedarf an mehr Kredit gewertet werden und folglich einer verringerten Fähigkeit, seinen Verpflichtungen nachzukommen.

Wenn du dann die Rechnung der Kundenkarte eines Geschäfts nicht pünktlich bezahlst, sind diese Zinsen höher als bei allen anderen Kreditkarten. Falls du die Angewohnheit hast, selten pünktlich zu bezahlen, können die Finanzierungskosten höher ausfallen, als der Rabatt bei der Kartenzahlung einbringt.

Willst du also einen kurzfristigen Nutzen gegen langfristige Konsequenzen eintauschen? In Kanada zahlen etwa sechs von zehn Karteninhabern ihre Rechnung pünktlich. Wieso das Limit ständig erhöhen? Wie oft hat ein Limit dich tatsächlich von einem Kauf abgehalten?

Ein Kredit ist ein Werkzeug, das ernst genommen werden sollte, es ist nicht wie lediglich ein weiteres Stück Pizza, obwohl du deine Portion bereits gegessen hast.

Kreditkartenverträge sind Rechtsdokumente, die Rechte und Pflichten übertragen. Kreditkarten sind keine erneuerbaren Kredite, zu denen du automatisch ermächtigt bist – du musst zeigen, dass du in der Lage bist, kurzfristig dein Konto auszugleichen.

Eine Zahlungs- und keine Finanzierungsmethode

Kreditkarten sind praktische Werkzeuge in einer Welt, in der immer weniger bar bezahlt wird. Wenn du eine Kreditkarte als Zahlungsmethode in Betracht ziehst, ergibt das Sinn. **Sobald du jedoch in die Falle tappst, sie als Finanzierungsmethode anzusehen, legst du dir eine Schlinge um den Hals.**

Brauchst du die wirklich?

Bevor du etwas kaufst, solltest du dich fragen: Könnte ich das jetzt auch bar bezahlen? Falls die Antwort nein lautet, übersteigt dieser Kauf höchstwahrscheinlich deine finanziellen Möglichkeiten. Und etwas auf Pump zu kaufen, ohne einen Rückzahlungsplan zu haben, ist so, als würdest du einem Alkoholiker eine Flasche Wodka hinstellen. Wenn du nicht flüssig genug bist, um etwas sofort bezahlen zu können, dann wird das vermutlich auch so bleiben, bis du anfängst, mehr Geld zu erwirtschaften.

Kaufen ist eine Impulshandlung. Für dein Gehirn macht es keinen Unterschied, ob du deine Karte in das Lesegerät schiebst, um etwas zu bezahlen, das 100 oder 2.000 Euro kostet. Es ist eine automatische Handlung. Erst später verstehst du die brutale, kumulative Auswirkung deiner Entscheidungen. Und das ist schade.

Du brauchst nur eine Kreditkarte. Was aber machst du jetzt mit den anderen? Geh zur Schublade und hole ein weiteres gefährliches Werkzeug, genannt *Schere*, heraus. Dieses Kapitelende kann eine Möglichkeit sein, deinen Umgang damit zu üben. Möglicherweise steckt in dir ja ein Edward mit den Scherenhänden für Kreditkarten.

DIE NEUESTE TECHNOLOGIE
BRAUCHST DU DIE WIRKLICH?

Ich erinnere mich noch, dass ich um 2013 herum meinen ersten LCD-Fernseher kaufte. Bis dahin genügte mir mein Röhrenfernseher vollauf.
Wenn Leute davor zu Besuch gekommen waren, hatten sie überrascht in der Wohnzimmerecke den gewölbten Bildschirm, einen emsigen Produzenten statischer Elektrizität, entdeckt. Als die Sender jedoch vom 4:3-Format auf 16:9 wechselten, musste ich meine langjährige Beziehung mit dem wunderbaren 70 Zentimeter messenden Sharp überdenken: Die beiden schwarzen, den Bildschirm schrumpfenden Balken brachten uns dazu, mit den Nasen am Bildschirm zu kleben, damit wir etwas erkennen konnten. Das war ärgerlich, denn der Fernseher selbst war so gut wie neu.
Ich hatte um die Jahrtausendwende inkl. Mehrwertsteuer etwas mehr als 350 Euro dafür bezahlt, umgerechnet kostete mich dieser Besitz im Jahr also weniger als 30 Euro. Sein Nachfolger war ein Flachbildschirmgerät für 1.000 Euro. Trotz meiner guten Absichten hatte mich das System am Ende doch erwischt: Es machte meinen Fernseher unbrauchbar, bevor er eines natürlichen Todes sterben konnte.

Der Aberwitz des Early Adopter

Was bringt es dir, ein Early Adopter (früher Anwender) neuer Technologien zu sein? Praktisch nichts. Okay, ich kann dir sagen, dass man in den 1980ern die Leute ein paar Tage lang echt beeindrucken konnte, wenn man einer der ersten mit einem gelben Walkman mit Autoreverse-Funktion war. Allerdings weckt der Besitz der neuesten Technologie keine Bewunderung, sondern Verlangen. **Das Verlangen, in den Genuss von etwas zu gelangen, das man eigentlich nicht braucht.**
Das Marketing trägt seinen Teil dazu bei. Wer war noch nie in einem Geschäft und verspürte diese Aufregung angesichts der Aussicht, etwas zu kaufen? Diese Aufregung verebbt in der Regel ein paar Stunden oder Tage später und lässt in ihrem Kielwasser die Reue zurück. Nachdem du etwas

Brauchst du die wirklich?

gekauft hast, verspürst du ein Gefühl von Leere. Wenn dein Leben leer ist, spielt es keine Rolle, was du kaufst. Selbst wenn du bepackt nach Hause kommst, wirst du feststellen, dass dein Leben immer noch leer ist.

Etwas zu besitzen, verleiht deinem Leben nicht automatisch einen Sinn. Erfahrungen jedoch schon. **Wenn du also etwas besitzt, musst du dessen Nutzen maximieren und dich fragen, welchen Vorteil oder welche Freude du aus jedem ausgegebenen Euro ziehst.**

Wenn der Kauf der neuesten Technologie zum doppelten Preis nicht auch unsere Freude oder Zufriedenheit verdoppelt, Zeit spart oder für erheblich mehr Komfort sorgt, wieso kaufen wir es dann? Weil wir tief in uns die falsche Überzeugung hegen, dass uns dieses Produkt besser machen wird.

Denk nur an die Headsets, die die Leute vor einigen Jahren ständig in den Ohren hatten. Man sah Menschen stolz damit im Restaurant sitzen, als wollten sie sagen: »Seht doch! Ich bin wie Robocop!« Lächerlich.

Der hohe Preis der Technologie

Hersteller müssen für die Forschung und Entwicklung neuer Technologien eine Menge Geld ausgeben. Was tun sie also, wenn sie ein sich stark abhebendes Produkt auf den Markt bringen? Sie versuchen, die frühen Anwender für die Kosten der technischen Entwicklung bezahlen zu lassen. Um das finanzielle Risiko abzudecken, setzen sie auf die Begeisterung und den ungebremsten Konsum dieser ersten Käufer. Sie wollen von dem profitieren, was man als *Consumer Surplus* oder *Konsumentenrente* bezeichnet: *die* Differenz zwischen dem Geldbetrag, den die Konsumenten für ein Gut äußerstenfalls zu bezahlen bereit wären (maximale Zahlungsbereitschaft), und dem Marktpreis. Anders ausgedrückt: die Bereitschaft des einen Konsumenten, mehr zu bezahlen als ein anderer.

Die dabei verwendete Preisstrategie nennt sich *Price Skimming* (Abschöpfungspreispolitik). Die ersten Käufer zahlen viel, bis der Produktpreis sinkt, entweder weil eine ausreichende Masse an Käufern erreicht wurde (was Größenvorteile zulässt) oder weil jemand ein Produkt eingeführt hat, das dem Original einen harten Wettkampf ums Geld bietet.

Die neueste Technologie

Du solltest generell nicht die neueste Technologie kaufen. Denk nur an den Preis eines Videorecorders in den 1980ern, den Preis eines DVD-Players in den 1990ern und den Preis eines Blu-ray-Players, als diese neu auf dem Markt waren. In seiner Anfangszeit kostete ein Blu-ray-Player 1.000 Euro, heutzutage bekommt man ihn 20 Mal günstiger.

Denk auch nur an diese Narren, die bereitwillig eine ganze Nacht draußen vor dem Geschäft kampieren, um vor allen anderen das neueste Apple-Produkt zu ergattern. Was verkauft Apple da eigentlich wirklich? Sie verkaufen das »Privileg«, der erste Kunde zu sein, der eine bestimmte Technologie besitzt und nutzt.

Die ersten Konsumenten zahlen für die nachfolgenden, sie subventionieren sie also im Grunde. Deshalb möchte ich mich bei den Menschen bedanken, die sich um Mitternacht in die Schlange stellen, um die neueste Version von Dingsbums zu kaufen, denn Ihr ermöglicht es mir, das gleiche Produkt später zu einem Bruchteil des Preises zu erwerben.

Du kannst den frühen Erwerb nicht einmal damit rechtfertigen, dass er lange hält. Laut dem Titel eines Romans des französischen Autors Frédéric Beigbeder »hält Liebe drei Jahre« – und Technologie hat eine ähnliche Lebensdauer.

Natürlich kannst du etwas drei Jahre lang benutzen, dich dann auf eine länger währende Beziehung von fünf oder sechs Jahren einlassen und die Nutzung verlängern. Aber an einem bestimmten Punkt wird dir die Werbung und dein soziales Umfeld das Gefühl geben, du seist ein Dinosaurier.

Tatsächlich ist alles geplant, sogar dein Wunsch nach Veränderung. **Wenn es um das Ausgeben von Geld geht, sind wir Menschen Marionetten.** Wir glauben, wir würden einen wohlüberlegten Kauf tätigen, aber die Logik hinter unserem Kauf ist oft fehlerhaft. Es ergibt keinen Sinn, neue Technik zu kaufen, wenn du die vorhandene reparieren, gebraucht kaufen oder gar ganz darauf verzichten kannst.

Geplantes Veralten

Bei jedem technologischen Fortschritt ist ein geplantes Veralten am Werk. Außerdem wird es zunehmend schwieriger, technische Geräte auf erschwingliche Weise instand zu halten oder zu reparieren.

Brauchst du die wirklich?

Es gibt zwei Hauptarten des geplanten Veraltens:

1. Das Produkt funktioniert nicht mehr.
2. Die Nützlichkeit des Produkts ist begrenzt oder nicht mehr zeitgemäß in Anbetracht der geplanten Einführung einer Reihe von Produktverbesserungen. Denk nur an Computer. Kaum hast du dir einen gekauft, kommt schon ein neuer auf den Markt, der schneller, praktischer und leichter ist.

Du gibst Geld aus, also ziehst du da mit.

Die Sache mit der Waschmaschine

Meine Mutter hatte ihre Waschmaschine fast 28 Jahre lang. Das Gerät war so alt, dass die Zeichen auf dem Drehknopf zur Einstellung des Programms nicht mehr lesbar waren; meine Mutter wusste einfach, dass sie den Knopf um 180 Grad drehen musste.

Die Mechanik der Waschmaschine war einfach und kostengünstig in der Reparatur. Aber im Laufe der Jahrzehnte hat sich viel verändert.

Die Maschinen haben elektronische Schaltknöpfe mit 28 Programmen und nahezu genauso viele Optionen bei jedem Programm.

In meinen 38 Jahren auf diesem Planeten habe ich höchstens drei verschiedene Programme benutzt. Aber wenn ich etwas kaufe, möchte ich trotzdem den ganzen Schnickschnack, den ich niemals brauchen werde. Die Bedienblende ist wunderschön designt, aber wenn etwas kaputt geht, zahlst du für die Ersatzteile plus Anfahrtskosten des Monteurs fast so viel wie beim Kauf der Maschine. Also sagst du dir, dass du für 200 Euro mehr ein neues Gerät bekommst, und ehe du dich versiehst, ist der Lieferwagen mit der neuen Maschine unterwegs zu dir und nimmt die alte gleich mit.

Du bist auf der Bedienblende des geplanten Veraltens.

Du hast den Knopf für das Programm »neu kaufen« gedrückt.

Dein Urteilsvermögen als Verbraucher wurde zum Trocknen rausgehängt.

Die Sache mit meinem Schwager und seinem Telefon

Man muss wissen, wie man Technologiezyklen überspringt. So ging mein Schwager geradewegs von einem Klapphandy mit Monochromdisplay und einer herausziehbaren Antenne über zu einem Smartphone.

Über die Jahre wurden ihm Zwischenstufen mit begrenztem Nutzen angeboten. Was interessierte ihn ein Farbdisplay? Durch das Überspringen der Technologiezyklen finanzierst du den Kauf, den du tätigst, wenn dein altes Gerät wirklich veraltet oder kaputt ist. Immer die neueste Technik zu haben, ist ein Rezept für eine finanzielle Katastrophe. **Der Kaufwunsch ist unerschöpflich, deine Brieftasche nicht.**

Die Sache mit dem automatischen Wasserhahn

Eine der neuesten überflüssigen und teuren Technologien ist ein Wasserhahn mit einem Sensor. Nach Jahrzehnten manuell zu bedienender Wasserhähne habe ich gegenüber diesem Modell klein beigegeben, denn es hat die Kunst perfektioniert, Menschen dazu zu bringen, ihr Geld den Abfluss herunterzuspülen.

Das war primär frustrierend. Bevor ich ihn jedoch kaufte, muss ich mich dreimal gefragt haben: »Brauche ich das wirklich?« Aber nun besaß ich einen teuren Wasserhahn, der sich einschaltete, wenn *ihm* der Sinn danach stand. Statt Wasser zu sparen, fluchte ich mehr. Schließlich löste ich das Problem, indem ich die Batterie herausnahm.

Der moderne Sklave

Menschen, die stets das neueste Modell kaufen und etwas Vorhandenes dadurch ersetzen, sind Sklaven eines Systems des sich erneuernden geplanten Konsums.

Das Beispiel der Handys ist Gold wert. Lange Zeit tauschten die Menschen ihre Handys immer gegen das neueste Modell ein, weil es »nichts kostete«. Aber nichts auf dieser Welt ist gratis. Man muss ziemlich naiv sein, wenn man mit 40 immer noch an den Weihnachtsmann glaubt. Alles fließt in den Preis ein – wenn also dein Handy nichts kostet, dann zahlst du umso mehr für das Paket. Wie der französische Chemiker Antoine Lavoisier zu sagen pflegte: »Nichts geht verloren, nichts wird neu erschaffen, alles wird nur umgewandelt.«

Brauchst du die wirklich?

Ich will damit nicht sagen, dass du auf sämtliche Technik verzichten sollst. Ich rate nur zur Geduld. Das schaffst du doch auch, wenn du im Vergnügungspark für eine fünfminütige Spaßfahrt zwei Stunden anstehst. Wieso genießt du nicht stattdessen in diesen zwei Stunden dein Leben?

Wenn es nicht kaputt ist, solltest du es auch nicht reparieren. Warum sich neue Technik zulegen, wenn die alte noch wunderbar funktioniert? Die eigentlichen Fragen, die du dir stellen solltest, lauten:

- Warum willst du dieses neue Teil kaufen?
- Welche Leere hoffst du damit zu füllen?

Also, brauchst du diese neue Technologie wirklich? Falls deine Antwort lautet: »Ich möchte das Leben genießen« oder »Es ist wichtig, mir etwas zu gönnen«, dann arbeitest du vielleicht grundlos zu hart. Arbeite weniger, lebe mehr. Wenn du dich an dieses Prinzip hältst, wird es dir lange Zeit gut gehen – und damit meine ich nicht nur drei Jahre.

MARKEN
BRAUCHST DU DIE WIRKLICH?

Wenn ich an Nike denke, sehe ich Michael Jordan vor mir, wie er zum Korb fliegt, oder wie Andre Agassi mit seinen farbenfrohen Mode-Statements (ganz zu schweigen von seiner Perücke) Wimbledon schockiert. Mit der Zeit erzeugen Marken starke Bilder in unseren Köpfen und nur wenige von uns sind dagegen wirklich immun.

Da wir unser gesamtes Leben lang Marken ausgesetzt sind, versuchen wir, sie vernünftig zu begründen und schreiben ihnen Werte zu. Es ist wie Wasserfolter und Stockholm-Syndrom in einem: Nachdem eine Marke jeden Tag auf dich einschlägt, gefällt sie dir schließlich und du legst sie dir zu, auch wenn sie eine tiefe Kerbe in dein Budget schlägt.

Marken sind mächtig – es ist, als würden wir glauben, dass es uns zu besseren Menschen macht, wenn wir Luxusmarken tragen (teure Produkte erzeugen ebenfalls diese irrige Annahme). Es handelt sich um die Folge von Konditionierung. Ein gutes Beispiel dafür sind Handtaschen.

Wozu dienen Handtaschen? Sie werden benutzt, um persönliche Gegenstände dabei zu haben und sind, im Übrigen, ein Modeaccessoire. Für manche Frauen (und Männer) beherbergen sie ein paar wesentliche Gegenstände, wie Ausweis, Portemonnaie und Schlüssel. Andere nutzen sie, um für jede Eventualität gerüstet zu sein und tragen Souvenirs von der Expo 67 bis zu Parfümproben für eine schnelle Duftauffrischung darin mit sich herum.

In dieser Tasche hat jeder Gegenstand seinen Platz, unabhängig von der Größe. Rein technisch gesehen sollen Brieftasche und Schlüssel darin mitgeführt werden, deshalb ist es so albern, jemanden mit einer 1.000 Euro teuren Handtasche zu sehen, der seit Monaten mit der Kreditkarte in den roten Zahlen steht. **Große Handtasche, aber leere Taschen.**

Brauchst du die wirklich?

Davon habe ich lange etwas!

Dieses Argument hört man oft. Luxuswaren mögen lange halten, aber gewöhnliche Produkte auch. Der Preis mag ein Zeichen für Qualität sein, ist aber selten wirklich verhältnismäßig. Nehmen wir das Beispiel einer 1.000 Euro teuren Handtasche, die »lange hält«, verglichen mit einer für 50 Euro, die nicht ganz so lange hält.

Berechnen wir mal das Verhältnis: Euro 1.000/Euro 50 = 20 (das Verhältnis variiert je nach Wert einer gewöhnlichen Tasche). In diesem Fall muss die Designertasche mindestens 20 Mal so lange halten wie die für 50 Euro, um das Argument der langen Nutzungsdauer zu bestätigen.

Wenn also eine Tasche für 50 Euro zwei Jahre lang hält, muss die für 1.000 Euro mindestens 40 Jahre halten, um die Preisdifferenz mit Langlebigkeit zu rechtfertigen. Das kann nicht funktionieren. Selbst wenn die Tasche so lange hält, wird man sie irgendwann leid sein.

Hinzu kommt noch die Tatsache, dass der Käufer beim Erwerb 20 Mal so viel berappen muss. Wirtschaftlich gesehen ist also das Langlebigkeitsargument beim Kauf einer Marke Unsinn.

In ihrer Handtaschenvergangenheit hatte meine Frau zwei Handtaschen, die herausragten: eine Louis-Vuitton-Imitation und eine echte, die sie über eine Freundin bezogen hatte, die durch einen Mitarbeiterrabatt günstigere Preise erhielt. Die teure Tasche hatte es genauso schnell hinter sich wie die gefakte für 50 Euro.

Warum also der Preisunterschied? Die Herstellungskosten für eine 1.000-Euro-Tasche von Louis Vuitton sind nämlich mit etwa 100 Euro lächerlich gering. Alles andere entfällt auf Versand, Werbung, Marketing, Vertrieb und so weiter.

Dass Louis Vuitton auf der Champs-Élysées in Paris einen Flagship-Store unterhält, macht die Tasche nicht wertvoller. Ein solches Vorzeigeobjekt zu haben, erhöht nur Kosten, Prestige und die Gewinnspanne der Wertschöpfungskette.

Der Preis bedeutet auch, dass die Marke Jennifer Lopez und Xavier Dolan als prominente Markenbotschafter bekommen kann. **Indem die Marke glorifiziert wird, erzeugt man Verlangen und Neid und es wird eine Persönlichkeit aufgebaut. Verkauft wird keine Realität, sondern ein Traum.**

Es mag schön und gut sein, eine Diamantkette für 5.000 Euro von Tiffany & Co. zu tragen, aber ist diese genau genommen nützlicher als eine Kette mit

Zirkonia aus dem örtlichen Juweliergeschäft? Natürlich nicht. Luxus muss für jeden sichtbar sein und jeder muss von einem Markenimage erreicht werden.

Für jedes Budget gibt es ein Luxusniveau mit bestimmten Marken. Wenn du zum Beispiel 40.000 Euro im Jahr verdienst, ist eine Kette für 500 Euro reiner Luxus. Millionäre brauchen ebenfalls Luxus, der in Relation zu ihrem Reichtum steht, weshalb es zu solchen Auswüchsen wie Halsketten für 25.000 Euro kommt.

Der Wert von Marken

Wozu also Marken kaufen? Wozu ein wandelndes Werbeplakat sein? Weil wir davon überzeugt wurden, dass wir dann Teil von etwas Größerem sind. Aber das ist eine Illusion der Zugehörigkeit ohne jeglichen Wert. Wenn wir Marken tragen, bewundern wir uns selbst vermutlich mehr, als andere es letztlich tun.

Eins steht fest: Es ist seltsam, wie sehr es uns mit Stolz erfüllt, ein Logo zu tragen. Ich versuche immer noch, die objektive Befriedigung für Menschen dabei zu verstehen. Aber was auch immer es ist: Es funktioniert. Wenn Promis Marken tragen, wollen wir sein wie sie. Aber sich gut zu fühlen, resultiert sicher nicht aus dem Tragen von Marken, sondern daraus, wir selbst zu sein.

Marketing ist der Erzfeind der Rationalität. Es entbehrt jeder Vernunft, ein T-Shirt für 100 Euro zu kaufen, wenn es verstörend einfach ist, für weniger Geld ein Qualitäts-T-Shirt zu erwerben. Marken sind Mittel gesellschaftlicher Akzeptanz, eine Art Versicherungspolice gegen Ablehnung. Dieselben Marken zu kaufen, die auch unsere Freunde tragen, zeigt unser Vertrauen in eine bestimmte Bevölkerungsgruppe. Ich erinnere mich an ein Seminar über Wirtschaftsprüfung, das ich an der Uni abgehalten habe. Um ein bisschen Schwung in das Ganze zu bringen, stellte ich den Studenten Fragen, aber statt sie mit ihrem Namen aufzurufen, nannte ich sie nach den Marken, die sie trugen.

So kann man den Stolz auf das Tragen eines teuren Shirts zunichtemachen: den Luxusgegenstand mit seinem Gegenteil in Verbindung bringen (in diesem Fall einen Händler für Heizöl). Ich genoss dabei meine Beobachtungen darüber, wie sich die Studenten über diese Niete von Professor lustig machten, der so gar keine Ahnung von den angesagtesten Marken hatte. Die Studenten, allesamt Anfang 20, waren erst überrascht, dann skeptisch. Es

Brauchst du die wirklich?

machte sie fassungslos, dass die Welt ihres Dozenten nicht das beinhaltete, was für sie momentan am wertvollsten war. Und es war ihnen einfach unverständlich, dass mich Logos völlig kalt ließen.

Brachten meine Scherze sie tatsächlich ins Grübeln? Wohl kaum. Aber wenn man die Saat pflanzt, muss man sie auch bewässern. Durch fleißiges Gießen, so sagte ich mir, würde der Gedanke am Ende schon irgendwann sprießen.

Mr. Apple oder Mrs. Michael Kors, können Sie die Fragen beantworten?

Manchmal tat ich so, als würde ich die Marke nicht erkennen.

Ja, Sie, junger Mann mit dem Ultramar-Shirt, können Sie die Frage beantworten?

Das ist nicht Ultramar, das ist American Eagle!

Oh. Es sieht aus wie ein Ultramar-Shirt. Die Antwort auf die Frage?

Marken

Der Wunsch von gestern ist der Müll von morgen

Im Laufe der Jahre kommen und gehen Marken, es verändert sich die Mode, aber die Prinzipien bleiben. In dem einen Jahr war es Burton, in einem anderen Tommy Hilfiger. Und dann war da natürlich noch der Parka von Canada Goose – bei uns in Kanada zwischendurch quasi eine Uniform. Auf den Fluren der renommierten Business School HEC Montréal bot sich ein seltsames Bild.

So viele Studenten mit einem Parka für 600 Dollar zu sehen, ist, als würde man George Laraque bei einem Überzahlspiel der Canadiens sehen: eine äußerst seltsame Ressourcenverteilung. Erinnerst du dich noch an die Vuarnet-T-Shirts? Sie sind praktisch aus der Modelandschaft verschwunden, abgesehen von den paar, die noch gut genug für die Altkleidersammlung waren.

Ein anderes Beispiel für dieses Phänomen sind Tablets und Computer. Wer braucht an der Uni wirklich einen Mac? Wenn du Grafikdesigner oder in einem bestimmten Bereich tätig bist, könnte das noch als Rechtfertigung dienen, aber es ist faszinierend, wie viele Menschen sich ein MacBook Pro für ihre Textverarbeitung kaufen. Ernsthaft? Abgesehen vom Zurschaustellen des kleinen Apfels im Seminarraum und dem Erzeugen von Zugehörigkeit – hilft dieser Rechner dem Studenten etwa dabei, sein Referat schneller zu schreiben? Für die meisten Studenten wäre ein preisgünstigerer Rechner völlig ausreichend, aber sie wollen mehr. Warum? Weil das attraktiver ist?

Es gab eine Zeit, da waren Computer beige und hässlich, aber das spielte keine Rolle – denn die Menschen wollten von einem Computer vor allem Leistung. Die Zeiten haben sich geändert, aber der Zweck dieser Geräte ist geblieben. Das Problem ist nur, dass uns mit dem Markendesign ein Gefühl von Zugehörigkeit verkauft wird – anhand der Logos.

Apple-Nutzer sind nicht einfach nur Konsumenten; sie sind Jünger. Jünger, die das jährliche Hochamt hören wollen, wenn die neuen Produkte herauskommen. Jünger, die gerüstet sind, die Marke zu verteidigen, und beteiligt sind an geplanter Veralterung. **Eins zu null fürs Marketing.**

Ein weiteres Beispiel marketing-generierten Verlangens sind Gitarren. Ich habe lange davon geträumt, eine Gretsch, Gibson oder Fender Telecaster zu besitzen. Wieso? Weil internationale Musiker wandelnde Werbeplakate für diese tonerzeugenden, gestimmten Holzkörper sind. Jedes Mal, wenn eine Kamera einen Musiker beim Spielen eines Solos einfängt, zoomt sie auf die Gitarre. Wenn ein Musiker während der Show das Instrument wechselt, lenkt das die Aufmerksamkeit auf die Gitarre und verstärkt die Markenpräsenz. So

Brauchst du die wirklich?

bringen uns Verträge zwischen Musikern und Herstellern dazu, das Gleiche wie die großen Jungs zu wollen.

Wenn Bruce Springsteen auf einer bestimmten Gitarre spielt, wird diese zum Symbol für guten alten amerikanischen Rock 'n' Roll.

Marken versetzen uns in die verlockende Realität einer anderen Person. Das Gehirn stellt eine Verbindung her, lässt es jedoch an kritischem Beurteilungsvermögen fehlen, wenn es darum geht, unserer Interpretation von Marken Bedeutung zu verleihen. Ergibt es Sinn, wenn ein Star mit einem Produkt assoziiert wird? Empfiehlt der Star dieses Produkt ernsthaft oder ist er nur scharf auf das Geld aus dem Werbevertrag? Schlürft Eugenie Bouchard tatsächlich Diät-Cola?

Manchmal stehen die Markenwerte nicht mehr im Einklang mit der Realität. Nehmen wir die Tennisspielerin Maria Sharapova. Sie sagt, dass sie Medikamente nimmt, um Diabetes zu verhindern, die in ihrer Familie überaus verbreitet ist. Gleichzeitig hat sie ihre eigene Süßwarenmarke, Sugarpova. Da wundert man sich schon ein wenig …

Sportler und Personen des öffentlichen Lebens verbinden sich selbst mit Marken, auch wenn ihre Kompetenz und ihr Verhalten nichts mit dem Produkt gemein haben. Aber irgendwie akzeptiert unser Gehirn diese Form von Unvereinbarkeit. Wenn Sharapova einen Hersteller von Tennisschlägern befürworten würde, ergäbe das weitaus mehr Sinn als Süßwaren.

Sich unserer Schwächen bewusst sein

Marken hinterlassen in unserem Gehirn ihren Abdruck. Das ist nur Blendwerk. Wir wissen das; wir fühlen es. Wir können nicht erklären, warum wir zu ihren Sklaven werden. Wir leiden unter einer kognitiven Verzerrung des repräsentativen Charakters, einer fehlerhaften Neigung bei der Wahrnehmung und Einschätzung von Objekten und Ereignissen. Je mehr positive Kommentare du über eine Marke hörst, desto mehr Wert teilt dein Gehirn dieser zu. Wir müssen uns dessen also nur bewusst sein.

Andererseits sind manche Marken so tief in unserem Unterbewusstsein verwurzelt, dass sie wie Tattoos sind und zu Bestandteilen unserer gedanklichen Prozesse werden. Wir wählen ein Produkt nicht länger unter den problemlos verfügbaren Marken aus; wir verlangen nach einer *bestimmten* Marke, für die wir eine vorteilhafte kognitive Prädisposition aufweisen. Es ist schwie-

Marken

rig, sich von dem Reflex loszureißen, selbst wenn der Preisunterschied erheblich ist.

Du willst einen Beweis dafür?

Warum kaufst du nicht das Generikum eines Medikaments, wenn die Bestandteile exakt denen von dem im Fernsehen beworbenen Original entsprechen?

Warum kaufst du eine bestimmte Mineralwassermarke statt einer anderen? Wieso bevorzugst du sprudelndes Wasser von der anderen Seite des Planeten statt dem aus der örtlichen Quelle?

Warum kaufst du irgendein anderes Salz als das preiswerteste? S-A-L-Z. NaCl! $?!?!$ Seit wann können zwei jeweils miteinander kombinierte Elemente aus dem Periodensystem unterscheidbar sein? *Ja, aber das ist Meersalz!* Verschont mich! (Meine Lektorin sagte mir, sie bevorzuge Maldon-Meersalz auf ihren Tomaten. Ich habe ihr versprochen, es auszuprobieren.)

Ein Produkt auf Grundlage der Marke zu kaufen, ist das Eingeständnis unserer Schwäche. Sicher, Verbraucher mögen bestimmte Produkte bevorzugen und kaufen eine Marke mangels Alternativen statt aus Prestigegründen. Sogar die Natur hat Marken. Geografische Gebiete haben Marken. Alles ist eine Marke. Wenn alles weiter so läuft, fängt ein bestimmter Eishockeymanager der *Montréal* Canadiens vielleicht an, sich selbst TradeMarc Bergevin zu nennen.

Jeder Erwachsene, der in einer Konsumentengesellschaft lebt, hat ein durch Markenwiedererkennung getrübtes Urteilsvermögen.

Eine Marke ist ein Versprechen von Qualität, Prestige, Service, Zuverlässigkeit und Vertrauen.

Eine Marke ist das, was ein Unternehmen mittels seines Rufs oder durch Werbung aufbauen möchte.

Ja, ein Markenimage kann mit Wert in Verbindung gebracht werden, aber ist das der wahre Grund, warum wir die dazugehörigen Produkte kaufen?

Brauchst du die wirklich?

> Brauchst du Marken wirklich? Nein. Aber falls du genügend Ersparnisse hast, dann nur los, verprasse alles. Denn das Verprassen und das volle Auskosten des Lebens bedeutet, Designerlabel zu tragen (#Sarkasmus). Außerdem verleihen sie dir ein Gütesiegel (#nochmehrSarkasmus).

VERHANDLUNGSGESCHICK
BRAUCHST DU DAS WIRKLICH?

Das Leben ist eine einzige lange Verhandlung. Verhandeln ist allgegenwärtig und währt ewig. Außerdem beginnt es früh: Kinder sind Meister des Verhandelns. Es liegt ihnen im Blut, vor allem, wenn es darum geht, länger aufbleiben zu dürfen.

»Dad, darf ich *Paw Patrol* schauen?«

»Wenn du dir danach gleich die Zähne putzt und ins Bett gehst.«

»Ja!«

»Versprochen? Du gehst sofort ins Bett, wenn es vorbei ist?«

»Ja!«

Das ist der Moment, in dem ich die Verhandlung verloren habe. Warum? Weil ich nun kein Druckmittel habe, wenn er nach dem Film einen Wutanfall bekommt. Falls er sich dann weigert, ins Bett zu gehen, kann ich ihn natürlich irgendwie bestrafen. Aber ich habe keine Kontrolle über die einzige Sache, die ich wirklich möchte: den

Brauchst du das wirklich?

Frieden und die Ruhe, die ich heute Abend zum Arbeiten brauche. Und nach einer guten halben Stunde passiert deshalb das Unvermeidliche …

»Okay, die Sendung ist vorbei. Zeit fürs Bett.«

»Das ist nicht fair. Ich habe noch gar nicht gespielt. Ich will nicht ins Bett.«
(Gibt seine beste Darbietung von Miesepeterschlumpf.)

»Édouard, du hast es versprochen.«
(Mit dem Tonfall eines Vaters, der glaubt, er könne vernünftig mit einem viereinhalbjährigen Kind verhandeln.)

»WAAAAAAAAAAAAAAAAAAHHHHHHHHHHH!«

»Geh ins Bett!«

»Liest du mir eine Geschichte vor?«
(Flehender Tonfall.)

»Geh ins Bett und ich lese dir eine Geschichte vor.«

Genau damit hat sich mein Sohn soeben eine kostenlose Vertragserweiterung erkauft. Der Vertrag sah vor, dass er ins Bett gehen sollte, aber er möchte mehr. Er nutzt sein Druckmittel; er weiß, dass ich möchte, dass er schläft und

Verhandlungsgeschick

dass er letztlich derjenige ist, der die Oberhand hat, weil er keine Strafe fürchtet.

Ich bin müde. Für ein bisschen Ruhe und Frieden würde ich alles tun, und das Haus ist zu klein für einen Wutanfall. Anschließend wird er die klassische Strategie der letzten Bitte einsetzen:

»Kann ich ein Glas Wasser haben?«

Zwei Minuten später:

»Kannst du mir den Bauch massieren?«
(Mein Sohn glaubt, er sei ein Hund.)

Fünf Minuten später:

»Du hast mir mein Gutenachtlied nicht vorgesungen!«
(Weil »Frère Jacques« natürlich ihm gehört und nur ihm.)

Schließlich überwältigt er den Feind, indem er ihn zu Boden ringt. Anders ausgedrückt, mein Sohn nutzt die Strategie, **vor Abschluss des Geschäfts noch eine letzte Bitte zu äußern.**

Für einen verhandelnden Käufer ist das eine Kleinigkeit. Wenn du mit einem Verkäufer verhandelst, fragst du kurz vor Abschluss nach einer letzten geringfügigen Sache. Sie muss winzig sein im Vergleich zur Gesamtmenge. Um den Abschluss nicht zu gefährden, wird der Verkäufer einwilligen.

Mal angenommen, du kaufst einen Aufstell-Pool für 5.000 Euro. Bevor du den Kauf mit Handschlag besiegelst, sagst du zu dem Verkäufer:

»Ich kaufe den Pool auf der Stelle, wenn Sie noch die Winterabdeckung dazugeben.«

Brauchst du das wirklich?

Sie wissen, dass dies kein Deal Breaker ist, aber immerhin handelt es sich um ein paar Hundert Euro, die du sonst später noch blechen müsstest. Für den Verkäufer ist es das Risiko nicht wert, wegen eines derart läppischen Betrags den Abschluss aufs Spiel zu setzen, deshalb wird er für gewöhnlich einwilligen.

Wenn sich Verkäufer wie Ratgeber oder Freunde verhalten, sind sie Jäger, die den Köder auslegen, sobald das Wild in Sicht ist. So reizend sie sein mögen, Verkäufer sind nie aufrichtige Ratgeber – sie sind vielmehr Transaktionsspezialisten. Wenn sie deine Hand schütteln, hüpfen sie innerlich vor Freude, denn sie haben soeben Geld verdient.

Ich nehme es Verkäufern nicht übel, dass sie verkaufen wollen. Es ist ihr Job. Ich bin die Beute; sie sind das Raubtier. Was bleibt, ist, ob ich mich von ihnen überrennen lasse oder ich sie zu meinem Vorteil nutzen kann.

Beim Verhandeln ist jeder Schritt ein Spiel. Um zu gewinnen, musst du einfach nur spielen.

Die Strategie des Verkäufers erkennen

Manchmal setzen Verkäufer auf die klassische Strategie des **falschen Dilemmas**, um einen Verkauf zum Abschluss zu bringen.

> »Also, nehmen Sie die Signaturgitarre oder das Sondermodell?«

Der Konsument wird in die Käuferecke gedrängt. Er hat den Laden betreten, weil er sich umschauen und überlegen wollte, aber dazu gibt der Verkäufer ihm keine Chance, denn er will verkaufen. Also wendet sich das Gespräch dem Verkaufsabschluss zu: die zu treffende Wahl. Der Konsument, der sich möglicherweise unbehaglich fühlt, wird übereilt zu einem Kauf gedrängt. Er ist nun ein argloses, leichtes Opfer im erfundenen Dilemma und wurde in die Ecke des sofortigen Kaufs gedrängt. Er verliert, der Verkäufer gewinnt. Ich verwende diese Strategie oft bei meinem Sohn.

> »Édouard, möchtest du dieses T-Shirt oder jenes anziehen?«

Verhandlungsgeschick

»Möchtest du in den Zoo oder in den Park?«

Und es funktioniert wirklich. Es ist ein Kinderspiel.

Sich schützen

Eine andere Verkaufsstrategie heißt **die Falle**. Der Kunde ist eine Black Box. Sobald du den Laden betrittst, wirst du anhand deines Erscheinungsbilds, deines Verhaltens und deiner Eile beurteilt.

Aber ein Großteil der Informationen über dich steht dem Verkäufer nicht zur Verfügung. Wenn du also zögerst, versucht der Verkäufer, dir Informationen zu entlocken. Er stellt eine Falle, indem er fragt: »Was würde Ihre Entscheidung beeinflussen?« Wenn du darauf ehrlich antwortest, hast du verloren und bist in die Falle getappt.

Falls der Preis das Problem ist, wird der Verkäufer etwas Günstigeres vorschlagen. Falls die Qualität deine Sorge ist, wird der Verkäufer das Spitzenprodukt holen. Und sobald du Informationen anbietest, hat man dich dort, wo man dich haben will. Ein Kauf ist nämlich ein Entscheidungsbaum: Jede Information führt zum Abschluss – die richtige Transaktion für den jeweiligen Konsumenten. Was ich als Falle bezeichne, kann auch ein Ratschlag sein. Aber ein ehrlicher Ratgeber würde fragen: »Brauchst du das wirklich?«

Du solltest den Anfängerfehler bei Verhandlungen vermeiden: der **Ankereffekt**, bei dem bereits bekannte Informationen deine Entscheidung beeinflussen, ohne dass es dir bewusst ist. Der Erste, der einen Preis nennt, hat verloren. Wenn ich zum Beispiel zu meinem Sohn sage: »Wenn du brav bist, gehen wir in den Zoo«, lasse ich ihn wissen, dass ich zu einem Besuch im Zoo bereit bin. Diese Information verankert sich in seinem Gehirn: Heute ist Daddy bereit, mit mir in den Zoo zu gehen; er hat sich dazu verpflichtet und das ist auf jeden Fall drin. Das gleiche Prinzip gilt bei Verhandlungen.

Sei versichert, wenn deine Antwort auf die Frage »Wie viel wollen Sie ausgeben?« 30.000 Euro lautet, dass dir dann etwas in der Preisklasse oder ein bisschen darüber angeboten wird, selbst wenn ein preiswertes Produkt geeignet wäre. Du hast dein Limit offenbart … warum sollte sich der Verkäufer das also nicht zunutze machen?

Brauchst du das wirklich?

Das erinnert mich an ein trendiges Restaurant, in das ich mit meiner Frau ging. Der Kellner kam zu uns. Der Klassiker: 25 bis 28 Jahre alt, mit einem Spitzbart, der Colonel Sanders in den Schatten gestellt hätte. Siehe auch: der Hipster. Er lächelte nicht, denn das hätte seine geheimnisvolle Aura teilweise zunichte gemacht. Er redete mit einem Hauch von internationalem Akzent, obwohl er vermutlich in der Arbeitergegend hier aufgewachsen war.

Er kam sofort zur Ankereffekt-Strategie. Ich fragte nach einem Weißwein, den mein Chef in seiner Catering-Firma anbot. Er schaute nach und sagte mir, dass sie diesen Wein nicht vorrätig hätten, er mir jedoch einen anderen empfehlen könne, der wirklich gut zum von uns bestellten Essen passe.

»Wie viel möchten Sie ungefähr ausgeben?«

»Etwa 60 Euro.« (Was bereits das Dreifache des Preises dieses Weins im Geschäft ist.)

»Da wüsste ich etwas. Ich bin sofort wieder bei Ihnen.«

Er geht in den Weinkeller und kommt zurück.

»Dieser hier ist ein kleines bisschen teurer, geht aber in die Richtung.«

»Wie viel teurer?«

»Er kostet 78 Euro.«

»78 Euro??!! Das ist 30 Prozent mehr als das, was ich ausgeben wollte.«

Verhandlungsgeschick

»Sie möchten ihn also nicht?«

»Nein.«

Mein Tonfall war schroff. Der Kellner wollte einen Vorteil daraus schlagen, dass sich der durchschnittliche Gast unwohl dabei fühlt, einen Wein wegen des Preises abzulehnen. Aber mich schert das nicht im Geringsten. Ich kenne mein Limit und ich brauche diesen Wein nicht wirklich. Der Kellner wusste jedoch nur allzu gut, dass er durch das Erhöhen um 18 Euro mindestens 3 Euro mehr Trinkgeld ohne weitere Anstrengung bekommen würde. Sein Job blieb der gleiche, unabhängig vom Preis des Weins.

»Dieser hier ist sehr gut. Die Flasche kostet 52 Euro.«

Unter Einsatz der Ankereffekt-Strategie hatte der Kellner versucht, mir eine Flasche Wein zu verkaufen, die 26 Euro mehr kostete als die, für die ich mich letztlich entschied. Wir hatten uns ohne offizielle Abmachung in einer Verhandlung befunden. Natürlich hatten wir nicht über den Preis verhandelt, sondern lediglich über die richtige Flasche für meine Bedürfnisse.

Zu der großen Palette der Verkaufsstrategien gibt es auch das berühmte »da muss ich meinen Chef fragen«. Ich liebe es, diesem Gebärdenspiel zuzusehen. Das Ziel ist einfach: dem Kunden das Gefühl zu vermitteln, er habe die äußere Grenze des Verhandelbaren erreicht.

Diese Strategie zielt darauf ab, das Ego des Kunden zu streicheln. Oft kommt der Chef dann zusammen mit dem Verkäufer zum Kunden, um diesen auf die Besonderheit des Falls hinzuweisen. Dabei ist es nichts in der Art, sondern einfach übliche Praxis. Das Ziel besteht darin, möglichst die Gewinnspanne zu maximieren. Wenn der Kunde gern handeln möchte, passt sich der Händler an. **Wenn du beim Einkaufen nicht fragst, bekommst du auch nichts.**

Ein Paradebeispiel: Eine meiner Freundinnen handelte den Preis einer Milchpumpe in einem Drogeriemarkt herunter. Sie ging an die Kasse und

Brauchst du das wirklich?

fragte nach dem Manager. Nach zehn Minuten hatte sie einen Rabatt von zehn Prozent. Wer hätte gedacht, dass man in der Filiale einer großen Drogeriemarktkette handeln kann? Das geht natürlich nicht bei allen Artikeln, aber bei einem teuren Produkt, das sie nicht alle Tage verkaufen, kann der Manager durchaus an der Reduktion des Bestands interessiert sein.

Das Spiel beenden

Das größte Risiko ist für einen Verkäufer, dass er nichts verkauft, und das größte Risiko für den Käufer, dass er zu viel bezahlt. Es ist daher oft sinnvoll, deinen Erwerb hinauszuschieben.

🏆 Habe keine Angst davor, so zu tun, als seist du an einem Produkt oder einer Dienstleistung nicht interessiert.

Verhandle, aber denke daran: Wenn du einen Fehler machst, hast du die Möglichkeit, den Laden zu verlassen und an einem anderen Tag besser vorbereitet zurückzukehren. **Die weisesten Käufe sind oftmals die nicht getätigten.**

Das Leben ist eine lange Reihe von Verhandlungen. Wir neigen dazu, es zu vergessen, aber ein Gehalt und eine Position in einem Unternehmen sind die Ergebnisse von Verhandlungen. Wir handeln unser Gehalt aus, um unser Einkommen zu steigern, und wir handeln bei unseren Erwerbungen, um unsere Ausgaben zu minimieren.

Verhandeln beeinflusst also sowohl die Einnahmen- als auch die Ausgabenspalte. Finanzieller Spielraum ist das Ergebnis einer Reihe von Verhandlungen. Das Verhandlungsspiel ist allgegenwärtig. Du spielst aber nicht gern? Deine persönlichen Finanzen wünschten, du würdest.

> Im Prinzip musst du reich sein, um auf das Verhandeln verzichten zu können. Jedes Mal, wenn du ohne Verhandlungen ein Geschäft abschließt, subventionierst du jene, die das Spiel spielen können. Verfügst du also über die Mittel, um auf das Verhandeln verzichten zu können?

BEQUEMLICHKEIT
BRAUCHST DU DIE WIRKLICH?

»... das Verlangen nach Bequemlichkeit, dieses hinterhältige Wesen, das das Haus als Gast betritt und dann zum Gastgeber wird und schließlich zum Herrn«

Kahlil Gibran, »Von Häusern«
[entnommen aus: *Der Prophet*. Weimar: aionas, 2018, S. 45/47]

Viele unserer ökonomischen Entscheidungen werden von unserer Bequemlichkeit beeinflusst. Wieso den Wagen nehmen und nicht mit dem Rad fahren, um eine Besorgung in weniger als einem Kilometer Entfernung zu erledigen? Damit du nicht ins Schwitzen gerätst, die Anstrengung reduzierst und Zeit sparst (was nicht zwangsläufig der Fall ist) – kurz gesagt: aus Gründen der Bequemlichkeit.

Sicherheit gehört zu der oft als Pyramide dargestellten »Bedürfnishierarchie« des Psychologen Abraham Maslow. In der heutigen Welt würden wir vermutlich das Bedürfnis nach Bequemlichkeit mit in diese Pyramide packen, wie auch Ansehen, Zugehörigkeit und Selbstverwirklichung.

Wenn wir ein bequemes Leben führen, ist es tatsächlich so, als würden wir mit unseren Bedürfnissen verschmelzen.

Wir bauen uns ein Leben auf; legen uns zu, was wir für unseren Grundbedarf halten: eine Waschmaschine, ein Auto, ein Zuhause. Und dann wollen wir es genauso bequem wie andere haben.

Der Moment, in dem du das Haus eines anderen betrittst, beginnt das Vergleichen. Gibt es hier mehr Bequemlichkeit als bei mir? Ein (un-)bewusster Teil unseres Gehirns wird angesprochen. Freunde sind wie Fans des Toronto Baseballteams Blue Jays: nur allzu gern wandelnde Plakatwände für die Konsumgesellschaft.

Wenn wir Leute zu Besuch haben, weisen wir gern auf den Swimmingpool oder das gerade erworbene Sofa hin. Als würde die Summe dessen, was wir kaufen, eine gesellschaftliche Stellung erzeugen. **Je mehr Bequemlichkeit wir**

Brauchst du die wirklich?

vorweisen können, desto mehr Selbstwertgefühl haben wir: Wir bewundern den Komfort, den wir für uns erworben haben, als wäre dessen Erlangung per se schon eine Leistung.

Die Bequemlichkeit ist Bestandteil eines universellen Ziels. In einer Gesellschaft, in der es nicht länger um das reine Überleben geht, haben wir uns einen oberflächlicheren Kampf ausgesucht. Ob wir neue Feinschmeckergipfel anstreben oder uns mit Junkfood vollstopfen, das Leder in einem neuen Wagen bewundern oder uns an dem ach so angenehmen Blick der Bewunderung von anderen erfreuen: Wir verlangen nach einem bestimmten Maß an Bequemlichkeit.

Am Ende vergessen wir, was Unbequemlichkeit ist. Wir sind es nicht mehr gewohnt, uns anzustrengen, Opfer zu bringen, in etwas zu investieren oder nach etwas zu streben. Schließlich sagen wir: »So bin ich eben und so ist es halt.« Letztlich wird aber die Suche nach Bequemlichkeit und Glück, ohne Opfer dafür bringen zu müssen, zu unserem Nachteil.

Die Bequemlichkeitsdroge: die Suche nach Trägheit

Deinen persönlichen Finanzen Aufmerksamkeit zu schenken, geht mit Opportunitätskosten einher. Etwas nebenher zu verdienen, erfordert ständige Anstrengungen, genauso wie die Reduktion von Kosten.

Es macht mehr Spaß, sein Sandwich in einem Café zu essen, in dem man umgeben von Menschen ist, als es zu Hause allein zu tun. Genauso ist es einfacher, jeden Abend vor dem Fernseher abzuhängen, statt eine halbe Stunde joggen zu gehen.

Bequemlichkeit ist eine Droge, die uns genauso ruft wie der Heißhunger nach Süßem. Sie ist verantwortlich für ein paar zweifelhafte ökonomische Entscheidungen. Der kontinuierliche Austausch von Sachen weckt in uns eine andere Art von Bequemlichkeit: den Komfort, dass wir ganz vorne dabei sind. Wir weigern uns, den Anschluss an die Mode zu verpassen. Als würde unser Verstand dadurch beruhigt, dass wir immer das Neueste haben. Wir suchen immerzu nach allem Neuen, als würden wir dadurch jung bleiben oder langsamer altern.

Das Streben nach Bequemlichkeit richtet nicht nur in unserem Portemonnaie einen verheerenden Schaden an; es prägt sich in unserem Kopf ein und erzeugt Trägheit. Und dann, schließlich, im Namen der Bequemlichkeit, wollen wir nichts mehr verändern: Wir stagnieren auf unserer Verbesserungskurve. Wir erreichen einen Scheitelpunkt, eine erste Ableitungskurve, die auf der fortgesetzten Verbesserungskurve gleich null ist (etwas für die Nerds da draußen).

Bequemlichkeit in der Liebe

Auf der Straße zum Angenehmen bildet die Liebe keine Ausnahme. Eine bequeme, fest etablierte Liebesbeziehung eliminiert das Verlangen, von Neuem zu beginnen. Das Unbehagen einer unbefriedigenden, aber stabilen Beziehung ist manchmal das kleinere Übel, verglichen mit der Unsicherheit und dem Schmerz einer Trennung.

Genauso kann es manchmal weniger Unbehagen verursachen, eine noch recht frische Beziehung zu beenden, als mehr in sie zu investieren. Kompromisse können eine Quelle des Unbehagens sein; das Erreichen von Perfektion ist unmöglich und die Suche nach ihr erzeugt unterschiedliche Level des Wohlbefindens. Je mehr die Bequemlichkeit uns in die Trägheit versenkt, desto misstrauischer sind wir gegenüber Kompromissen, dem Teilen und Entwickeln unseres Lebens mit jemandem.

Ständiges Vergleichen

Andere können ohne Weiteres deinen Kampf um deinen Platz in der Gesellschaft und deine Bemühungen um das Erreichen deiner Ziele beurteilen. Wir vergleichen die Level der Bequemlichkeit. Statt sich zu sagen: »Sie arbeitet zu viel«, formuliert unser Gehirn es um in: »Sie ist bereit, sehr viel mehr Unbequemlichkeit auf sich zu nehmen als ich.«

Das bringt uns zum Begriff des Neids. Wir beneiden die andere Person um ihre Fähigkeit, Unbequemlichkeit aufrechtzuerhalten und zu akzeptieren, denn die Trägheit in unserem Kopf ist nicht darauf vorbereitet, eine derartige Kluft zu ertragen. Das Verleugnen anderer Möglichkeiten, um das vorhandene, zufriedenstellende Level an Bequemlichkeit aufrechtzuerhalten, wird zum Reflex.

Unsere Beziehung zur Umwelt wird ebenfalls von diesem Bedürfnis nach Bequemlichkeit angetrieben. Wir können ökofreundlich sein, solange wir keine zusätzlichen Anstrengungen unternehmen müssen, um verantwortungsbewusster zu sein. Gern stecken wir die Plastikflasche in einen entspre-

Brauchst du die wirklich?

chenden Sammelbehälter, aber nur, wenn einer zur Hand ist und uns die Mühe erspart, die Flasche mit nach Hause zu nehmen und dort zu entsorgen.

Oder mal angenommen, du willst dir ein E-Auto zulegen – aufgrund des psychologischen Wohlbehagens, eine umweltbewusste Entscheidung getroffen zu haben. Ein solches Auto kostet jedoch mehr, und das ruft wiederum ein wesentliches Unbehagen hervor. (Aber verringern wir den Energieverbrauch wirklich? Nicht so ganz, denn auch die »grüne Alternative« verbraucht bei der Herstellung und dem Betrieb Energie. Energie ist eine knappe Ressource, und auch wenn die Auswirkungen auf die Umwelt geringer ausfallen, so sind sie dennoch vorhanden.)

Das Gleiche gilt für das Duschen: Lieber verschwenden wir heißes Wasser und lassen es laufen, als das Wasser beim Einseifen abzustellen. Wir tauschen das nutzlose Laufenlassen des Wassers für mehrere Minuten gegen das angenehme Gefühl von Wärme ein.

Genauso heizen wir unsere Wohnung zwei Grad höher als nötig, weil es eben angenehm ist, auch im Winter mit einem T-Shirt herumzulaufen.

Und denke nur an die Beliebtheit von Remote-Start-Funktionen bei einem Auto, einem Produkt der Komfortgesellschaft. **Im Kielwasser der Konsumgesellschaft sind wir in der Komfortgesellschaft angekommen.**

Dann ist da auch noch das bizarre Verlangen, einfach viel zu besitzen. Für das Erledigen seltener Aufgaben häufen wir Sachen an. Sobald ein bestimmtes Bequemlichkeitsniveau erreicht ist, endest du in der lächerlichen Situation, ein Sammler zu sein.

Sachen anzusammeln, beschäftigt nicht nur unseren Verstand kontinuierlich, sondern füllt auch eine Leere. Denn diese Sachen sind der greifbare Beweis, dass wir mit etwas unsere Zeit verbracht haben, eine Möglichkeit, unserem Dasein Farbe zu verleihen.

Bequeme und glücklich machende Arbeit?

Wie Beziehungen so kann auch die Arbeit zu einer Quelle von Behagen oder Unbehagen werden. Ein fester Job mit einem anständigen Gehalt kann ein Hindernis dabei sein, das Risiko einzugehen, nach größerer beruflicher Erfüllung zu streben.

Andererseits: Was ist, wenn du einen Job hast, den du liebst, der aber die Miete nicht zahlt?

Bequemlichkeit

Beruflich gesehen musst du die Unbequemlichkeiten von Risiko, Überstunden, Kompetenzausbau und Selbstvermarktung anhäufen, um am Ende deinen »Wert« auf dem Arbeitsmarkt herauszufinden.

Nehmen wir zum Beispiel einen Beamten im öffentlichen Dienst mit einer Pension. Bevor er eine berufliche Veränderung in Betracht zieht, zückt er seinen Taschenrechner. Wenn er rechnen kann, sieht er, dass er nach 10 oder 15 Jahren nicht aus dem Öffentlichen Dienst ausscheiden sollte, weil die Opportunitätskosten einfach zu hoch sind.

Eine Pension zahlt sich nur aus, wenn man bis zum Renteneintritt bei diesem Arbeitgeber bleibt. Die Euphorie neuer Herausforderungen und beruflicher Erfolge wird eingetauscht gegen die ruhige Sicherheit eines Jobs, bei dem die Bequemlichkeit inbegriffen ist.

Das erzeugt jedoch ein Paradoxon: In einem Job zu bleiben, bietet die Sicherheit eines Gehalts, hält die Menschen aber oft davon ab, etwas Besseres zu erleben, weil sie sich selbst keine Möglichkeit dazu geben.

In Bezug auf deine persönlichen Finanzen musst du eine Phase der Unbequemlichkeit durchstehen, um Bequemlichkeit zu erreichen. Du musst lernen, damit zu leben und sie sogar wertzuschätzen.

An einem gewissen Punkt kann Unbequemlichkeit zur Motivationsquelle werden, weil du weißt, dass du lernen wirst, dich anzupassen – und zwar schnell. Bequemlichkeit hängt zusammen mit dem Konzept des Erwartungsmanagements (siehe »Erwartungen managen« auf S. 207). Wenn du dich zu sehr an Bequemlichkeit gewöhnt hast, wirfst du womöglich beim geringsten Anzeichen von Unbehagen das Handtuch.

Bequemlichkeit kann von daher das Ziel sein oder aber Ambitionen stoppen. Eines ist sicher: Die Suche nach Bequemlichkeit (oder ihr Erhalt) kann dir Hindernisse auf den Weg zum Glück legen. In gewisser Weise bin ich, sind wir, bist du und sind alle anderen reine Sklaven des Ziels, eine bequeme Dumpfbacke (comfortably dumb) zu werden. Das wäre doch eine prima Adaption des Songs »Comfortably Numb« von Pink Floyd (angenehm betäubt).

Brauchst du die wirklich?

Ist dein Budget nicht mehr ausgeglichen?

Sind deine Träume tief in dir vergraben?

Kannst du dein Bedürfnis nach Bequemlichkeit reduzieren? Brauchst du es wirklich?

Sich selbst keine Fragen zu stellen, kann eine tückische Art der Selbstberuhigung sein. Aber wenn du auf der Suche nach Freiheit bist, können Verbraucherschulden !%#*?& unbequem sein. *Carpe diem.* (Vorausgesetzt, dein Rentenplan ist in einem guten Zustand.)

!%#*?& PUNKTEKARTEN
BRAUCHST DU DIE WIRKLICH?

Eine der sinnlosesten, albernsten Streitereien zwischen meiner Frau und mir drehte sich um Punktekarten.

Ich erinnere mich noch gut daran. Wir waren abends aus und auf dem Heimweg erwähnte meine Frau, dass wir noch tanken müssten. In dem Moment befanden wir uns gerade in der Nähe einer Petro-Canada-Tankstelle.

Als meine Frau merkte, dass ich darauf zusteuerte, sagte sie: »Nein, fahr zu Shell!« Ähm, warum genau sollte ich woanders hinfahren? Hier gab es schließlich auch Benzin. Und es war auch nicht so, als besäße unser damaliger Wagen, ein wunderbarer Chrysler Neon, der nur noch von Rost zusammengehalten wurde, einen wählerischen Gaumen.

Mit fast 200.000 Kilometern auf dem Buckel war der Wagen wie ein Hundertjähriger, der halb schlafend die Kerzen auf einem weiteren Geburtstagskuchen auspustet. Jeder zusätzliche Kilometer kostete Anstrengung, die ihn näher an das Ende seiner Nutzungsdauer brachte. Warum also zu Shell fahren?

Meine Ehefrau sprach die Worte so dermaßen stinkig aus, sie hätten auch aus dem Verdauungstrakt meiner Söhne kommen können: »Wir bekommen Flugmeilen.«

Irgendwann hatte ich keine Geduld mehr, um ihr zu erklären, wie wenig uns dieser absurde Umweg einbrachte. Ich gab also auf, weil ich einfach in mein Bett wollte (und nach dieser sinnlosen Diskussion gerade konnte ich etwaige andere Pläne für heute Abend eh vergessen). Ich fuhr also die zusätzlichen 1,1 Kilometer, nur um bei Shell zu tanken.

Dort angekommen – jippieh! –, nachdem wir also in einer Winternacht nach 22.00 Uhr für ein paar Flugmeilen einen Umweg gefahren waren, stellten wir fest, dass das Benzin dort teurer war als bei Petro Canada. Konnte es noch absurder werden? Wir hatten uns für ein paar Tausend Flugmeilen also nicht nur um Peanuts gestritten, sondern obendrein mehr für 40 Liter Benzin bezahlt. Im Grunde hatte mich eine alberne Marketingmasche wertvolle Minuten meines Lebens gekostet.

Brauchst du die wirklich?

Es ist so: Die Rabatte mit dem Flugmeilenprogramm sind verschwindend gering. Um einen kostenlosen Mixer zu bekommen, muss man quasi den Gegenwert eines Autos blechen. Wenn meine Frau mir einen »Verdreifachen Sie mit jedem Kauf Ihre Bonusmeilen«-Coupon gibt, fühle ich mich, als würde da stehen: »Verdreifachen Sie Ihre Centstücke.«

Loyalitätsaufbau und Datenberge

Wir wissen, dass Punkte eine Marketingmasche sind, mit der Loyalität bei den Kunden erzeugt werden soll und die es den Händlern ermöglichen, Konsumentengewohnheiten abzubilden. Aber auch wenn wir nicht daran teilnehmen, so wissen wir, dass wir diejenigen mitfinanzieren, die es tun.

Es gibt eine Grundregel: Geld auszugeben, um Punkte zu sammeln, ist völlig irre. (Um Missverständnisse auszuschließen: Ich rede hier nicht von Kreditkartenpunkten, sondern von »gratis« Loyalitätspunkten bei Kundenkarten.)

Darüber hinaus verwandeln Punktesammelkarten deine Brieftasche in einen halben Aktenschrank. Bei all den Warenhausketten mit ihren eigenen Loyalitätsprogrammen hast du am Ende Karten für jeden Supermarkt, Baumarkt, Bekleidungsmarkt und so weiter. Und diese zusätzlich zu den Karten, die jeder Bürger mit sich herumträgt. (Wenigstens werden Smartphones irgendwann das Problem der sich ansammelnden Karten lösen.)

Lange her sind die Tage, an denen ich aus dem Haus ging, zwar einen Schlüssel um den Hals hängen hatte, aber keine Brieftasche, Geld oder Ausweis mitschleppen musste. Die Kindheit war die letzte Bastion der Freiheit.

Eines ist jedenfalls sicher: Wir wurden noch nie so ausspioniert wie heute. Wenn du Sammelpunktekarten verwendest, hinterlässt du überall deine Spuren. Das ist der akzeptierte Tausch für uns Kunden: Im Gegenzug für Leckerli geben wir Informationen über uns preis. Ein Big Brother des Marketings überwacht uns, sammelt Daten und bildet uns mit jeder Transaktion ab.

Wozu werden all diese Daten gesammelt? Um die Loyalität der Kunden aufzubauen, sie anzuziehen und ihnen etwas zu verkaufen. Der Einzelhandel verkauft nicht mehr nur Waren; er verkauft Konsumenten, die Käufer von Waren und Dienstleistungen sind. Man kann sie mit einem Lockvogelangebot heranholen und dazu bringen, andere Produkte mit einer höheren Gewinn-

!%#*?& Punktekarten

spanne zu kaufen. Den Punkten zuliebe kehrt der Kunde zurück, statt zur Konkurrenz zu gehen.

Sammelpunktekarten locken uns in ein Marketingsystem, in dem wir teilnehmen müssen, weil wir sonst damit bestraft werden, Geld zurückzulassen. Und gefügige kleine Schafe, die wir sind, tauschen wir unser Leben gegen ein paar Dollar ein.

Konkrete Beispiele

Geschäfte wie der kanadische Teeverkäufer David's Tea haben eine Punktekarte, auf der Guthaben unter 100 Punkten jeweils am 31. Dezember gelöscht werden, wenn diese nicht zum Produktkauf eingesetzt wurden. Im Grunde werden Konsumenten gezwungen, regelmäßig in den Laden zu kommen und etwas zu kaufen, um ihre Punkte zu nutzen.

Dort musst du 100 kanadische Dollar für Tee ausgeben, um 50 Gramm gratis zu bekommen. Dem Kunden muss jedoch gleichzeitig bewusst sein, dass »alle Teesammelpunkte 60 Tage nach Erhalt verfallen.«[2] Das Unternehmen weiß dabei natürlich genau, dass vorbeikommende Kunden, die ihre Punkte einlösen wollen, versucht sind, ein bisschen mehr zu kaufen, als sie ursprünglich wollten.

Das Ziel besteht stets darin, die Kunden zurück in den Laden zu holen und von der Konkurrenz abzuhalten. Und da es sich bei Tee um ein Produkt mit Differenzierungspotenzial handelt,[3] können Verbraucher nur schwerlich die Preise zwischen den Geschäften vergleichen.

Außerdem ist es sowieso nicht der Preis, den man dem Kunden verkauft – es ist das Aroma. Erst an der Kasse werden dem Kunden die Kosten bewusst. Aber er bezahlt den überteuerten Tee trotzdem gern, denn in drei Monaten bekommt er ja Tee gratis. Das ist kein Geschenk; der Kunde wird lediglich ermuntert, im Voraus zu bezahlen.

Vor einer Weile hat sogar die Société des alcools du Québec (SAQ; A. d. Ü.: das Unternehmen, das in Québec für den Verkauf alkoholischer Getränke verantwortlich ist) ein Loyalitätsprogramm eingeführt. Dafür muss man schon frech sein.

Die SAC hat in Québec eine Monopolstellung. Sorry, praktisch eine Monopolstellung, denn Wein von niedrigerer Qualität wird auch in Supermärkten und Gemischtwarenläden verkauft. Was könnte schöner sein als ein netter weißer Caballero de Chile, um den verstopften Küchenabfluss freizumachen

Brauchst du die wirklich?

oder die Flecken aus dem Hemd zu entfernen? (Bitte entschuldige meinen Zynismus, aber er fühlt sich so gut an.)

Das Programm, namens Inspire, inspiriert mich kein bisschen. Die SAC darf es nicht als Loyalitätsprogramm bezeichnen, aber die wirtschaftlichen Grundlagen sind identisch: Je mehr du konsumierst, desto mehr Punkte sammelst du.

Im Grunde bezahlst du mit dem Wein, den du im Laufe des Jahres kaufst, das Programm. Es heißt, mit dem Programm sollen die Kundenbedürfnisse gezielter angesprochen werden. Ach, echt jetzt? Meines Erachtens nach liegt das wahre Bedürfnis des Kunden darin, beraten zu werden und einen guten Wein zu einem anständigen Preis zu bekommen.

Jeden ausgegebenen Dollar belohnt die SAQ mit 5 Punkten. Du musst also 200 Dollar ausgeben, um 1 Dollar als Belohnung zu erhalten. Wenn du 100 Flaschen à 20 Dollar kaufst, erhältst du eine halbe Flasche gratis.

Für eine kostenlose Flasche à 10 Dollar muss man pro Jahr etwa zwei Flaschen à 20 Dollar in der Woche trinken. Natürlich kann ich Produktempfehlungen nutzen und mehr Punkte sammeln. Aber genau da liegt auch der Hund begraben: Man wird mir Weine empfehlen, die ich vermutlich mag, mir aber auch auf Basis der Punkte empfohlene Produkte in den Hals schütten.

Die Tage der unmittelbaren Rabatte auf Flaschen sind im Grunde verschwunden. Sie wurden ersetzt durch ein anderes Punktesystem. Ich bevorzuge die Zeiten, als die SAQ einen Rabatt von 10 oder 15 Prozent anbot, wenn man für mehr als 100 Dollar einkaufte. Auf diese Weise konnte ich meinen Bedarf für drei Monate zu einem reduzierten Preis decken. Wenn ich an jene Zeit zurückdenke, kommt mir das Inspire-Programm eher wie ein Verzweiflungs-Programm vor.

!%#*?& Punktekarten

Dieses Kapitel ist eine Schimpftirade gegen Punkteprogramme, die auf der Häufigkeit und Menge konsumierter Produkte basieren. Es ist anscheinend schwierig für Unternehmen geworden, sich von der Konkurrenz mit gutem Service und guter Ware zu vernünftigen Preisen abzusetzen. Die einzige Möglichkeit zum Kampf gegen die Punktesysteme besteht darin, weniger zu kaufen und zu lokalen Geschäften zu gehen, bei denen für Mehrwert kein Loyalitätsprogramm eingefordert wird. Wenn ich das nächste Mal gefragt werde, ob ich »Punkte sammle«, gehe ich unter die Dusche, rolle mich zu einer Kugel zusammen und bleibe eine Woche dort. Brauche ich denn allen Ernstes !%#?& Karten?

HIGH-END-EQUIPMENT
BRAUCHST DU DAS WIRKLICH?

Es überrascht mich immer wieder, wenn ich sehe, wie sich jemand für den Kauf von High-End-Geräten abrackert. Die meisten Menschen können sich das nämlich nicht leisten.

High-End-Produkte werden in diese Welt gesetzt, um uns zum Träumen zu bringen, uns glauben zu lassen, dass wir sie verdienen. Aber es gibt einen gewaltigen Unterschied zwischen Verdienen und Wünschen. Verdienen geht über das Wünschen hinaus: Es ist die Verehrung des Gegenstands.

Zunächst eine Klarstellung

High End kann leicht mit Qualität verwechselt werden. Du kannst ein bezahlbares Gerät von guter Qualität besitzen, das nicht zwangsläufig ein Luxus- oder High-End-Produkt ist. High-End-Produkte sind gut gemacht, kosten jedoch mehr, weil sie mit einer Marke oder Werbekampagne verknüpft oder schlichtweg exklusiv sind.

 Wenn du etwas kaufst, solltest du Qualität kaufen und nicht Status. High-End-Ausrüstung ist häufig von guter Qualität, jedoch für Fachleute, Profis und echte Liebhaber gedacht.

High-End-Equipment ist teuer und nicht zwangsläufig das, was du wirklich brauchst. Es ist allerdings ebenso teuer, Mist zu kaufen, weil du es letztlich schneller austauschen musst.

Das Wort, das du beim Einkaufen im Kopf haben solltest, lautet *langlebig*. Du willst langlebige Produkte kaufen, ohne in die Statusfalle zu tappen. Wie ich im Kapitel »Marken« (S. 27) erwähnt habe, ist eine Louis-Vuitton-Tasche Luxus der Extraklasse. Aber spiegeln die Qualität und Haltbarkeit die Qualität der Tasche wider? Nicht unbedingt.

High-End-Equipment

Klassische Beispiele

Fahrräder sind ein gutes Beispiel dafür. Mitglieder des örtlichen Radrennvereins werden nicht an der Tour de France teilnehmen. Aber sie lieben das Radfahren so sehr, dass es für sie Sinn ergibt, 5.799 Euro plus MwSt. auszugeben, um im Sommer Fahrradfahren zu können. Ich staune immer wieder, was Menschen willentlich für Fahrräder ausgeben.

»Aber das ist aus Carbon!« Ich prophezeie, dass es nicht mehr lange dauern wird, bis die Geschäfte den Radlern Trinkflaschen, Schuhe und Helme aus Carbon verkaufen werden.

1994 habe ich mir ein neues Fahrrad gekauft. Es dauerte lange, bis ich die 543 Dollar zusammengespart hatte, die ich für ein rotes Giant Perigeé brauchte. Es mag kein Spitzenprodukt gewesen sein, galt damals jedoch als Qualitätsfahrrad.

In den vergangenen zehn Jahren habe ich jedes Jahr ein Fahrradgeschäft aufgesucht. Ich wurde in Versuchung gebracht mit einem Rennrad, das der Verkäufer als »untere Mittelklasse« einstufte – für 2.000 Dollar. Jedes Mal gehe ich nach Hause, um dem Impuls zu widerstehen (siehe »Eine Ausgabenstrategie« auf S. 203). Ich lasse die Begeisterung abklingen, einen Kauf zu erwägen, und frage mich: »Pierre-Yves, brauchst du das wirklich?« Und dann fahre ich mein altes Rad ein weiteres Jahr lang.

Wenn wir den Bereich High-End-Stereoanlagen betrachten, reden wir von purer Dekadenz. Du entscheidest dich, einen speziellen Audio-Raum in deinem Haus mit einer Stereoanlage zu bestücken, die Tausende Euro kostet, zusätzlich brauchst du natürlich noch einen speziellen Sessel für das Hörvergnügen.

Wenn du endlich das Geld zusammenhast, um das komplette Set zu kaufen, bist du vermutlich schon so alt, dass du nicht mehr richtig hörst. Und was bringt es, eine Ausrüstung zu kaufen, deren Qualität du nicht beurteilen kannst?

Diese Fragen lassen sich auf Autos, Skiausrüstungen, Möbel und mehr anwenden. Was geht in unseren Köpfen vor, Sachen kaufen zu wollen, die das übersteigen, was wir brauchen? Warum werden wir von zunehmend luxuriösen High-End-Produkten angezogen? Ein Mysterium.

Ich weiß nur, dass der Besitz an sich keine Leistung ist, sondern lediglich eine Tatsache. Ich werde nicht zu jemandem, weil ich 20.000 Euro für den neuesten McIntosh-Verstärker ausgegeben habe.

Brauchst du das wirklich?

GRATISTIPP!

Die Zeitschrift *Consumer Reports** führt objektive Tests und Vergleiche von Waren und Dienstleistungen durch. Bevor du etwas kaufst, solltest du eine unabhängige Informationsquelle suchen, die das jeweilige Produkt bewertet. Das lenkt dich in die richtige Richtung.

Warum immer weiter von High-End-Produkten träumen? Machen die uns zu besseren Menschen? Wenn wir das denken, sind wir vermutlich reif für einen Termin beim Psychiater. High-End-Ausrüstung: Brauchst du die wirklich?

---

* Anm. d. Übers.: Verbraucherorganisation in den Vereinigten Staaten, vergleichbar mit Stiftung Warentest.

EIN BUDGET
BRAUCHST DU DAS WIRKLICH?

Du weißt, dass etwas nicht stimmt. Du fühlst dich nicht gut. Du gehst zum Arzt, der dich mit einem kalten Stethoskop abhört und laut »Ahhhh« sagen lässt. Er misst deinen Blutdruck und stellt dich auf die Waage.

Dabei weißt du genau, worunter du leidest. Du willst einfach nur ein Antibiotikum gegen deinen Atemwegsinfekt oder deine Blasenentzündung. Wieso muss der Arzt dich dann gründlich untersuchen? Damit er mehr abrechnen kann, natürlich – aber darum soll es jetzt hier nicht gehen. Der Arzt sucht nach Symptomen deiner Krankheit, wird sich dann auf die Ursachen konzentrieren und eine Lösung vorschlagen: eine Behandlung, ein Medikament – dir möglicherweise sogar mehr Bewegung verordnen.

Wenn es um unsere Gesundheit geht, reagieren wir sofort auf Symptome. Wir gehen zum Arzt, ändern unser Verhalten oder finden eine Lösung zur Problembehebung.

Wenn unsere Finanzen angeschlagen sind, sollten wir uns genauso verhalten. Es gibt nur ein Heilmittel: ein Budget erstellen. Aber das ist der Moment, in dem wir uns in die Verleugnung begeben, dem ultimativen Vermeidungswerkzeug.

Wenn die Familienfinanzen vom Kurs abkommen

Deine Konten sind nicht ausgeglichen, deine Kreditkartenrechnung steigt und du näherst dich dem Dispolimit. Monat für Monat steigen die Schulden. Du kannst nicht schlafen und fühlst dich jedes Mal mies, wenn du die Brieftasche zücken musst.

Wie die Erbse, die die Prinzessin wach hält, wirken sich deine prekären Finanzen verheerend auf deine Nachtruhe aus, auch wenn sie unter noch so vielen Matratzen des Verleugnens versteckt sind. Du weißt, dass etwas im Argen liegt, fürchtest dich jedoch davor, herauszufinden, was es ist.

Also versuchst du es zu vergessen, aber die Symptome dauern an. Du kennst die Wurzel des Problems: Du gibst mehr aus, als du einnimmst. Du

Brauchst du das wirklich?

verschuldest dich. Und das überwältigt dich. Du dachtest, du hättest es im Griff, aber alles gerät außer Kontrolle.

Du musst der Realität ins Gesicht sehen: Du brauchst ein Budget. – Nein, alles, nur das nicht! Lasst mich Windeln waschen, zwingt mich, jeden Tag 10 Kilometer zu laufen, setzt mich auf eine zuckerfreie, salzlose, geschmacksneutrale Diät, aber sagt mir nicht, ich solle ein Budget erstellen!

Aber du kannst nicht mit einem Putzlappen einen Nagel einschlagen. **Ein Budget ist der Hammer in deiner finanziellen Werkzeugkiste: das grundlegende Universalwerkzeug.** Er lässt dich die richtigen Ausgaben- und Investitionsentscheidungen treffen und die schlechten Gewohnheiten herausreißen.

Das Budget: dein Blutdruckmessgerät

Ein Budget ist ein Werkzeug zur Gesundheitsüberwachung deiner Finanzen. Es läuft auf ein paar Spalten für verschiedene Ausgabenkategorien hinaus. Für jede Spalte musst du für einen bestimmten Zeitraum ein Budget festlegen. Dann, am Ende dieses Zeitraums, addierst du, was du tatsächlich ausgegeben hast, und versuchst, die Differenz zu rechtfertigen.

Plane unbedingt eine Spalte für unregelmäßig auftretende Ausgaben ein. Wenn zum Beispiel dein Jüngster Zähne wie Austin Powers hat, könnte es eine gute Idee sein, jeden Monat etwas für die irgendwann anstehende kieferorthopädische Behandlung beiseitezulegen.[4]

Genügend für größere Ausgaben und langfristige Investitionen zu haben, hilft dir, ein ausreichendes Budget zu erstellen.

Die vier Budgetspalten zeigen, dass in dem Monat 440 Euro mehr ausgegeben wurden und eine erwartete Ausgabe von 100 Euro vermieden wurde. Im monatlichen Budget sind also diese Spalten für Mehrausgaben von 340 Euro verantwortlich. Wie gleichst du das aus? Wo sparst du ein? »Nirgends« ist für die meisten Menschen leider keine Option. Falls du dein Einkommen nicht wesentlich erhöhen kannst, musst du also ein paar Anpassungen vornehmen.

Ja, du kannst an der Einkommensseite arbeiten. Aber das musst du versteuern. Falls dein Grenzsteuersatz (der Steuersatz auf den nächsten verdienten Euro oberhalb einer vordefinierten Einkommensgrenze) bei 37,12 Prozent liegt (bei einem tatsächlichen Einkommen von 50.000 Euro im Jahr), musst du 159,03 Euro mehr einnehmen, um 100 Euro ausgeben zu können. Dein Einkommen zu steigern, kann eine Lösung sein, aber führt

Ein Budget

das nicht zu Unausgewogenheit von Berufs- und Privatleben? (Siehe »Ausgeglichenheit« auf S. 83.)

Posten	Tatsächlich	Budget	Abweichung	Erklärung
Restaurant-besuche	500 €	400 €	+ 100 €	Françoises Geburtstag war nicht eingeplant
Friseur	100 €	60 €	+ 40 €	Ich brauchte Strähnchen!
Kleidung	600 €	300 €	+ 300 €	Mein Canada-Goose-Parka wird lange halten.
Geburts-tags-geschenke	0 €	100 €	100 €	Meinem Mann mangelt es an Ehrgeiz. Ich habe ihn eine Woche vor seinem Geburtstag verlassen.

Es ist ebenfalls möglich, auf beiden Seiten der Gleichung etwas zu unternehmen: Das Einkommen steigern *und* die Ausgaben reduzieren. Laut Equifax lagen die Schulden der kanadischen Konsumenten im vierten Quartal 2017 im Schnitt bei 22.837 Dollar,[5] wozu auch Autoraten, Kreditkarten, Dispos und andere Arten von Privatkrediten zählen. Hypotheken wurden offenkundig ausgenommen.

Hilfreiche Werkzeuge

Um ein funktionierendes Budget zu erstellen, musst du sämtliche Ausgaben identifizieren. Websites von Finanzinstitutionen bieten entsprechende Hilfsmittel an.

Die kanadische Genossenschaftsbank Desjardins mit Sitz in Québec bietet eine interessante und umfassende dynamische, allerdings englischsprachige PDF-Datei an.[6] Wenn du dir die Liste der enthaltenen Posten ansiehst, wirst du verstehen, wie viele unterschiedliche Einkommens- und Ausgaben-

Brauchst du das wirklich?

quellen eine durchschnittliche Familie aufweist. Sei vorgewarnt: Wenn du die Datei zum ersten Mal öffnest, wird dir schwindelig werden.
    Du kannst auch deine Kontoauszüge checken (Girokonten und Kreditkarten), um herauszufinden, wofür du dein Geld ausgibst. Auf diese Weise kannst du basierend auf deinem bisherigen Verhalten die einzelnen Posten quantifizieren.

Ein Budget erstellen

In Unternehmen gehören vier Hauptbereiche zur Verwaltung, zusammengefasst durch das Initialwort PODC: Planung, Organisation, Directing (Leitung) und Controlling. Diese Methode kannst du auch beim Familienbudget anwenden.

Um dieses Konzept zu verstehen, betrachten wir es einmal am Beispiel der Spaghettisoße (ein Lehrerkollege erklärte diese Art von Aspekten gern mit Beispielen aus einem Bereich, der ihn interessierte: dem Kochen).

- **P:** Erstelle eine Liste mit Zutaten und plane, wann du einkaufen gehst.
- **O:** Lege die Zutaten bereit und organisiere die einzelnen Aufgaben, wie das Schneiden von Gemüse.
- **D:** Bring die Sache ins Laufen, indem du den Herd einschaltest und die Zutaten vermengst.
- **C:** Schmecke die Soße ab, während sie kocht, und würze bei Bedarf nach.

Wenden wir diese Vorgehensweise auf das Erstellen eines Budgets an.

Planung

- ✓ Ein Budget festlegen.
- ✓ Die Posten und Beträge festlegen
- ✓ Die folgenden Fragen beantworten: Wie viel möchte ich jeden Monat sparen? Wie soll ich das tun? Und so weiter.

Ein Budget

Organisation

- ✓ Welche Aufgaben muss ich während eines Monats erledigen?
- ✓ Wer managt die Bezahlungen? Wie und wann? (Es kann zum Beispiel durch Überweisung an einem bestimmten Termin von einem persönlichen zu einem gemeinsamen Konto geschehen.)
- ✓ Welche Ausgabenarten sind akzeptabel und welche nicht?
- ✓ Wer bereitet die Mahlzeiten zu? An welchem Tag? Wie ist die Verantwortung des Betreffenden für das Monatsbudget?

Directing

- ✓ Rechnungen nachhalten, Bezahlungen vornehmen.
- ✓ Jeden Monat entscheiden, ob eine Ausgabe notwendig ist oder nicht.
- ✓ Kontostand überwachen, um den Geldfluss zu managen.

Controlling

Ein wesentlicher Schritt der Budgetierung ist das Controlling. Wenn du nicht überprüfst, ob dein Budget am Ende des Monats ausgeglichen ist, kannst du keine Gewohnheiten korrigieren oder Entscheidungen überdenken.

Stell dir jemanden vor, der abnehmen möchte. Er wiegt sich, entscheidet, eine Diät zu machen und ernährt sich dementsprechend, kontrolliert aber weder im Spiegel noch mit der Waage, ob sein Plan funktioniert. Falls dem nicht so ist, muss er ins Planungsstadium zurückkehren.

Wenn dein Budget am Monatsende nicht ausgeglichen ist, kann das verschiedene Ursachen haben:

- ✓ **Ein Fehler bei deinen Schätzungen**. Du hast vergessen, dass diesen Monat viele Freunde Geburtstag haben (Planung).
- ✓ **Nicht richtig verstandene Verantwortlichkeiten**. Du hast zum Beispiel vergessen, dass du mit der Zubereitung des Abendessens an der Reihe warst, und deshalb musste Essen bestellt werden (Organisieren). (Siehe »Kochen« auf S. 220)
- ✓ **Schlechte Entscheidungen**. Unnötige Ausgaben kamen hinzu, wie der Impulskauf einer Tasche für 400 Euro (Directing). (Siehe: »Marken« auf S. 27)

Brauchst du das wirklich?

✓ **Keine Saldierung.** Durch den Vergleich von Einnahmen und Ausgaben mit dem ursprünglichen Budget kannst du sehen, dass du mehr ausgegeben als verdient hast (Controlling).

Wie änderst du deine Gewohnheiten?

Mein Großvater stammt noch aus einer anderen Ära. Um sein Budget zu erstellen, arbeitete er nicht mit einer Excel-Tabelle, sondern nutzte ein System mit verschiedenen Briefumschlägen. Jedes Mal, wenn er seinen Lohn bekam, verteilte er das Geld auf die Umschläge, die Kategorien zugeordnet waren: einer für Kleidung, einer für Lebensmittel und so weiter.

Ein Kredit war zu seiner Zeit keine Option, also borgte er von sich selbst. Wenn er das Budget des einen Umschlags überreizte, bediente er sich aus einem anderen. Ihm blieb nichts anderes übrig. Jedes weitere Kind zehrte den Inhalt der Umschläge ein bisschen mehr auf, bis dieses Kind alt genug war, um zu den Familienfinanzen beizutragen.

Das Bezahlen der monatlichen Ausgaben mit Bargeld oder EC-Karte ist eine interessante Methode, die Briefumschlagübung nachzuahmen: Kannst du alle Rechnungen mit dem Geld bezahlen, das auf dein Konto kommt? Wenn dein monatliches Nettogehalt zum Beispiel 2.000 Euro beträgt, genügt das für deine Kosten oder übersteigen deine Ausgaben diese Summe?

Wenn du weder Kreditkarte noch Dispo hast, kannst du nicht mehr Geld ausgeben, als du zur Verfügung hast, da du mit einem begrenzten Guthaben auf dem Konto agierst. Die einfachste Methode, um verantwortungsbewusst zu sein, wenn die Situation kritisch wird, besteht darin, deine Kreditkarten zu zerschneiden. *Aber meine Punkte! Dann kann ich keine Punkte mehr sammeln! Oh nein!* Du musst unverzüglich noch einmal das Kapitel »!%#*?& Punktekarten« auf S. 49 lesen.

Budgetieren: ein fortwährender Prozess?

Du musst dich nicht verrückt machen, aber für eine Weile ein bestimmtes Budget aufrechtzuerhalten, kann deine Art der Geldausgabe verändern. Sobald du gesunde Gewohnheiten diesbezüglich etabliert hast, kannst du sporadisch oder bei Bedarf budgetieren.

Budgets liefern einen Realitätscheck, zu welcher Summe sich deine täglichen kleinen Ausgaben addieren. Wenn du kein Budget erstellst, woher willst du dann wissen, welche Ausgaben du dir leisten kannst? Entscheidest du nach Bauchgefühl? Hältst du den Finger in den Wind und richtest deine Entscheidungen danach aus, woher der Wind weht? Möglicherweise erkennst du nicht einmal, dass der Wind von dir erzeugt wird, wenn du auf der Autobahn plötzlich beschleunigst.

GRATISTIPPS!

Budgetieren ist einfacher, wenn du gute Ablagegewohnheiten hast. Im Folgenden ein paar Tipps für das Managen der Familienfinanzen.

- *Verzettle dich nicht.* Wenn du alle finanziellen Angelegenheiten über ein Finanzinstitut abwickelst, hast du eine stärkere Verhandlungsposition und, noch wichtiger, du begrenzt die Anzahl der Beteiligten. Du hast elektronischen Zugang zu all deinen Konten, Kreditkarten und anderen Dienstleistungen an einem Ort.
- *Denke im Voraus an die Steuern.* Jedes Jahr stecke ich einen übergroßen Umschlag in einen Ordner. Jeder Kassenbon, jeder Kontoauszug, jede Rechnung und jedes andere Dokument für meine Steuererklärung kommt sofort nach Erhalt in diesen Umschlag. Am Jahresende muss ich dann nicht nach allen Unterlagen suchen: Denn alles ist in diesem Umschlag.
- *Zieh elektronische Ablagen in Betracht.* Microsoft, Google und andere Unternehmen bieten gratis Speicherkapazitäten in der Cloud an. Natürlich werden einige Leute argumentieren, dass Unternehmen wie Google die Inhalte unserer E-Mails und Dokumente ausspionieren könnten. Wie viel Privatsphäre du brauchst ist deine persönliche Entscheidung. Eines ist sicher: Du musst gewährleisten, dass deine persönlichen Finanzdaten sicher aufbewahrt sind – digitale Kassenbons, gescannte Rechnungen und alle anderen Dokumente, auf die du von überall und jederzeit zugreifen kannst.

Mit meinem Handy habe ich nun Zugang zu einem virtuellen Aktenschrank bei mir zu Hause. Sich einen Scanner zuzulegen, der doppelseitig scannt, verringert Papierberge, die du nicht aufbewahren musst.

Ein Ablagesystem ist unerlässlich, vor allem, wenn du selbstständig bist und verschiedene Einkommensquellen oder Renditeobjekte hast.

Brauchst du das wirklich?

Brauchst du wirklich ein Budget, wenn du dich an deine ursprünglichen Sparpläne für den Ruhestand und die Ausbildung der Kinder hältst und schuldenfrei bleibst? Natürlich nicht.

Aber wenn du nicht finanziell vorsorgst, könntest du jemand sein, der von einer Budgetierung profitiert.

Wir sind oft ärmer, als wir glauben.

Versuche, für einen Monat ein Budget zu erstellen, nur um mal zu sehen, was dir das sagt. Möglicherweise erwägst du dann, für eine Weile nichts Neues zu kaufen (siehe »Neues Zeug« auf S. 132).

AUF ANDERE MENSCHEN HÖREN
MUSST DU DAS WIRKLICH?

Andere Menschen. Diejenigen, die uns zu manchen Sachen ermutigen und dann dieses Getane kritisieren und verurteilen. Wir alle gehören zu jemandem. Und es kann schwierig sein, die Motivationen hinter den Kommentaren, Ratschlägen und Hilfestellungen der Menschen zu deuten. Manchmal wollen sie unser Bestes, aber häufig wollen sie sich nur bezüglich ihrer eigenen Entscheidungen, Möglichkeiten und Sichtweisen auf die Welt bestätigt fühlen.

Wann immer du eine Entscheidung triffst, die von der Norm abweicht, verunsicherst du andere damit ungewollt. Wir sind alle verschieden geprägt und haben unterschiedliche Beziehungen untereinander – berufliche, freundschaftliche, romantische, manchmal gefärbt mit einem Hauch Hass oder Neid –, die aufeinanderprallen können, wenn wir miteinander in Kontakt treten. Der Finanzbereich bildet da keine Ausnahme: Andere Menschen haben eine Meinung über uns und wir lassen uns davon beeinflussen.

Eines Tages sagte ein Freund etwas, das mir in Erinnerung geblieben ist wie ein Ohrwurm: **»Was andere haben, nimmt dir nichts weg.«** Das mag simpel klingen, verweist aber auf etwas viel tiefer Liegendes. Mein Freund hatte aus etwas, das ich während eines Gesprächs gesagt hatte, Neid herausgehört. Tiefgrüner Neid. Wir beneiden andere darum, ein anderes Leben zu führen, eine andere Realität zu haben, ein anderes Wohlstandsniveau. Aber warum konzentrieren wir uns nicht darauf, unseren eigenen Weg zu gehen und die Reise zu genießen?

Auf der gewundenen Straße der persönlichen Finanzen ist es unvernünftig, deinen Nachbarn nachzuahmen. Der Begriff »persönliche Finanzen« enthält ein wichtiges Wort: *persönlich*. Wieso? Weil wir nicht das Leben anderer Menschen leben. Wir haben weder ihr Glück noch ihr physisches Erscheinungsbild noch ihre individuellen gesundheitlichen Probleme. Wir haben

Musst du das wirklich?

nicht dieselbe Ausbildung oder dieselben Möglichkeiten. Jeder Lebensweg erzeugt eine andere finanzielle Realität.

Wenn wir die Finanzen anderer Menschen auf der Basis dessen beurteilen, was sie ausgeben, verpassen wir den ganzheitlichen Ansatz. Man muss eine ganze Meile in den Schuhen anderer gelaufen sein, um ihre Reise zu verstehen, ihre langfristigen Bedürfnisse, ihre Risikotoleranz, ihre persönliche Realität und ihr Finanzprofil. Sich nur auf ihre Ausgaben zu konzentrieren, lässt dich möglicherweise vergessen, dass sie vielleicht ein Vermögen haben, mit dem sie ihre Ausgaben finanzieren.

Andere

Unsere Art des Konsums wird eindeutig von dem beeinflusst, was andere sich wünschen. Wann halten wir inne, um uns zu fragen, ob es wirklich das ist, was wir uns wünschen? **Wozu dieser ständige Konsum? Um anderen zu gefallen? Um uns mit anderen zu vergleichen? Um uns mit anderen zu verstehen?** Freiheit bedeutet nichts anderes, als dass man nichts mehr zu verlieren hat. Es ist die Macht, das eigene Leben zu verändern.

Freiheit ist auch die Macht, nicht im Gefängnis zu enden. Es ist schwierig, eine gesunde Perspektive in einer Welt aufrechtzuerhalten, in der ein ständiger Druck zum Ausgeben, Leisten und Übertreffen existiert. Wir suchen nach dem Besonderen, das schlichtweg Normale beeindruckt uns nicht länger.

Es ist zum Beispiel befremdlich, einen Tag in der freien Natur zu verbringen, wenn wir in einer Stadt aufgewachsen sind. Da draußen kann man nichts kaufen. Du musst Wege finden, dich zu amüsieren, ohne Bier zu kaufen. (Ist dir schon mal aufgefallen, dass eine Verabredung mit anderen oft die Einladung zum Konsum beinhaltet?) »Sollen wir ein Bier trinken gehen?« oder »Sollen wir abends essen gehen?« Wir fühlen uns nicht wohl damit, einfach zu sagen: »Lass uns später treffen« oder »Sollen wir ein Glas Wasser trinken gehen?«

Unsere Beziehung mit anderen ermutigt Konsum, als würden wir uns fürchten, kein Ziel zu haben, oder als müssten wir Geld ausgeben, um die Atmosphäre für ein Treffen herzustellen.

Auf andere Menschen hören

Einflüsse

Im Januar 2003 habe ich mir eine legere Winterjacke gekauft. Sie hält mich immer noch warm. Sie ist immer noch in einem guten Zustand. Aber fast immer, wenn ich sie trage, sagt irgendjemand: »Wow, du hast immer noch deine HEC Commerce Games-Jacke? Wie kommt's?« Weil sie immer noch gut ist. Das hören die Leute nicht gern. In demselben Zeitraum haben sie vier Jacken getragen, weil sie die »wirklich brauchten«. Der Zipper am Reißverschluss ist kaputt? Besser einen neuen Mantel kaufen.

Obwohl meine Jacke nicht brandneu aussieht, behalte ich sie, aus Überzeugung und vielleicht auch ein bisschen aus Sturheit. Ich möchte mir beweisen, dass ich kein Sklave des Konsums um seiner selbst willen bin. Ohne die Beurteilung durch andere gäbe es keinen Grund, eine neue zu kaufen. Mit 38 Jahren hört man auf, es wichtig zu nehmen, was andere über die eigenen Klamotten denken. Vielleicht lachen jüngere Menschen deshalb manchmal darüber, wie Ältere sich kleiden. Aber diese Älteren haben es möglicherweise kapiert. **Warum etwas wegwerfen, wenn es noch gut ist? Woher kommt dieser übertriebene Wunsch, neue Sachen zu kaufen?**

Für viele von uns sind die Studienjahre magere Jahre. Ich erinnere mich an meine abgelaufenen Schuhe an der HEC Montréal und den zu oft getragenen Pulli. Ein Kommilitone fragte mich einmal: »Du liebst diesen Pulli, stimmt's?« Er verstand nicht, wo ich herkam. Das konnte er auch nicht. Mit zwei oder drei Hosen, die man abwechselnd anzieht, durchs gesamte Studium zu kommen, ist für viele Studenten eine Realität. Ich fürchtete mich vor Schulden so sehr wie vor der Pest.

Sich ein dickes Fell gegenüber den Kommentaren anderer zuzulegen, ist nicht einfach. Die Wahrnehmung anderer beeinflusst unseren sozialen Wert, unseren Marktwert als Individuum. Sag mir, was du trägst, und ich sage dir, zu welchen Kreisen du gehörst.

So bizarr das wirken mag, zahllose Botschaften in der Popkultur verstärken die Vorstellung, dass es beinahe besser ist, am Kreditlimit zu leben, denn als arm bezeichnet zu werden.

Auswahl treffen

Die Sache ist die: Eine Auswahl zu treffen, kann nicht mit Geiz gleichgesetzt werden; es bedeutet lediglich, dass du bevorzugst, dein Geld für etwas anderes auszugeben. Du spendierst deinen Freunden vielleicht eine Runde Bier,

Musst du das wirklich?

auch wenn du einen alten Mantel trägst. Du fährst vielleicht ein altes Auto, unternimmst aber teure Reisen oder gehst regelmäßig essen.

Niemand kann einen Lebensstil lediglich auf Basis eines einzelnen Budgetpostens beurteilen. Aber haben wir nicht alle schon irgendwann einmal zu hören bekommen: »Komm schon, das kannst du dir leisten!« oder »Du arbeitest hart. Wieso belohnst du dich nicht ein bisschen?« Aber wir sind nicht die anderen. Die Fähigkeit, unter finanziellem Druck leben zu können, unterscheidet sich von Mensch zu Mensch.

Der Ratschlag von anderen ist oft der Feind Nummer eins unserer persönlichen Finanzen. Auf die Warnungen anderer zu hören, lässt uns profitable Investitionen verpassen. Diese impulsive andere Person bringt uns dazu, etwas zu kaufen, das uns in finanzieller Hinsicht für Monate die Hände bindet. Die pragmatische andere Person sagt, wie es ist, hält uns jedoch davon ab, vom vielleicht Möglichen zu träumen oder unsere Karten auszuspielen.

Hinter dem erwarteten Wert (möglicher Ertrag multipliziert mit der Wahrscheinlichkeit),[7] gibt es manchmal Möglichkeiten, bei denen du wissen musst, wie man sie ergreift. Was ist schließlich mit den eifersüchtigen oder neidischen anderen Menschen, die auf einen Weg zeigen, der von deinen Zielen wegführt, nur damit sie sich in ihren eigenen Entscheidungen bestärken können?

Was häufig fehlt, ist ein offener anderer. Wenn wir sagen: »Ich habe keine Wahl«, kann uns jemand Ehrliches den Kopf zurechtrücken. Natürlich haben wir eine Wahl, insbesondere dann, wenn es um unsere persönlichen Finanzen geht.

Wenn du von der Hand in den Mund lebst, sind deine Wahlmöglichkeiten natürlich eingeschränkt. Wenn du in Kanada weniger als 18.000 Dollar (Anm. d. Übers.: das Existenzminimum liegt in Deutschland bei 13.600 Euro) im Jahr zur Verfügung hast, reicht das gerade für das Nötigste. **Mit einem derart niedrigen Einkommen können uns ein paar schlechte Entscheidungen für den Rest unserer Tage in eine Spirale versäumter Zahlungen und Schulden stürzen.**

Menschen, die behaupten, keine Wahl zu haben, suchen nach Zustimmung. Finden sie diese leicht, so fühlen sie sich bestätigt und erhalten ihren Lebensstil aufrecht. Man muss neuen Ideen ausgesetzt sein, um sich ändern zu können. Manchmal ist es nötig, eine Wand niederzureißen – nämlich die, die es ihnen erlaubt, von den Gläubigern erdrückt zu werden.

Auf andere Menschen hören

Wage es, du selbst zu sein

Für ein ausgewogenes Bild zur Beurteilung anderer liegt der Schlüssel möglicherweise darin, Zeit mit Menschen unterschiedlichen Hintergrunds zu verbringen. Wenn du in einem Freundschaftskokon lebst, wirst du wie dein Facebook-Account: Dein Denkalgorithmus beschränkt sich auf den Personenkreis, der sich so ernährt, Geld ausgibt und lebt wie du selbst.

Regelmäßig in andere soziale Umgebungen einzutauchen, lässt dich das wertschätzen, was du hast, und macht dich aufgeschlossen gegenüber anderen Varianten, um deine persönlichen Finanzen zu managen. **Soziale Vielfalt ist wichtig: Sie erlaubt uns, danach zu streben, besser zu sein, und ermuntert uns, unser Glück (oder auch Elend) bewusst wahrzunehmen.**

Das beste Gegenüber, das du finden kannst, ist vermutlich deine Bilanz: Haben und Soll gegenüber Einnahmen und Ausgaben. Das sehen wir uns nicht gerade oft an. Wir ignorieren sie sogar systematisch. Sie spricht nicht von Liebe, Gefühlen oder Impulsivität. Dabei ist sie aufrichtig, ehrlich und pragmatisch, sie lässt uns überprüfen, ob wir ein bisschen lockerer werden können.

Andere sind definitionsgemäß nicht wir. Sie müssen nicht mit den Konsequenzen unserer Finanzentscheidungen leben. Die größte Herausforderung für ein vernünftiges Management der persönlichen Finanzen besteht darin, der Versuchung zu widerstehen, im Blick anderer zu leben oder sich von ihnen definieren zu lassen.

Das ultimative Ziel im Leben besteht nicht darin, in einem öffentlichen Altersheim zu enden und einmal wöchentlich ein Schaumbad zu bekommen. Es wäre bedauerlich, wenn das das Ergebnis einer Reihe schlechter Finanzentscheidungen wäre, wie das Tragen eines Canada-Goose-Parkas für 1.000 Euro im Alter von 25 Jahren oder weil man auf andere gehört hat. Denn das brauchst du wirklich nicht.

EIN NEUES AUTO
BRAUCHST DU DAS WIRKLICH?

Ich gebe ja zu, dass ich die Autobesessenheit anderer Menschen nie verstanden habe. Möglicherweise hat das mit meiner Kindheit zu tun.

1983 besaß mein Vater einen alten Kombi mit Seitenverkleidungen aus Holzimitat. Dad war nie der Typ, der einen Wagen pflegt, reinigt und wartet. Wenn wir durch Pfützen fuhren, mussten wir die Füße hochheben, weil das Wasser durch die Löcher im Boden hereinspritzte. Wir achteten sorgfältig darauf, kein Kleingeld fallenzulassen, denn es wäre direkt auf der Straße gelandet.

Dad sagte immer, dass der Wagen nur ein Haufen Blech sei, ich fand jedoch, dass er unnötig nachlässig mit ihm umging. Es gibt einen Unterschied zwischen der Verhätschelung eines Wagens und der vollständigen Vernachlässigung.

Mein Vater hegte eine stark utilitaristische Einstellung zum Besitz eines Wagens. Aber als Gesellschaft verwechseln wir die klaren praktischen Möglichkeiten des Fahrens mit dem brennenden Verlangen, ein Auto zu besitzen. Wir definieren uns über den Wagen, den wir fahren.

Wie können wir eine Wahl treffen, die sich derart gravierend auf unsere Finanzen auswirkt, ohne zumindest den Ertrag zu optimieren? Unabhängig vom Preis muss ein Auto die Hauptanforderung erfüllen, uns von Punkt A zu Punkt B zu befördern. Jede andere Rechtfertigung für einen solchen Erwerb dreht sich um Image, Bequemlichkeit, Technologie (siehe »Die neueste Technologie« auf S. 21), Innenraumgröße und so weiter. **Im Grunde hat ein Großteil des Werts, den wir Autos zuteilen, nichts mit ihrer primären Funktion zu tun: der Fortbewegung.**

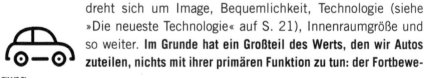

Zwischen Wunsch und Bedarf

Eines Tages erzählte mir ein Kollege, der Single ist, dass er sich einen Jeep Grand Cherokee kaufen wolle. Ich war neugierig, deshalb fragte ich ihn,

Ein neues Auto

warum er ein so großes Auto wolle. Er wies darauf hin, wie praktisch ein SUV sei, wenn er mit seinem Vater zum Angeln fahre – einmal im Jahr. Ich schlug vor, dass er ein kleineres Auto für die Hälfte kaufen und sich einmal im Jahr einen SUV mieten könne.

Seine Rechtfertigung fiel in sich zusammen – nicht aber sein Wunsch. Daher suchte er nach anderen Gründen, um sich selbst davon zu überzeugen, dass dieser geplante Kauf absolut sinnvoll sei. Der Wunsch nach Konsum schlägt die Vernunft ohne Probleme: Wenn wir von einem Objekt der Begierde träumen, ist es leicht, unsere finanzielle Vernunft zu verdrehen.

In unserer Gesellschaft gehören Autos vermutlich zu den sinnlosesten Ausgaben (**Ausgaben generieren nie eine Rendite**). Sind deine finanziellen Ressourcen optimiert? Könnten wir eine vernünftigere Finanzentscheidung treffen?

Überleg dir auch mal: Autos stehen die meiste Zeit herum, vereinnahmen öffentlichen Raum, berauben andere der Möglichkeit, diesen zu nutzen.

Wenn ich sehe, dass Autos permanent die Straßen vollparken, frage ich mich manchmal: »Was wäre, wenn wir einen Schlüssel hätten, mit dem wir jederzeit jedes Auto benutzen könnten?« In Anbetracht der Anforderung würden unser aller Bedürfnisse erfüllt, und zwar zu weit niedrigeren Kosten, als jeden der Besitz eines eigenen Wagens kostet. Wartungskosten könnten ebenfalls geteilt werden, was allen Zeit und Geld sparen würde.

Stattdessen wollen wir alle unser eigenes Auto und identifizieren uns damit, auch wenn es – im Vergleich zu anderem Besitz – teuer und ineffizient ist.

Für einen Bruchteil des Preises könnte ein universelles Carsharing in Stadtzentren alle Vorteile eines Privatwagens überwiegen. Es wäre ein öffentliches Verkehrsmittel, aber zum privaten Nutzen. Es könnte die Vorteile beider Seiten verbinden.

Der Faktentest

Eine von CAA-Québec[*] herausgegebene Studie zeigt, bis zu welchem Ausmaß der Besitz und Unterhalt des neuesten Automodells ein bedeutender Kostenfaktor sein kann.[8] Die meisten Autofahrer unterschätzen die tatsächlichen Kosten eines Wagens, sei es bewusst oder unbewusst, wohl eine Art Verteidigungsmechanismus.

---

[*] Anm. d. Übers.: vergleichbar mit dem ADAC in Deutschland

Brauchst du das wirklich?

So erzeugt zum Beispiel ein Honda Civic LX, ein sehr beliebtes Modell in Kanada, in den ersten Jahren dem Besitzer jeweils fast 6.500 Dollar an Kosten,[9] oder etwas mehr als 18 Dollar am Tag für 18.000 gefahrene Kilometer – also Versicherung, Kosten für den Führerschein und die Anmeldung, Wertverlust und die durchschnittlichen Finanzierungskosten.

Das kommt zu den jährlichen Betriebskosten von circa 2.600 Dollar hinzu. Wenn du diese beiden Summen addierst, liegen die tatsächlichen Kosten pro Jahr bei über 9.000 Dollar.

Jemand in Kanada mit einem Jahresgehalt von 50.000 Dollar bringt ein Nettogehalt von etwa 39.000 Dollar nach Hause,[10] basierend auf bestimmten Steuerannahmen, wie zum Beispiel dem zugrunde liegenden Steuersatz. Diese Person arbeitet also 23 Prozent ihrer Zeit im Laufe eines Jahres nur für ein Auto, das im Wesentlichen benutzt wird, um ... zur Arbeit zu fahren.

Anders ausgedrückt: Du musst von 2.000 Arbeitsstunden (50 Wochen) im Jahr fast 11,5 Wochen – etwas mehr als zwei Monate – nur für die Kosten deiner rollenden Blechbüchse arbeiten.

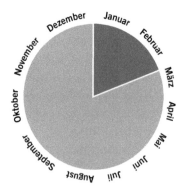

Laut Statistics Canada* gibt der durchschnittliche kanadische Haushalt jährlich 11.909 Dollar für Transport aus. Das addiert sich zu 14 Prozent der Gesamthaushaltsausgaben, die 2016 mehr als 84.489 Dollar betrugen.[11]

Wenn jemand entscheidet, sich ein weit von seinem Arbeitsplatz entferntes Haus zu kaufen, berechnet er dann die tatsächlichen Kosten, also einschließlich der Fahrtkosten? Vergiss nicht, dass du bei einem Hauskauf die Kosten zurückbekommst, wenn du es wieder verkaufst – die Transportkosten

---

* Anm. d. Übers.: eine kanadische Bundesbehörde, die Statistiken über die kanadische Bevölkerung, Bodenschätze, Wirtschaft, Gesellschaft und Kultur herausgibt

Ein neues Auto

sind jedoch unwiederbringlich verloren. Das bedeutet, dass es Zeit und Geld sparen kann, in der Stadt nahe dem Arbeitsplatz zu wohnen und auf einen eigenen Wagen zu verzichten.

Ein Neuwagen: Geld aus dem Fenster geworfen

Ich habe nie einen Neuwagen gekauft, denn der Preis eines Neuwagens steht im Missverhältnis zu seiner Nützlichkeit. In den ersten drei Jahren ist der Wertverlust am größten (ein durchschnittlicher Wertverlust zwischen 35 und 50 Prozent über 36 Monate ist nicht ungewöhnlich). Ein Auto für 30.000 Euro ist also möglicherweise nach drei Jahren weniger als 20.000 Euro wert. Es kann aber noch viele Jahre laufen, vor allem, wenn die Lebensstilentscheidungen die Anzahl der jährlich gefahrenen Kilometer reduzieren.

Neuwagen stehen also im Schnitt für höhere Kosten je gefahrenen Kilometer pro Jahr des Besitzes. Der Kauf eines Gebrauchtwagens ist eine Möglichkeit, sich nicht finanziell zu verheddern.

Im Herbst 2011 zwangen mich die Umstände zu der raschen Entscheidung, eine Schrottkarre zu kaufen: einen auberginefarbenen zweitürigen Honda Accord, Baujahr 1998. Der Preis lag bei 2.600 Dollar. Meiner Einschätzung nach würde er mich durch das Jahr bringen, für das ich ihn brauchte. Im Laufe der Zeit war es dann am Ende finanziell immer sinnvoller, den Wagen zu reparieren, statt ihn zu ersetzen.

Zwei Jahre, nachdem ich ihn gekauft hatte, musste ich die Auspuffanlage austauschen und mich um ein paar Kleinigkeiten kümmern. Die Kosten? Etwas über 1.000 Dollar. Die meisten Autofahrer würden sich fragen: »Warum 1.000 Dollar in einen Wagen investieren, der weniger als 2.000 Dollar wert ist?«

Ich sah das anders. Wenn mir die 1.000 Dollar Reparaturkosten ein weiteres Jahr mit ihm verschafften, konnte ich eine große Ausgabe ein paar Monate länger hinausschieben, ganz davon zu schweigen, dass meine jährlichen Nutzungskosten des Wagens dadurch geringer ausfielen. Jedes zusätzliche Jahr mit einem seinem Betriebsende entgegensehenden Autos (ein End of Life- oder EOL-Produkt) ist ein Jahr finanzieller Gnadenfrist. Ein neueres Modell wäre automatisch teurer bezüglich Steuern und Versicherung.

Außerdem lässt dich ein abbezahlter Wagen Geld für zukünftige Ausgaben beiseitelegen. **Ich musste nie monatliche Ratenzahlungen für ein Auto tätigen:**

Brauchst du das wirklich?

Das war toll. Du fühlst dich, als würde jemand anderer für eine zukünftige Fahrzeugflotte zahlen. Fahrer von Schrottlauben danken denjenigen, die Neuwagen kaufen. Ohne sie könnten wir nicht das tun, was wir tun.

Am Ende verkaufte ich diesen Wagen Baujahr 1998 im Mai 2016 für 860 Dollar. Er brachte mich fünf Jahre lang von A nach B, zum Bruchteil des Preises eines Neuwagens.

Kürzlich bildete ich mit jemandem eine Fahrgemeinschaft, der ziemlich wohlhabend ist. Er fuhr einen netten SUV. Ich muss zugeben: Das war auch toll. »Ich habe ihn gebraucht gekauft«, sagte der Fahrer. »Er ist Baujahr 2011. Wer kann denn bei einem Wagen der Oberklasse schon den Unterschied zwischen einem Modell von 2011 oder 2015 erkennen? Der Unterschied beim Nutzen rechtfertigt nicht den Preisunterschied.«

Seine Bemerkung überraschte mich angenehm. Obwohl der Bursche Millionär ist, verstand er, dass es für ihn ein überflüssiger Luxus wäre, einen Neuwagen für 50.000 Dollar zu kaufen. **Wenn du 50.000 Dollar hast, um sie in einen Wagen zu stecken, sind hoffentlich dein Rentensparplan und die Ausbildungssparpläne deiner Kinder gut in Schuss.**

Von Berühmtheiten und Pannen

Aber dann gibt es da noch einen anderen Mythos: Was, wenn der Wagen eine Panne hat? Nicht das Ende der Welt.

Auch ein Neuwagen ist nicht immun gegen Pannen oder mechanische Probleme. Aber so nehmen die Menschen es wahr. Einen Gebrauchtwagen zu haben, der regelmäßig gewartet wird und bei der Inspektion ist, minimiert diese Probleme. Außerdem ist die Mitgliedschaft bei einem Automobilclub wie dem ADAC der beste Freund des Schrottlauben-Fahrers. Es ist seine Versicherung für den Fall, dass etwas schiefgeht.

Auch wenn wir vom Verstand her wissen, dass es für die langfristige finanzielle Gesundheit besser ist, einen Gebrauchtwagen statt eines neuen zu kaufen, so ist das Marketing mächtig. Um Autos zu verkaufen, werben die Autohersteller witzige, freundliche oder schöne Werbebotschafter an.

Sie verkaufen kein Produkt, sondern ein Image, als könnte ein Haufen Metall in einer anderen Farbe oder Form und mit einem anderen Logo tatsächlich Einfluss auf deinen gesellschaftlichen Marktwert haben.

Ein neues Auto

Autobauer kämpfen hart, um Konsumenten von der Vernunft abzubringen. Sich alle vier Jahre einen Neuwagen zuzulegen, ist der Höhepunkt finanzieller Verluste. Wir genießen einen Bruchteil der nutzbaren Lebensdauer des Wagens, zahlen jedoch die höchsten jährlichen Kosten. Außerdem sind die Fahrzeugpreise so hoch, dass sie in Werbeanzeigen lieber nicht genannt werden. Autoverkäufer verkaufen einen Lebensstil.

In den Seminaren, die ich am CEGEP[*] oder der Universität halte, kann ich inzwischen die Anzahl der Diskussionen über Autos gar nicht mehr zählen. Wenn sich Studenten bei der Verwaltung beklagen, dass sie zu wenig Geld haben, gleichzeitig aber einen dieses Jahr herausgekommenen Wagen fahren, muss ich ihnen den Widerspruch unter die Nase reiben. Im Alter von 18 oder 20 Jahren einen Neuwagen oder ein neues Modell zu kaufen, beeinträchtigt die finanzielle Sicherheit oder Investitionsmöglichkeit gravierend. Wie ein Schuhmacher, der seine eigenen Schuhe nicht repariert, setzen diese Studenten nicht die erlernten Prinzipien in die Praxis um.

GRATISTIPP!

Eines Tages verriet mir meine Cousine einen großartigen Trick. Jedes Mal, wenn sie den Drang verspürt, sich ein neues Auto zu kaufen, lässt sie ihren Wagen von innen und außen komplett reinigen, um ihn für den Verkauf vorzubereiten. Sie wissen schon, so wie in der Erfolgsshow *Pimp my Ride*, wo der Wagen einschließlich Motorwäsche gereinigt wird. Wenn sie ihn wieder abholt und losfährt, denkt sie: »Wenn du mir nicht schon gehören würdest, würde ich dich kaufen.« Die 30 Dollar Reinigungskosten sind gut investiert, um zu einer rationaleren Entscheidung zu finden.

Finanzielle Lügen

Was ist mit einer Null-Prozent- oder 0,9-Prozent-Finanzierung? Solche Deals sind in etwa so authentisch wie der Weihnachtsmann. Autofirmen sind selbst

---

[*] Anm. d. Übers.: Collège d'enseignement général et professionnel in Québec; eine seit 1967 existierende Bildungseinrichtung, in der technische und vor-universitäre Ausbildung stattfindet

Brauchst du das wirklich?

verschuldet, deshalb werden sie ihre Kunden wohl kaum für lau finanzieren. Wie können sie also derart niedrige Zinsen anbieten?

Ganz einfach: Sie rechnen diese Finanzierung in den Kaufpreis mit ein. Im Grunde sind »Kaufe jetzt, zahle später«-Käufe so gang und gäbe geworden, dass Händler ihre Geschäftsmodelle um die Finanzierung herum entwickeln.

Vielleicht hast du es in letzter Zeit gerade erlebt, dass dir der Verkäufer sagt, er habe »nur eine niedrige Gewinnspanne« bei dem verkauften Wagen. Die ultimative Beleidigung ist, wenn er dann noch behauptet, den Wagen zum Einkaufspreis abzugeben.

Welche Unterlagen er dir auch immer vorlegen mag, Verkäufer lügen. Am Ende des Jahres erhalten sie eine Provision für die Anzahl der verkauften Autos. Neuwagen zu verkaufen, ist profitabel, und der Käufer macht dabei kein gutes Geschäft. Punkt.

Was ist außerdem mit den inbegriffenen Kosten, die bei der Berechnung der Pros und Kontras eines Autos nie berücksichtigt werden? Zum Beispiel all das Geld, das in den Bau, die Instandhaltung und das Heizen einer Garage einfließt, deren Hauptzweck darin besteht, ein Schutzraum für Autos zu sein? Das Ausmaß der Bedeutung eines Privatwagens im vorstädtischen Paradies ist schier unfassbar: Doppelgaragen, übergroße Einfahrten und die wöchentliche Autowäsche sind Beweis für den zentralen Stellenwert des Autos in unserem Leben.

Natürlich brauchen wir alle hin und wieder ein Auto. Aber wir sollten darüber nachdenken, welche Bedeutung diesem innerhalb des Familienbudgets zuteilwird. Können wir die Notwendigkeit eines eigenen Wagens infrage stellen? Können wir den Gedanken unterbinden, dass Autos unsere Persönlichkeit widerspiegeln? Ein sportlicher, luxuriöser SUV kann von Menschen gefahren werden, die alles andere als abenteuerlustig oder sportlich sind. Ein Luxusauto kann von jemandem gefahren werden, der bis über beide Ohren verschuldet ist. Ein Busfahrgast kann entweder Millionär oder auf Sozialhilfe angewiesen sein.

Ein Auto beeindruckt neidische Betrachter für ein paar Minuten.

Aber macht uns so ein tolles Auto freier, mächtiger oder gesünder? Sind wir dadurch attraktiver, kompetenter oder charismatischer? Bedeutet ein Jaguar, dass ein älterer Mann kein Viagra braucht? Bewahrt er stressgeplagte Berufstätige davor, depressiv zu werden oder verleiht er den Strebern Coolness?

Ein neues Auto

> Wir sind Opfer unserer Wünsche. Wir sind daher unser eigener finanzieller Henker. Stell dir die folgende Frage: Brauchst du wirklich einen Neuwagen, über die grundlegenden Funktionen hinausgehend? Und wir können noch einen Schritt weitergehen: Brauchst du überhaupt ein Auto?

EIN AUTO
BRAUCHST DU ES WIRKLICH?

An dieser Stelle gehen wir noch einen Schritt weiter und fragen uns nicht nur, ob wir wirklich einen Neuwagen brauchen, sondern ob wir überhaupt ein Auto zu brauchen.

Jeder für ein Auto ausgegebener Dollar birgt Opportunitätskosten. Zum Beispiel könnte das Überdenken des monatlichen Budgets für ein Auto den Betreffenden in die Lage versetzen, mehr zu sparen oder für Urlaube auszugeben. **Die Wahrheit ist, dass die Menschen oft für die Ersparnisse für die Ausbildung der eigenen Kinder keinen Spielraum in ihrem Budget sehen, genau diesen Spielraum aber für das Auto finden.** Wieso nicht einfach weniger arbeiten, um mehr Freizeit zu haben? Würde ein Dollar, den du nicht in dein Autobudget steckst, dir die Möglichkeit geben, das Leben zu genießen und Neues auszuprobieren? Diese Denkweise ist nicht gerade verbreitet: In Québec wurden 2015 451.354 Neuwagen verkauft, eine Steigerung um 5,7 Prozent gegenüber dem Vorjahr.[12]

Bedauerlicherweise wurden die meisten unserer Städte um die Bedürfnisse des Automobils herum konzipiert, deshalb wäre eine Welt ohne Privatwagen leider utopisch. Aber für diejenigen von uns, die im städtischen Umfeld wohnen, sollten wir einen anderen Blick auf die Zahl der Autos einnehmen, die wir zu benötigen glauben. Mit Bikesharing, Carsharing und der Revolution in der Taxibranche ignorieren wir den Gedanken, dass wir Transportmöglichkeiten auf eigenes Risiko nutzen.

Eine technologische Revolution

Als Uber zum ersten Mal auf der Bildfläche erschien, erhoben sich Einwände basierend auf Besteuerung und Protektionismus, diese verschleierten aber eine größere Realität: Da draußen gibt es Lösungen, die die Notwendigkeit des eigenen Autos beschränken.

Ein Auto

Zum Beispiel verwandelten die Einführung von Téo Taxi in Québec sowie das Erscheinen von Uber die Taxierfahrung in Montréal und bot neue Möglichkeiten:

- ✓ übers Smartphone ein Taxi bestellen,
- ✓ mit dem E-Auto fahren,
- ✓ kostenloses Wi-Fi in Fahrzeugen und
- ✓ mobiles Bezahlen.

Wir können an der technologischen Revolution teilnehmen, halten aber an der traditionellen Vorstellung des Taxis fest. Wir sind noch nicht zum Konzept der »Shared Taxis« vorgedrungen, das Uber in anderen Städten durch UberPOOL anbietet und das es Fahrgästen ermöglicht, sich eine Fahrt mit anderen Kunden zu teilen, die unterwegs zusteigen.

Carsharing bedeutet, sich die Kosten zu teilen. Operations Research zum Transportbereich führte zu einer Verbesserung der öffentlichen Verkehrsmittel und das Sharing zu einer Erleichterung der privaten Transportmöglichkeiten. Im Grunde ermöglichen komplexe mathematische Berechnungen diese Entwicklung in der Technologie. Die Nutzung eines Shared-Service ermöglicht auch das Teilen der Entwicklungskosten.

Eine andere Transportmethode für jede Lebensphase

In meinem Leben gab es Abschnitte, da nutzte ich öffentliche Verkehrsmittel, Fahrrad, Auto, Carsharing und so weiter. Die eigenen Bedürfnisse hängen von den jeweiligen Umständen ab.

Seit ich zum Beispiel teilweise außerhalb von Montréal arbeite und meine Kinder eine Tagesstätte besuchen, die relativ weit von zu Hause entfernt liegt, ist ein eigenes Auto äußerst praktisch. Wie so viele Menschen, setze auch ich mich nun wegen so ziemlich allem sofort hinters Lenkrad. Aber sobald meine Kinder alt genug für die Schule sind und somit die Tage der Buggys und Windeltüten hinter mir liegen, werde ich wieder mehr zu Fuß erledigen und öffentliche Verkehrsmittel benutzen.

Eines ist sicher: In städtischen Umgebungen müssen wir uns ein paar Fragen stellen, wenn es die Norm ist, dass jeder ein Auto besitzt.

Meine Schwester und ihr Mann, die beide in den Vierzigern sind, haben noch nie einen Wagen besessen. Sie haben keine Kinder, sind aber dennoch

Brauchst du es wirklich?

die Ausnahme von der Regel: zwei auto-lose Berufstätige sind praktisch Außerirdische. Aber die Tatsache, dass sie kein Auto besitzen, verschafft ihnen einen gewaltigen finanziellen Spielraum. Ihr Haus ist abbezahlt, sie sorgen für den Ruhestand vor und reisen mehr. Das ist für mich die Definition von Freiheit.

Um den Besitz eines Privatwagens zu rechtfertigen, müssen die Gesamtkosten der mit dem Taxi durchgeführten Erledigungen, die Fahrkarten für öffentliche Verkehrsmittel und die Kosten für Mietwagen die Anschaffungskosten ausstechen. Nur wenige Menschen rechnen das durch. Menschen wollen Freiheit. Aber ein Auto erfordert Zeit, Management und Wartung. Und es kann einen großen Brocken deines finanziellen Freiraums vernichten.

Im Hinblick auf Energie und Finanzen nicht effizient

Wir müssen auch das Gewicht von Fahrzeugen berücksichtigen, das sich über die Jahre verändert hat. Von den 1970ern bis Mitte der 1980er-Jahre ist das Durchschnittsgewicht eines Fahrzeugs drastisch gesunken.[13] Anschließend stieg es etwa 20 Jahre lang wieder an und hat sich nun mehr oder weniger stabilisiert. Wenn man darüber nachdenkt, ist es ziemlich verrückt, 2.000 Kilogramm über Hunderte von Kilometern zu bewegen, um einen 80-Kilogramm-Mensch zu befördern.

Im Hinblick auf Energieverbrauch ergeben Autos zweifellos keinen Sinn. Wenn wir jeden Tag all die leeren Sitze in den Autos auf den Straßen zählen würden, wären wir vielleicht ob dieser Ineffizienz überrascht.

Mittlerweile, aufgrund praktischer Apps, ist es sinnvoll, sich Fahrten mit den Menschen aus deiner Gegend zu teilen. Es ist 7:30 Uhr morgens und ich befinde mich im Vorort von Repentigny; es müssen Tausende sein, die nach Montréal eilen. Es ist an der Zeit, dass die Technik uns hilft, miteinander in Kontakt zu treten, damit wir uns Zeit und Ressourcen teilen können.

Ich bin beileibe kein Autogegner. Ich möchte nur, dass wir über den Stellenwert des Autos in unserer Gesellschaft nachdenken und ihn aus finanzieller Sicht betrachten.

Wir glauben irrtümlicherweise, dass die Nutzung öffentlicher Verkehrsmittel eine Frage des Wohlstands ist. Aber nur weil du genug Geld für ein eigenes Auto hast, heißt das nicht, dass du das auch tun musst. Öffentliche Verkehrsmittel sind nicht für die Armen bestimmt – es ist lediglich eine andere Fortbewegungsart.

Ein Auto

Bis vor ein paar Jahren besaß ich kein Auto. Eines Tages, als mein Schwager und ich in der Schlange am Kiosk warteten, sagte eine Frau:»Ich will jedenfalls, dass mein nächster Freund reich ist. Ich will nicht mit einem Typen ohne Auto ausgehen.« Da hast du es. Laut dieser Frau war ich also arm. Sie setzte den Besitz eines Autos mit sozialem Status gleich.

Alles ist eine Frage der Wahrnehmung. Indem wir unsere Auffassungen neu definieren, können wir klarer sehen. Wenn du zum Beispiel sagst, dass du das dieses Jahr auf den Markt gekommene Modell eines Sportwagens fährst, wirst du möglicherweise als jemand wahrgenommen, der einen guten Teil seines Lebens dafür arbeitet, sich einen rollenden, aber immerhin schnell fahrenden Blechhaufen zu kaufen. Zynisch? Vielleicht, aber es ist die Wahrheit.

Hinterfrage jede neue Anschaffung

Warum sollte der Besitz eines Autos die naheliegende Option sein? Weil dein jetziger Wagen reif ist für den Schrottplatz? Bevor du dir einen neuen kaufst, solltest du dir deine aktuelle Situation ansehen und fragen: Brauche ich den wirklich? Das Leben verändert sich. Ein Ja von gestern könnte ein Nein von morgen sein.

Wenn du einen festen Job an einem einzigen Standort hast, ist es einfacher, den Arbeitsweg zu planen. In meinem Fall, mit Kleinkindern und mehreren Jobs, ist die Fortbewegung ohne Auto schwierig. Aber sobald meine Kinder unabhängiger sind: Warum sollte ich ein Auto besitzen, wenn ich zwei Minuten von der Bushaltestelle, weniger als sieben Minuten von der U-Bahn-Station und ein Heranwinken von einer Taxifahrt entfernt wohne?

Selbst diejenigen, die in Vororten oder auf dem Land leben, sollten sich fragen, ob sie geografisch die beste Entscheidung getroffen haben. Angesichts von Städten, die Vororte entwickeln, wie es im 20. Jahrhundert üblich war, fällt es schwer, kein Opfer der städtebaulichen Entwicklung zu werden. Aber wir alle haben dabei mitgeholfen, diese Entwicklung aufrechtzuerhalten und zu unterstützen, deren Spuren in den kommenden Jahren bestehen bleiben werden.

Vororten mangelt es an Dichte und Geschäfte sind eher außerhalb von Wohngebieten platziert. Die Folge ist eine Zersiedelung und zusätzliche Schwierigkeiten zur Entwicklung von öffentlichem Nahverkehr. Warum aus dem Stadtzentrum wegziehen? Wieso nähren wir diese Fantasie, gemeinsam

Brauchst du es wirklich?

allein zu sein? All diese Lebensentscheidungen machen eine Zukunft ohne Auto (oder wenigstens weniger Autos) unmöglich. Transport muss Bestandteil unseres Denkens sein, ebenso wie die Nähe zu Dienstleistungen und Schulen.

> Brauchst du wirklich ein Auto?
>
> Für viele lautet die Antwort ja, und ich möchte hier nicht mit Steinen werfen. In meinem Haushalt gibt es derzeit für jeden Erwachsenen ein Auto. Aber ich strebe weiterhin einen autofreien Haushalt an.
>
> Könntest du dir das auch vorstellen? Falls nicht, so kann ich das verstehen. Aber könntest du dir vorstellen, eins oder zwei aus deiner Einfahrt zu entfernen?
>
> Jeder hat seine eigene Straße, seine eigenen Anstrengungen und seine eigene Realität …

AUSGEGLICHENHEIT
BRAUCHST DU DIE WIRKLICH?

Wir investieren sehr viel Zeit in die Suche nach der Ausgeglichenheit und es ist gleichzeitig wohl eine der klischeehaftesten Vorstellungen dessen, was ich als Geschäft mit dem Wohlbefinden bezeichne.

Die Realität ist, dass alle in ständiger Unausgeglichenheit leben, und dass diese Unausgeglichenheit ihren Teil zu allen großen Erfolgen auf dieser Welt beigetragen hat. Ein Mangel an Ausgeglichenheit hat seinen Preis. Er hat Auswirkungen auf unsere persönlichen Finanzen; er kann sich durch das Generieren von Einkünften bezahlt machen, aber er erzeugt auch eine Menge Zusatzkosten. Willkommen in der Welt der Unausgewogenheit.

Unausgeglichenheit akzeptieren

Wenn du dich bemühst, dein Leben aufzubauen, deinen Wert unter Beweis zu stellen und im Job oder bei deinen Ersparnissen voranzukommen, stellst du manchmal fest, dass du nicht ausgeglichen bist. Genau genommen stellen wir es nicht einfach fest – es erfasst uns. Ganz ohne Vorwarnung.

Möglicherweise glauben wir, dass wir besser oder stärker als andere sind. Wir sagen uns, dass wir damit fertig werden. Andere sind faul. Andere sind schwach. Das ist nicht zwangsläufig der Fall, aber wir möchten es glauben. Der Tag hat nur 24 Stunden. Wie lange können wir mit unseren Kräften Raubbau betreiben? Was sind die Konsequenzen unserer Entscheidungen? Können Verstand und Körper da Schritt halten?

Eines Tages, als Teil einer Präsentation vor Studenten an der CÉGEP Régional de Lanaudière in L'Assomption in Québec, interviewte ich eine weibliche Führungskraft einer Organisation, die die berufliche Weiterentwicklung von Frauen bewarb. Während unserer Diskussion sagte sie: »Ich habe gelernt, ein gewisses Maß an Unausgeglichenheit zu akzeptieren.«

Brauchst du die wirklich?

Es ist beruhigend, wenn jemand Unausgeglichenheit anerkennt und offen darüber spricht. Wie Waffenbrüder und -schwestern in selbst verschuldetem Unbehagen gibt es ihnen das Gefühl einer gemeinsamen Mission.

In mancher Hinsicht führt Unausgeglichenheit zu großartigen Sachen und zu Errungenschaften, als würde man sich Tag und Nacht für eine Prüfung oder einen Wettkampf vorbereiten. Aber es hält auch von anderen Dingen ab, so kann ein Übermaß an Arbeit beispielsweise auf Kosten des Familienlebens gehen.

Ich bin einer der unausgeglichensten Menschen, die ich kenne (glücklicherweise im Hinblick auf mein Leben und nicht auf mein Gemüt). Es klingt seltsam, wenn ich das sage, und ich weiß auch nicht, wem ich etwas beweisen möchte, aber ich schwelge definitiv in einem ständigen Mangel an Ausgeglichenheit.

Alles begann, als ich parallel arbeitete und die Schule besuchte. Ich gab meinen Sport auf, verzichtete auf regelmäßigen Schlaf und Freizeit, um mich auf diese beiden Aspekte meines Lebens zu konzentrieren. Es war eine Art halbbewusster Akt des Vertrauens in den Aufbau einer Karriere.

Das war der Moment, an dem ich mit dem Raubbau meiner Kräfte anfing. **Ich musste lernen, damit ich besser war als andere Studenten. Ich musste für die finanzielle Absicherung arbeiten. Die Pflicht kam an erster Stelle.** Mein Mantra lautete: »Ich mag ja nicht der cleverste sein, aber ich werde am härtesten arbeiten.«

Mit einer zombieartigen Unbeirrbarkeit konnte ich meine Bedürfnisse einen Großteil meines Lebens ignorieren. Ich war wie eine Maschine. Eine unvollkommene Maschine, die ohne Glück auskommen konnte, um in einer grausamen Welt zu überleben. Heute könnte ich ein solches Kunststück nicht mehr vollbringen. Wieso? Weil man dieses Tempo nicht aufrechterhalten kann. Und, noch wichtiger, weil es in selbstzerstörerischen Gedanken und Verhaltensweisen mündet, die von Unausgeglichenheit erzeugtem Frust hervorgerufen werden.

Arbeit

Du musst mehr als andere liefern, um beruflich anerkannt zu werden. Du musst bessere Leistungen zeigen. Du musst andere und dich selbst übertreffen. Ohne Mühe erzeugst du keinen Wert.

Ausgeglichenheit

Wenn du die Menschen betrachtest, die du bewunderst, siehst du oft nur die Spitze des Eisbergs, aber nicht den Rest unter Wasser: viele Stunden der Fähigkeitenentwicklung, der Fertigkeitsoptimierung, dass sie dorthin gehen, wo andere nicht hinwollen und dafür Teile ihres Privatlebens opfern.

Aber all das hat Konsequenzen. Wenn sich die Phase der Unausgeglichenheit zu lange hinzieht, kann sie ein Gefühl erzeugen, dass dir etwas fehlt, den Eindruck hinterlassen, dass ein Teil deines Lebens nicht vorhanden ist oder dass du zu schnell fährst. Während andere am Straßenrand ruhig eine Pause einlegen, rast du den Hügel so schnell hinunter, dass du nicht einmal sagen kannst, in welcher Richtung du unterwegs bist.

Exzess

Manchmal musst du in den Exzess abdrehen, um dir einer Unausgeglichenheit bewusst zu werden. Die Art des Exzesses variiert von Mensch zu Mensch: übermäßiges Geldausgeben, eine übermäßig strenge Diät, Überstunden, zu viel für eine Prüfung lernen, sich überfressen, zu viel Alkohol, Drogenkonsum, extrem viel Sex, zu viel Zeit im Internet verbringen oder zu häufiger Besuch des Fitnessstudios. Exzesse beeinträchtigen letztlich deine Fähigkeit, klar zu sehen, das zu tun, was du tun musst, in anderen Worten: **deine Werte und Ziele zu respektieren**. Exzesse eilen als vorübergehende Kompensation bei einer Frustration zu Hilfe, die durch Unausgeglichenheit verursacht sein kann. Das Rad dreht sich weiter.

Wir springen freiwillig in den Exzess, sagen uns, dass wir das später wieder wettmachen werden. Wir sagen uns, dass wir nur wenige Wochen brauchen, um den Kopf wieder über Wasser zu haben, dann reden wir von Monaten und am Ende sind es Jahre. Wir können durch unsere Vierziger stürmen, ohne jedwede Ruhemomente, alles wegen eines selbst auferlegten schonungslosen Tempos.

Niemand zwingt uns, uns auf diese Weise anzutreiben, aber Wünsche generieren Ehrgeiz, und Ehrgeiz generiert die nötigen Gewohnheiten, um diesem gerecht zu werden. Wir enden dann mit Scheuklappen, die wir uns selbst aufgesetzt haben.

Als Folge davon können wir weder sehen noch verstehen, was um uns herum passiert, ignorieren das, was für andere deutlich sichtbar ist.

Brauchst du die wirklich?

Ein klassisches Beispiel

Nehmen wir Paul. Paul arbeitet hart, um sich seinen Platz in der Welt zu erkämpfen. Er beendet gerade die Schule. Er ist sportlich, jung, rebellisch und ein anständiger Kerl. Eine der größten Wirtschaftsprüfungsgesellschaften des Landes hat ihn kürzlich angeworben.

Für Paul ist diese Position die Krönung harter Jahre am Existenzminimum. Er steigt in den Job ein, und um sich zu beweisen, arbeitet er zu hart, wenn auch irgendwie widerwillig. Lagerbestand wird nach der FIFO-Methode gemanagt: »First in, first out«, was so viel bedeutet wie »der Reihe nach«. Leider gibt es auch für Mitarbeiter eine FIFO-Methode: »Fit in or fuck off« (Pass zu uns oder verpiss dich).

In diesem Beispiel hätte ich »Wirtschaftsprüfer« durch Ingenieur, Anwalt oder jeden anderen Beruf ersetzen können, der Disziplin und freiwillige Überstunden verlangt. Im Grunde jeder Job mit einem Festgehalt. Jede zusätzliche Stunde, die du investierst, ist ein Beweis des Einsatzes für deinen Arbeitgeber. Aber in Wahrheit geht es für die Partner und Anteilseigner vor allem um Profit.

Um dieses Einsatzlevel aufrechtzuerhalten, wird einigen Leuten mit einer Karotte vor der Nase herumgewedelt: Eines Tages könnten sie am meisten von den angesammelten Gewinnen profitieren. Genau diese Karotte lässt Paul kontinuierlich weiter arbeiten. Und er arbeitet hart. Mehr und mehr. So viele Stunden wie nie zuvor. Sechs oder gar sieben Tage die Woche.

Um gut dazustehen, trägt er nicht einmal alle Stunden auf den Stundenzetteln ein, auf denen die Zeiten für jeweils sechs Minuten (ein Zehntel einer Stunde) erfasst werden. Ein Hoch auf die verrechenbaren Stunden. Für andere Sachen hat Paul so gut wie keine Zeit. Die Mittagspause wird in den Hintergrund gedrängt. An seinem Computer sitzend schlingt er ein Sandwich herunter, hatte diese Woche nicht einmal zum Einkaufen Zeit. Schon bald wird er nicht mehr für das Abendessen nach Hause gehen.

Je aktiver Paul im Job ist, desto mehr sitzt er. Am Bauch legt er zu. »Das liegt daran, dass ich älter werde«, sagt er sich. Er schaltet nie ab. Seine Frau beschwert sich, dass er nur noch im Büro ist. Er sagt sich, dass er das tut, damit sie ein schöneres Leben haben.

Paul beginnt, sich schlecht zu fühlen, sowohl körperlich als auch mental. Seine Beziehung wandelt sich zunehmend von harmonisch zu konfliktreich. Um Unannehmlichkeiten zu vermeiden, geht Paul erst gar nicht nach Hause, denn das würde ihn vom Funktionieren abhalten. Schließlich ist es im Job so schon mies genug.

Inmitten all dieser Verrücktheit kommen Kinder. Familiärer Druck baut sich auf. Paul denkt, er sei belastbarer als andere, ignoriert dabei seine Bedürfnisse. Da er nicht mehr zu Hause isst, geht er mehr aus und investiert mehr Zeit in Freizeitaktivitäten als Ausgleich für das, was ihm fehlt. Er lenkt sich damit ab, dass er Sachen kauft.

Paul schafft sich die neuesten technischen Geräte an, was ihn aber nicht so glücklich macht, wie er dachte. Schließlich muss er manches von anderen übernehmen lassen, weil ihn die Überstunden wieder zurück zum Ausgangspunkt bringen: Er ist nicht wirklich reicher.

Tatsächlich lebt er auf größerem Fuß, hat aber weniger Zeit und Kapazitäten, um es auszukosten. Es ist alles eine Illusion. Wegen seiner Fehler, seinem Zeitmangel und dem Stress der ständigen Streitereien zerbricht dann die Ehe. Die Wunden reichen tief. Sein Herz ist gebrochen, Zynismus macht sich breit. Die Liebe und auch sein Herz sind tot.

An diesem Punkt erkennt Paul den Preis dafür, sich verrannt zu haben. Als der Moment kommt, den Besitz aufzuteilen und Alimente zu zahlen, leidet seine finanzielle Gesundheit beträchtlich. An der Straßenbiegung holt der Exzess ihn ein. Er starrt ihm ins Gesicht und plötzlich erkennt Paul, dass er seinen Erwartungen nicht gerecht geworden ist.

Er wird zur blassen Nachahmung eines flachen Charakters einer Seifenoper. Durch Unausgeglichenheit verursachtes Scheitern schmerzt. Mit guten Absichten beginnend – sein Leben zu verbessern – fiel Paul in eine Reihe zerstörerischer Verhaltensweisen, die schrittweise seine Seele auffraßen.

Der üble Kreislauf der Unausgeglichenheit

Wie eine Brücke, die die Resonanzkatastrophe erreicht und einstürzt,[14] kann Unausgeglichenheit eine Kettenreaktion auslösen und dich mit der Frage zurücklassen, welche Unausgeglichenheit all das ursprünglich angestoßen hat.

Die Reihenfolge, in der diese Unausgeglichenheiten auftreten, variiert von Mensch zu Mensch, aber das zugrunde liegende Prinzip ist immer gleich: **Eine Unausgeglichenheit jeglicher Art kann eine ernsthafte Auswirkung auf die persönlichen Finanzen haben.**

Brauchst du die wirklich?

Sollten wir unsere Unausgeglichenheiten erkennen und akzeptieren oder schrittweise in ihnen versinken? Schwer zu sagen, wenn wir keine Zeit für diese Frage haben. Es geht immer weiter. Alles ist schnell und läuft auf Autopilot.

- ✓ Du machst keine Liebe; du wirst flachgelegt.
- ✓ Du isst nicht; du stopfst dich voll.
- ✓ Du nimmst keinen Drink zu dir; du gibst dir die Kante.
- ✓ Exzess führt zu Exzess.

Natürlich ist es nicht immer ein Katastrophenszenario. Manchmal gibt es Nuancen: Statt zusammenzubrechen, lernen wir einfach, mit Enttäuschung und Desillusionierungen zu leben. Wir behelfen uns mit einem falschen Sättigungsgefühl. Eines Tages finden wir uns in einem Leben ohne Duft und Würze wieder.

Wie erreichen wir Ausgeglichenheit? Was ist der goldene Mittelweg? Dieses Gleichgewicht ist subjektiv und du musst mit der Unausgeglichenheit konfrontiert werden, um sie zu finden. Das ist zumindest meine Meinung.

Eine Hassliebe mit Ausgeglichenheit

Selbst wenn wir versuchen, Ausgeglichenheit zu erreichen, laufen wir gleichzeitig vor ihr davon. Einerseits wissen wir, dass wir uns ohne Unausgeglichenheit nicht dazu gedrängt hätten, bestimmte Ziele zu erreichen oder Träume zu realisieren; andererseits hat Unausgeglichenheit Konsequenzen, die wir vermeiden wollen. Also versuchen wir uns an einem Drahtseilakt der Unausgeglichenheit. Während wir dann auf dem Drahtseil spazieren, bilden wir uns ein, unsere Bewegungen unter Kontrolle zu haben, dabei braucht es lediglich eine leichte Windböe, damit die Katastrophe ihren Lauf nimmt.

Was treibt die Menschen zum Exzess, zum ständigen Wunsch nach dem Rausch des Unbekannten und dem Verfolgen der nächsten neuen Ziele? Zweifellos streben wir nach etwas anderem. Etwas ständig Neuem. Wir sind dazu verdammt, das zu wollen, was wir nicht haben.

Ausgeglichenheit

Persönliche Finanzen im Zentrum der Ausgeglichenheit

All das bringt mich zurück zum Konzept des Spielraums (siehe »Finanzieller Spielraum« auf S. 9). Ohne ein bestimmtes Maß an Ausgeglichenheit werden die persönlichen Finanzen schließlich in all das einbezogen. Ausgeglichenheit ist notwendig, auch wenn du sie vermeiden willst.

Unsere Fähigkeit zum Geldverdienen und zur Finanzierung unserer Träume hängt von unserer Fähigkeit ab, innerhalb unserer akzeptablen Ungleichgewichtsgrenzen zu bleiben. Wie weit kannst du dich biegen, bevor du brichst?

Wenn es um das Management unserer persönlichen Finanzen geht, wählen nur wenige Menschen einen ganzheitlichen Ansatz, während die meisten nur reden, aber nichts tun. Ausgeglichenheit ist dieses immer in der Ferne liegende Nirwana. Sobald wir das Gefühl haben, uns ihm zu nähern, schießt es vor unseren Augen wieder von dannen.

Wir haben die ungesunde Tendenz zur Unzufriedenheit, wir spüren, dass etwas fehlt, obwohl wir nicht wissen, was es ist. Also stürzen wir uns in eine endlose Suche nach Ausgeglichenheit. Brauchst du die wirklich? Ich träume immer noch davon, dass ich sie erreiche.

HEIRATEN
MUSST DU DAS WIRKLICH?

Meine Eltern heirateten am 3. August 1968 in einem postreligiösen Québec, in dem man für die gesellschaftliche Akzeptanz immer noch verheiratet sein musste, um Sex zu haben, Kinder zu bekommen und seine Tage mit einem Mindestmaß an Glück zu verbringen. In den nachfolgenden Jahrzehnten änderten sich die Zeiten gehörig. Wozu sollten wir also heutzutage noch heiraten?

Laut dem Institut de la statistique du Québec (ISQ) werden fast zwei Drittel der Kinder in Québec außerehelich geboren.[15] Laut dem ISQ gab es außerdem im Jahr 2008 22.053 Eheschließungen und 13.899 Scheidungen. Wir sind eindeutig weit entfernt von der magischen Vorstellung »bis dass der Tod uns scheidet«.

Wozu ein Versprechen abgeben, das rein statistisch in Kanada mehr als die Hälfte (und in Deutschland immerhin auch noch ein Drittel) aller Paare brechen? Im Referendum des Lebens ist es die Option, die nicht gewinnen wird. Die gegnerische Partei würde die Gültigkeit der Wahl anfechten und es müsste eine neue eheliche Wahl abgehalten werden.

Wir können den üblichen Eheschwur abändern in »Ich verspreche, dich zu lieben, zu achten und zu ehren, bis dass … ich meine Meinung ändere.« Das wäre weniger romantisch, aber durchaus realistischer.

Früher, als die Menschen eine Lebenserwartung von nur etwa 30 Jahren hatten, war es einfacher, ein lebenslanges Eheversprechen einzuhalten.

Wenn sich Zynismus einstellt

Finanziell gesehen gibt es guten Grund, im Hinblick auf die Ehe zynisch zu sein. Wieso? Zunächst weil der Hochzeitstag für viele Menschen bedeutet, dass sie eine Hypothek über die nächsten 25 Jahre abschließen. Um die Kosten für eine Hochzeit an einem finanziell kritischen Punkt in unserem

Heiraten

Leben zu rechtfertigen, beschwören wir Gefühle, den Anschein und eine trügerische Verbindung zwischen Liebe und Geld herauf.

Beginnen wir mit dem Verlobungsring, der (zumindest auf dem amerikanischen Kontinent) dem Wert von drei Monatsgehältern des zukünftigen Bräutigams entsprechen sollte. Wie bitte? Warum Tausende von Dollar für einen Stein ausgeben, der nicht mehr Freude und Nutzen bringt als reiner Modeschmuck? Was viele als Jagd nach dem Ring betrachten, ist oberflächlich und hat für die Liebe im Grunde keine Bedeutung. »Wie viel Karat hat der Ring? Ein oder zwei? Bist du dir bei dem Typen sicher?«

Sehen wir den Tatsachen ins Auge: **Ein Ring ist ein Symbol, keine Investition in eine Immobilie oder eine Übernachtung im 5-Sterne-Hotel.** Was unterscheidet einen Diamanten wirklich von einem Zirkonia im Brillantschliff?

Nach dem Ring kommt die Kleidung, die zu den teuersten und gleichzeitig am wenigsten getragenen gehört, die sich ein Mensch jemals kauft. Nach der Hochzeit hängt das Outfit jahrelang im Schrank, als nostalgisches Zeugnis einer Zeit, in der sich das Paar noch nicht so arg hasste.

Zusätzlich gibt es dann noch das Marketing rund um die Hochzeit. Dafür existiert ein Begriff: die »Hochzeitssteuer«. Hochzeitsfotografen kosten mehr als Studiofotografen. Sie verbringen den Tag damit, Aufnahmen von inszenierten Momenten zu machen, um falsche Erinnerungen zu schaffen. Vergiss bitte an dieser Stelle nicht das Erinnerungsvideo, mit den mindestens zweimal aufgenommenen arrangierten Szenen. Die Hochzeitssteuer betrifft alles: den Saal für den Empfang, die Limousine, die Organisationsplanung, das Menü und so weiter.

Ob du nun von einer Hochzeit für 10.000, 20.000, 50.000 oder 100.000 Euro redest, das Prinzip bleibt dasselbe. Alle erdulden eine Zeremonie, bei der die einzigen Personen, die nicht die Minuten bis zum Ende zählen, vorne stehen. Die Gäste schwitzen, sind unruhig und können es kaum erwarten, bis sie mit ihren Freunden plaudern und etwas trinken können. Aber vorher kommt noch die endlose Empfangsreihe, um den frisch Vermählten zu gratulieren. Natürlich muss man dann noch der Braut sagen, wie wunderschön sie aussieht, sonst bekommt sie womöglich den Eindruck, das Geld für ihre Maniküre, Pediküre, ihren Friseur und Make-up-Stylisten, ihr Kleid und die Schuhe, auf denen sie herumstakst, wäre zum Fenster hinausgeworfen.

Endlich fängt die Party an: Cocktails, Dinner, das leichte Schlagen eines Löffels an ein Glas, die aufgesetzte Moderation eines Möchtegern-Entertai-

Musst du das wirklich?

ners, der Wurf des Brautstraußes, Tanzen, Sauferei und das Verabschieden, wenn es an der Zeit ist, nach Hause zu gehen. Selbstverständlich darf während der Feier »YMCA« nicht fehlen.

Am nächsten Tag wird dann die Rechnung vom Konto abgebucht, und das glückliche Paar ist ärmer als am Vortag. Sie haben eine absurd große Party geschmissen und hätten für das gleiche Geld 200 oder 300 Abendessen mit Freunden zu Hause ausrichten oder zwei oder drei Kurzreisen unternehmen können!

Aber was soll's, denn sie sind verheiratet. In der Liebe spielt Geld keine Rolle, sagst du nun vielleicht.

Wohl nicht, aber ist es diesen Preis wert? Ist es das wert, dafür keine Anzahlung für ein Haus zu haben? Rechtfertigt das, einen Wagen abzustottern, statt ihn auf einen Schlag zu bezahlen? Ist es das wert, die eigene Altersvorsorge zu vernachlässigen und die Ersparnisse für die Ausbildung der Kinder zu verringern? Denn nichts ist umsonst. Jede Entscheidung hat Konsequenzen. Hier kommen wieder Opportunitätskosten ins Spiel: Jeder für eine Budgetlinie ausgegebene Dollar kann nicht mehr einer anderer Budgetlinie zugeordnet werden.

Kein Problem, sagst du, denn die Gäste geben Geschenke, was einen Teil der Ausgaben aufwiegt. Möglicherweise deckt es sogar die Kosten der Hochzeit! **Oh, du lässt dir also ganz ungeniert von Eltern, Freunden und Familie die Feier subventionieren?**

Eine Einladung ... zum Geldausgeben

Ich möchte keineswegs die Blase zukünftiger glücklicher Paare zum Platzen bringen, die sich für diese Sorte Hochzeit entscheiden, sondern möchte vielmehr der Realität ins Auge schauen.

Das Folgende ist die Reaktion deiner glücklichen Freunde, die eine Einladung zu deiner Hochzeit bekommen:

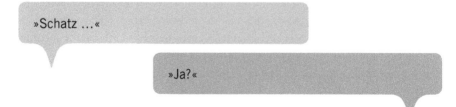

Heiraten

»Wir haben noch eine Einladung bekommen.«

»Oh nein! Nicht noch eine! Wir sind diesen Sommer schon auf zwei Hochzeiten.«

»Sie ist am 6. August.«

»Gütiger Gott!«

»Jaaa. Ich werde zwei neue Kleider brauchen. Ich kann schlecht dasselbe Kleid noch einmal einziehen, wenn dieselben Freunde wieder dabei sind. Außerdem brauche ich eine Handtasche, vielleicht noch eine neue Kette und ...«

»Du willst mich wohl auf den Arm nehmen. Das ist mitten in meinem Urlaub!«

Deine Einladung hat deinen Freunden soeben ein Event mitten in den Sommerurlaub gelegt, für dessen Finanzierung sie das ganze Jahr hart arbeiten und in dem sie ihre Beziehung pflegen wollen. Außerdem müssen sie Geld für Kleidung und Anreise ausgeben und einen Babysitter für die Kinder besorgen.

Dann wird deine Frau gebeten, die Trauzeugin zu sein. Sie muss ein pastellfarbenes Kleid tragen, in dem die Freundinnen der Braut aussehen wie die Glasur auf einer Torte. Noch ein Kleid, das nur einmal getragen wird, denn außerhalb des Hochzeitskontexts ist es nicht wirklich attraktiv (zugegeben, Geschmack ist subjektiv). Außerdem gibt es eine Probe, um sicherzustellen, dass bei der Hochzeit alles klappt. Und ich dachte immer, Ehen werden erst nach der Trauung vermasselt und nicht schon währenddessen.

Musst du das wirklich?

Dann kommt der schicksalhafte Moment, wenn du das Geld für diese Hochzeit kalkulierst. Wie viel gibt man heutzutage für ein Hochzeitsgeschenk aus? Du versuchst, einzuschätzen, wie groß die Hochzeit sein wird und wie nah du dem zukünftigen Paar stehst, um ein Geschenk zu machen, das zumindest die Kosten der Einladung aufwiegt. Das Ganze reduziert das Budget für den Familienurlaub um 200 Dollar.

Am Ende müssen die Gäste Hunderte von Dollar für eine Feier ausgeben, die ihnen nicht das Vergnügen beschert, das sie für den gleichen Betrag an einem anderen Ort hätten. Dabei haben wir nur über die Trauung gesprochen. Oft gibt es noch einen Junggesellenabschied (was bedeutet Gokart fahren, viel Alkohol, ein Nacht- und Striplub) und einen Junggesellinnenabschied (ein Tag im Spa, Dinner, Cocktails und ein Nachtklub), oder vielleicht eine Brautparty, auf der die Freundinnen die Braut beschenken, oder eine Stag-and-doe-Party, eine Art Geldsammelveranstaltung für die Hochzeit. Im Grunde hört es nie auf: **Heiraten bedeutet, Freunde und Familie zum Zücken des Scheckbuchs zu zwingen.**

Aber was ist, wenn das zukünftige Paar es exotisch mag? Auf der Einladung an einen Ort in der Sonne steht dann: »Keine Geschenke. Übernehmt nur eure Reisekosten.« Ganz zu schweigen von der Prinzessin mit Schneewittchenfantasien, die im Disney World heiraten will. Du hast die Wahl: Entweder du lehnst die Einladung ab oder du zahlst dieses Jahr nichts in deinen Rentensparplan ein. Der französische Chemiker Antoine Lavoisier sagte: »Nichts geht verloren, nichts wird neu erschaffen, alles wird nur umgewandelt.«

Die Hochzeit, die du wirklich brauchst

Es hat auch seinen Nutzen, verheiratet zu sein: Es bietet den Ehepartnern Schutz im Fall von Tod oder Trennung. Der Rechtsakt beinhaltet das Unterschreiben der Papiere, ob kirchlich geheiratet wird oder nicht.

Wozu sich schützen? Weil Ehen beim Auftreten eines Problems automatische Mechanismen auslösen. Wenn sich zum Beispiel der Mann wegen einer Frau im Alter seiner Tochter trennt, würde die Aufteilung des Familienbesitzes mit einem Ehevertrag objektiver erfolgen, als wenn sie inmitten eines Trommelfeuers von Beleidigungen und einem Krieg zwischen Anwälten stattfindet.

Ein Ehevertrag ist auch dann besonders wichtig, wenn einer der Ehepartner weniger verdient als der andere und mehr Zeit in die Betreuung der Kin-

Heiraten

der investiert. Wenn sich Partner einer eheähnlichen Gemeinschaft trennen, wird keinem von ihnen Wert zugerechnet und alles muss genau ausgehandelt werden. Deshalb sollte man einen Plan zum Schutz des verwundbaren Partners haben.

Wie viel kostet eine standesamtliche Trauung? Nicht viel. In Deutschland liegen die Kosten etwa zwischen 50 und 200 Euro. Das Ganze dauert 20 Minuten, ohne viel Brimborium. Bei der Gelegenheit kannst du auch ein Testament und eine Patientenverfügung erstellen, die Zukunft deiner Familie ist somit erst einmal geklärt und die Partner sind durch die Eheschließung standardmäßig geschützt.

Bevor man heiratet, sollte man sich auch über die rechtlichen Konsequenzen informieren, die nicht zu den Turtelbildern auf Facebook passen.

Was du also wirklich brauchst, ist

- ✓ ein Testament,
- ✓ eine Patientenverfügung und
- ✓ ein Finanzplan (Versicherung, Investitionen etc.) für den überlebenden Ehepartner.

GRATISTIPPS!
- Sag die Einladungen zu Hochzeiten von Menschen ab, die kein wichtiger Bestandteil deines Lebens sind.
- Keine Sorge – das Paar wird nicht sauer sein. Schließlich haben sie dir die Einladung vielleicht nur aus Höflichkeit geschickt!

Musst du wirklich unbedingt heiraten? Du möchtest deine Liebe zelebrieren. Warum lädst du nicht Familie und Freunde ins Rathaus ein und feierst das Unterschreiben der Heiratsurkunde? Wenn du dich am Ende scheiden lässt, war deine Feier wenigstens nicht so teuer, stimmt's?

Du brauchst wirklich keine Feier für 30.000 Euro.

SPAREN
MUSST DU DAS WIRKLICH?

Das Problem mit dem Sparen? Lass uns stattdessen lieber über das Problem des Nichtsparens sprechen. Es ist ein bisschen so wie bei dem 16-jährigen Jungen, der mit dem Rauchen anfängt: Er kann nicht sehen, wie seine Zähne mit 40 aussehen werden, seine gealterte Haut, die von Krebs befallene Lunge, seine Sucht, seinen koronaren Bypass oder seine Unfähigkeit, mit dem Rauchen aufzuhören. Und ganz sicher merkt er nicht, wie unwohl sich Menschen in seiner Nähe fühlen, wenn er nach Zigarettenrauch stinkt.

Kein Geld zu sparen ist so, als würde man mit dem Rauchen anfangen: Am Anfang genießt man es, man gewöhnt sich daran, es wird zu einer Sucht und erst später muss man mit den negativen Konsequenzen leben. Das Sparen zu vernachlässigen bedeutet, deinen Kindern Möglichkeiten zu verweigern, wenn sie älter sind, oder Zinsen auf Stress verursachende Schulden zu zahlen, die du nicht haben solltest.

Dagegen verschaffen Ersparnisse die Freiheit, von all dem wegzugehen, dein Leben zu verändern, das Unnötige hinter dir zu lassen. Es geht nicht darum, das alles zu tun, sondern es tun zu können. Es befreit den Kopf, zerstört den Glaskäfig, den wir manchmal meinen, um uns herum gebaut zu haben – einen, der luftdicht ist und uns am Ende erstickt.

Wer kann schon im Alter von 20 Jahren sagen, dass er bis zu seinem Lebensende mit seinem Lebensstil zufrieden und glücklich sein wird? Wer kann eine Trennung, eine ernste Erkrankung, einen Unfall, ein Schädel-Hirn-Trauma oder plötzliche Depression vorhersagen? Niemand. Aber es ist auch niemand immun. Deshalb sind Ersparnisse Versicherungen gegen Obdachlosigkeit, das Sammeln von Leergut und Schlafen in einer Notunterkunft.

Ich weiß, du musst dein Leben leben. Hab's kapiert. Ich rede ja auch nicht davon, zu einer Ameise zu werden. La Fontaines Fabel über die sorglose Grille und die fleißige Ameise ist vermutlich eine der wichtigsten Lektionen für das Leben. Aber irgendwo zwischen der Grille und der Ameise liegt die Grillmeise: Sie singt 30 Prozent der Zeit und arbeitet 70 Prozent der verbleibenden Werktage. Das solltest du anstreben: Spare systematisch einen festen Prozentsatz deines Gehalts, genauso wie du regelmäßig isst oder aufs Klo gehst.

Es ist nichts falsch daran, Geld auszugeben und ein Leben zu haben. Ich sage ja nicht, dass du geradezu fanatisch werden sollst, aber es bringt nicht viel, den Boden zu verlegen, wenn du noch 50 Meter von der Hausmauer entfernt bist.

In einer Welt, in der uns gesagt wird, dass wir tief unglücklich sein müssen, wenn wir nicht genug ausgeben, musst du den vorübergehenden Widerstand ein wenig üben: das Hinauszögern der Belohnung oder das Aushalten der Qual, kein Geld auszugeben. Nichts auszugeben fühlt sich an, als würdest du dir kurzfristig etwas vorenthalten, und das kann unglücklich machen. Aber das Training der Zurückhaltung führt tatsächlich zu kurz-, mittel- und langfristiger Zufriedenheit.

Verschenke kein Geld

Um etwas für deine Zukunft zu tun, kannst du dein Geld anlegen. Du kannst zum Beispiel in Aktien, Anleihen, Garantierte Investmentzertifikate, Investmentfonds oder sogar in Bargeld investieren. Diese lassen sich unter bestimmten Voraussetzungen auch steuerlich geltend machen.

Aber wozu Ersparnisse mit bestimmten steuerlichen Vorteilen verbinden? Weil man dadurch das Zahlen von Steuern bei bestimmten Arten von Einkünften verhindern oder hinausschieben kann. Wenn Regierungen einen steuerlichen Vorteil wie diesen anbieten und du ihn nicht nutzt, verschenkst du Geld. Genauso gut kannst du zum Geldautomaten gehen, deine PIN eingeben, zusehen, wie 200 Euro herauskommen und dann einfach gehen, ohne das Geld mitzunehmen.

Apropos Geld in den Gully werfen: Wenn Mitarbeiter sich entscheiden, nicht das Maximum in einen Pensionsplan (oder eine Altersvorsorge) zu stecken, die der Arbeitgeber unterstützt, verschenken sie ebenfalls Geld. Das ist so, als würdest du sagen: »Danke, Chef, aber einen Teil meines Gehalts möchte ich nicht.« Du musst reich sein, um auf diesen Vorteil verzichten zu können. Ansonsten hast du nicht die Mittel, um dir das leisten zu können.

Ironischerweise ist es selbstsüchtig, nicht zu sparen: Nach Eintritt des Ruhestands kein Geld zu haben, bestimmt die Unterstützung, die du von der Gesellschaft brauchst. Menschen, die nichts sparen, verlassen sich auf eine

Musst du das wirklich?

bessere Rente von der Alterssicherung und werden wenig oder gar keine Steuern zahlen. Folglich ist das Geldansparen eine persönliche Entscheidung mit sozialen Konsequenzen.

Ist es möglich, viel in einen Rentensparplan einzuzahlen? Ja, für Leute, denen es finanziell gut geht. Der Durchschnittsbürger mit einem Jahreseinkommen zwischen 40.000 und 60.000 Euro kann immer noch einen beachtlichen Beitrag leisten. Dann ist es auch eine persönliche Entscheidung. Ich für meinen Teil habe mich dazu verpflichtet, jedes Jahr den Maximalbetrag einzuzahlen. Ob mir das leichtfällt? Nein.

Manche Jahre, wenn zum Beispiel ein Kind geboren wird oder du ein Haus kaufst, lasten wie Mühlsteine auf deinem Budget. Aber jedes Mal, wenn ich jemanden mit einem Jahreseinkommen zwischen 40.000 und 60.000 Euro sagen höre: »Mir bleibt nichts zum Sparen«, hege ich so meine Zweifel. Wie kann der Betreffende das sagen? Viele Menschen müssen mit deutlich weniger auskommen.

Wenn wir jemanden, der im Jahr 25.000 Euro verdient, mit jemandem vergleichen, der auf 50.000 Euro kommt, kann es sein, dass beide nichts gespart haben. Aber mit den 50.000 Euro kann man dem anderen nicht in die Augen sehen und sagen: »Mir bleibt nichts übrig zum Sparen.« Derjenige lebt möglicherweise über seine Verhältnisse, aber er kann unmöglich doppelt so viel verdienen, ohne sich einer kritischen Selbstprüfung zu unterziehen.

Investieren kann auch den Kauf von Immobilien bedeuten. Oder du entscheidest dich, in ein Privatunternehmen zu investieren. Es ist alles eine Frage der Risikoverteilung und deiner persönlichen Situation. **Die wichtige Botschaft an dieser Stelle lautet, dass du – in dich selbst – investieren musst, und zwar so früh wie möglich – egal in welcher Form.**

Wenn wir von Sparen reden, wird es immer jemanden geben, der wie auf einer Dating-Site sagen wird: »Ich bin ein Feinschmecker. Ich liebe gute Restaurants, Filme und Reisen. Im Grunde lebe ich für den Augenblick!« Hallo? Wer tut das nicht? Wem gefällt es nicht, wenn die Geschmacksknospen frohlocken und einem das Wasser im Mund zusammenläuft? Wem gefällt es nicht, am Strand zu sitzen und einen kühlen Cocktail zu schlürfen? Könntest du versuchen, ein bisschen origineller zu sein? Man könnte es auch einfach übersetzen als: »Mir steht mehr zu als anderen, weil die sich mit viel weniger zufriedengeben.« Jeder will ein schönes Leben. Ist ein Feinschmecker nicht einfach nur die Grille aus der Fabel von La Fontaine?

Die andere Sicht auf das Sparen

Als Gesellschaft kleben wir an der Vorstellung, dass wir mit Altersvorsorgeplänen ausschließlich für den Ruhestand sparen können. Das muss sich ändern. Jedes Jahr etwas darauf einzuzahlen, gibt dir die Möglichkeit, mit 30 Jahren eine schöne Reise zu machen, ein Haus zu kaufen oder mit dem Arbeiten aufzuhören, weil du das so möchtest. Für mich bedeutet es Freiheit. Die Freiheit von morgen, für die ich heute etwas beiseitelege. Wie ein Eichhörnchen, das sich auf den Winter vorbereitet.

Wie viel musst du sparen? Eines ist sicher: Du musst mit dem Sparen anfangen, bevor du eine Familie gründest, andernfalls wird dein System einen großen Schock erfahren. Ja, schön und gut, aber wie viel Geld musst du bis 35 angespart haben? Darauf gebe ich stets dieselbe Antwort, relativ gesehen, und ich werde stets mit Tomaten beworfen.

Wir sprechen hier natürlich von einer Faustregel für Menschen mit mehr als dem Mindestlohn. Drücken wir es in Zahlen aus, indem wir von einem Durchschnittsgehalt ausgehen. Da es außerdem für die Prostata gut ist, werde ich mich weit aus dem Fenster lehnen und basierend auf empirischen Regeln sagen, **dass du ein Eigenkapital in der Größenordnung von zwei Jahresbruttogehältern anstreben solltest.**

Wenn du also im Alter von 35 Jahren ein Jahresgehalt von 50.000 Dollar beziehst, solltest du wenigstens 100.000 Dollar an Reinvermögen in unterschiedlicher Form angespart haben: ein Eigenheim oder andere Immobilien, Rentensparpläne, nicht-steuer-registrierte Beteiligungen am Aktienmarkt, ein Investment in ein Privatunternehmen und so weiter.

Wenn du nach dem Schulabschluss systematisch 18 Prozent deines Bruttoeinkommens in einen Rentensparplan einzahlst, wirst du mit Leichtigkeit mehr als ein zweifaches Bruttojahreseinkommen bis 35 zusammenhaben (es sei denn, dein Gehalt schießt ab dem 34. Geburtstag raketenartig in die Höhe). Man kann auch anders vorgehen, aber für den Normalbürger, der mit keinem außergewöhnlichen Geldregen rechnet, ist das die Faustregel.

Musst du das wirklich?

Viele Menschen sagen sofort, wenn sie das hier lesen: »Ja, aber bei mir … blablabla …« Sie haben natürlich recht. Ich rede hier nicht von Menschen, die durch Pech im Geschäftsleben eine Menge Geld verloren haben, Menschen, die mit 32 Jahren an Krebs erkrankten, oder Menschen, die zwischen 20 und 26 sechs Kinder mit unterschiedlichen Partnern bekommen haben.

Jeder sollte seine eigene Investitionsstrategie finden, wenn er kann. Keine ist dabei perfekt. Du musst dich für diejenige entscheiden, die am besten zu deiner wirtschaftlichen Situation passt, basierend auf deiner Lebensführung und deinen finanziellen Verpflichtungen.

Wenn du dieses Buch liest, hast du die Schule beendet und noch niemanden konsultiert, um einen Sparplan zu entwickeln, so kann dies der Auslöser sein, um den ersten Schritt zu tun. Ist es sinnvoll, Monate mit der Planung der Ferien, Angelausflügen, Hochzeit und Familienplanung zu verbringen, aber das Managen deiner finanziellen Sicherheit zu ignorieren?

Übernimm die Verantwortung für deine Finanzen

Dein Ziel beim Sparen besteht nicht darin, deinen Ruhestand in Florida zu verbringen und deine Haut von der Sonne gerben zu lassen. Du versuchst vielmehr, dir einen Vermögensstock aufzubauen, der es dir ermöglicht, in ein paar Jahren zu sagen: »Das mache ich jetzt«, »Ich kündige«, »Du kannst mich mal«, »Pack die Koffer, wir fliegen nach Paris«, oder »*Carpe diem*!« **Ersparnisse geben Wahlmöglichkeiten.**

Somit musst du also dafür sorgen, dass die Kundenbetreuer im Bankgeschäft dich verstehen. In der Filiale müssen die Kundenbetreuer die Computer füttern. Ihr Hauptziel besteht darin, zu beraten, aber sie müssen natürlich auch ihre Ziele erreichen. Jedes Jahr müssen sie eine bestimmte Menge an Hypotheken, Investments, Kreditkarten und Versicherungen verkaufen. Hasse diese Menschen nicht, sie tun auch nur ihre Arbeit.

Jenen, die sagen: »Es bringt nichts, bei derartig niedrigen Zinsen mehr zu sparen«, würde ich antworten, dass sich die zukünftigen Bedürfnisse nicht verändern. Deshalb musst du mehr sparen, wenn die Zinsen niedriger sind. Und wenn sich der Markt erholt, kannst du auf diese Weise Zinsen auf einen höheren Betrag bekommen, was wiederum für die mageren Jahre entschädigt.

Sparen

Aber warum spart der durchschnittliche Mensch nicht mehr, wenn er das doch weiß? Es gibt Parallelen zur Diät. **Sparen bedeutet, ein Budget festzusetzen und schlechte Ausgebegewohnheiten einzuschränken.** Genauso musst du bei einer Diät eine Kalorienzahl festsetzen und Nahrungsmittel vermeiden, die zu viele leere Kalorien enthalten.

Menschen werden jedoch von schlechten Ausgabeentscheidungen genauso in Versuchung geführt wie von einem Big Mac. Viele Menschen stecken in finanziellen Schwierigkeiten und viele Menschen haben Übergewicht. Dennoch waren die meisten im Alter von 18 Jahren finanziell und körperlich im Gleichgewicht. Was ist der Vorteil einer gesunden Ernährung? Übermaß zeigt sich am Ende im Spiegel, darauf können wir reagieren. Ansonsten kann es passieren, dass uns jemand sagt: »Wie ich sehe, hast du ein bisschen zugelegt!« Aber wenn wir nicht sparen und verschuldet sind, erinnert uns niemand regelmäßig daran. Du stopfst deine Kontoauszüge in eine Schublade und lebst mit der Verleugnungsstrategie. Du wirst nicht oft zu hören bekommen: »Wie ich sehe, hast du ein paar Schulden zugelegt. Ich schätze mal, so um die 10.000 Dollar!«

Wie bei deiner Diät erfordert auch das Sparen eine stete, tägliche Kontrolle. Kleine Anstrengungen und tägliche Entscheidungen ergeben im Laufe der Jahre einen großen Unterschied. Zwei Jahresgehälter auf der hohen Kante zu haben ist so wie ein Waschbrettbauch im selben Alter. Wir halten Menschen, die über ein solches Polster verfügen, für glücklich, geben jedoch nicht zu, dass auch wir »glücklich« sein könnten, wenn wir andere Entscheidungen getroffen hätten oder treffen würden.

Musst du das wirklich?

Also, brauchst du das Sparen wirklich? Die Antwort lautet eher: Verfügst du über die Mittel, darauf verzichten zu können?

Es bringt nichts, mir zu sagen: »Ja, aber mein Freund ist mit 30 bei einem Unfall ums Leben gekommen. Er konnte sein Geld nicht mitnehmen.« Stimmt. Du hast recht. Aber was hätte er gemacht, wenn er nicht bei einem tragischen Unfall gestorben wäre? Wer weiß das schon, aber er hätte gewusst, dass er, rein statistisch gesehen, als alter Mann gestorben wäre.

EIN GUTER KREDITSCORE
BRAUCHST DU DEN WIRKLICH?

Mit jungen Erwachsenen über die Bedeutung ihres Kreditscores zu reden, ist so, als wolle man auf einer Diabetiker-Party über Coca-Cola sprechen: das ist nicht die Zielgruppe. Sollte es aber sein. Der Wert eines guten Kreditscores wird unterschätzt.

In einer zunehmend unpersönlicheren Welt zu sagen, »Er ist ein netter Kerl. Er ist der Sohn von … Wie heißt er noch gleich drüben auf der Dion Street?«, das reicht nicht mehr. Kreditscores sind wie Bluttests zum Konsumentenverhalten: Es gibt keine Verzerrung und ein Fremder kann die Beurteilung vornehmen.

Eine Kredithistorie beschreibt ausführlich unsere Beziehung zu Krediten, Finanzierungen und Darlehen. Der Score ist unsere Gesamtnote bezüglich unserer Kreditwürdigkeit.

Eines Tages während meines Studiums an der HEC Montréal wurden wir von einem Vertretungsdozenten unterrichtet, dessen Namen ich nicht nennen möchte. Der Bursche war nicht sonderlich daran interessiert, über Kapital oder Erträge zu sprechen (obwohl das sogar der Titel des Seminars war). Im Vergleich zu anderen Dozenten war er schlecht, sehr schlecht. Aber er wollte mit uns unbedingt über Kredite sprechen.

Er betonte einen Aspekt: In der heutigen Welt bist du ohne einen guten Kreditscore nichts. Berichtete er aus eigener Erfahrung? Spielte er auf seine eigenen Defizite an? Egal. An jenem Tag tat er das, was er auch eigentlich vorgehabt hatte, denn das war der Zeitpunkt, an dem ich anfing, mich für die Mechanismen der Kredithistorie und des Scores zu interessieren.

Beurteile ein Buch nicht nach dem Umschlag

Wenn du eine Bank betrittst, kannst du so sexy sein wie Brad Pitt in *Thelma & Louise*, Leonardo DiCaprios Anzug aus *The Wolf of Wall Street* tragen oder

Brauchst du den wirklich?

einen Ausschnitt bis zum Bauchnabel haben, aber dein Kundenbetreuer interessiert sich für etwas ganz anderes. Banken betrachten in der Regel ein paar Kriterien, einschließlich

- ✓ deiner Zahlungsfähigkeit (Einkommen, Schulden, Lebensstil etc.),
- ✓ Sicherheiten (oder Mitunterzeichner) und
- ✓ deinen Kreditscore.

Allgemein ausgedrückt kannst du diese drei Dinge zusammenfassen und sie bilden die Säule des Zugangs zu einem Kredit. Menschen sind sich über ihr Einkommen und die Sicherheiten, die sie bieten können, im Klaren. Aber der Wert ihres Kreditverhaltens ist eine ganz andere Geschichte.

Wen kümmert deine Bonität?

Sei es deine Bank, die deinen Mumm bewundert, ein Darlehen zu beantragen, oder dein Vermieter, der Angst hat, seine Miete nicht zu bekommen – es gibt viele gute Gründe, warum andere Einblick in deine Bonität haben möchten.

Nehmen wir mal an, es ist Frühling und du möchtest ein neues Auto kaufen. Der Händler hat nichts dagegen, aber bevor er die Finanzierung bewilligt, möchte er deinen Kreditscore kennen. Bist du ein unzuverlässiger Wahrheitsverbieger oder jemand, der organisiert und gewissenhaft ist? Deine Bonität beinhaltet persönliche Informationen. Kreditinformationen (Kreditkarten, Dispos etc.), Bankinformationen (Konten, geplatzte Schecks), öffentliche Informationen (zum Beispiel Zahlungsunfähigkeit) und mehr.

Wie funktionieren Kreditscores?

Grob gesagt variieren Kreditscores bis 100 Punkte. Ein ausgezeichneter Kreditwert liegt bei 96. Die Daten werden von Wirtschaftsauskunfteien gesammelt. In Kanada sind die beiden größten Auskunfteien Equifax und TransUnion.[*] Die Kunden dieser beiden Unternehmen (zum Beispiel Banken) bezahlen jeweils für die gewünschten Informationen.

---

[*] Anm. d. Übers.: In Deutschland gibt es Schufa und Creditreform.

Ein guter Kreditscore

Theoretisch ist deine Zustimmung nötig, damit jemand Einblick in deine Bonität nehmen darf. Aber da diese Anfrage in der Regel in Zusammenhang mit einem Darlehensantrag auftritt, wirst du wohl kaum ablehnen.

Den Kreditscore verschlechtern oder verbessern

Wenn du dir deine Bonität anschaust, wirst du von deinem Kreditscore vielleicht enttäuscht sein. Es ist wie der Moment, in dem dir klar wird, dass die momentane Liebe deines Lebens deine Gefühle nicht teilt. Wie kann mein Kreditscore so niedrig sein? Wieso? Warum ist mein Punktewert niedriger als der meines Bruders oder meines weniger wohlhabenden Freundes?

Keine Panik: Es gibt Möglichkeiten, diesen zu verbessern. Wir können nicht sicher sein, wie der Punktwert berechnet wird oder wie sich gutes oder schlechtes Verhalten darauf auswirken. Das ist ein wohl gehütetes Geheimnis. Wir wissen jedoch, dass die Berechnung auf fünf Hauptfaktoren basiert.[16]

1. **Zahlhistorie**
   Wenn du regelmäßig Zahlungsfristen für Rechnungen jeglicher Art nicht einhältst, kann das deinen Kreditscore verschlechtern. Und falls du je das Schreiben eines Inkassounternehmens erhalten hast, kann das ebenfalls deinen Punktewert beeinflussen.
2. **Vernünftige Verwendung verfügbarer Kredite**
   Bist du der Typ Mensch, der ständig eine Differenz auf der Kreditkarte offen hat, weil er nur das Minimum bezahlt? Du solltest wissen, dass die Verwendung deiner Kreditkarte grundsätzlich nicht mehr als 35 Prozent deines verfügbaren Kredits ausmachen sollte.
3. **Von deiner Bonität erfasste Zeitphase**
   Wechselst du deine Kreditkarten so oft, wie der Wind sich dreht? Denke daran, dass es besser ist, eine lange Zahlungshistorie zu deinen Konten zu haben. Wenn du während der vergangenen zehn Jahre eine platonische Beziehung mit einer Kreditkarte gepflegt hast, hast du keine längere Historie als ein Freund, der die Kreditkarte wechselt, nur um die 20 Euro als Prämie zu bekommen. Wieso nicht am ältesten Konto festhalten? Das ist ein Zeichen von Stabilität.

Brauchst du den wirklich?

4. **Anzahl der Anfragen**
   Jedes Mal, wenn du dich für »Kaufe jetzt, zahle später« entscheidest, zieht das eine weitere Überprüfung deiner Kreditwürdigkeit nach sich. Auch wenn du zu einer Sportveranstaltung gehst und dir ein Strandtuch als Prämie für das Beantragen einer Kreditkarte sicherst, sendet das das Signal aus, dass du mehr Kredit benötigst.
5. **Kreditflexibilität**
   Manche Menschen nutzen nicht gern verschiedene Kreditarten – tatsächlich ist es aber eine Möglichkeit, mit der du deinen Kreditscore verbessern kannst. Wenn du eine Kreditkarte hast, ist es eine gute Idee, auch einen Dispositionskredit zu haben (aber nicht auszuschöpfen!), auch wenn du diesen selten nutzt.

Du hast vielleicht festgestellt, dass sich diese Punkte auf gewisse Weise widersprechen. Allgemein empfehle ich, verschiedene Kreditquellen zu haben, die Anzahl der Nutzungen jedoch zu beschränken. Das Wichtige bei einem Kredit ist, vernünftig damit umzugehen.

Ein grundlegendes Prinzip bleibt: Zahl die Rechnung bei Fälligkeit. Mit Mindestzahlungen pumpen manche Menschen ihre Schulden auf, bis diese genügend Helium enthalten, um abzuheben und sich dem Zugriff zu entziehen.

Kreditscores und Liebe

Ich kann den Protest förmlich hören: »Ich werde mein nächstes Tinder-Date sicherlich nicht nach dem jeweiligen Kreditscore fragen!« Natürlich nicht. Aber die finanziellen Gewohnheiten eines Partners haben unmittelbaren Einfluss auf das Finanzleben eines Paars.

Wenn du ein Apartment mieten willst und der Kreditscore deines Partners einen Hang zum verspäteten Rechnungszahlungen nahelegt, was tust du dann? Gefährdet das die Chancen auf eine Wohnung? Und wenn du ein Darlehen aufnehmen möchtest, um eine Eigentumswohnung zu kaufen: Wird man dir ein Darlehen gewähren?

Ein guter Kreditscore

> **GRATISTIPP!**
>
> Das nächste Mal, wenn du einen Kredit beantragst, um zum Beispiel die Hypothek für dein Haus zu verlängern, oder du deinen Dispo neu aushandelst, frag den Bankberater nach deinem Score: Er oder sie hat diesen direkt vor sich auf dem Bildschirm. Das ist einfach, kostet nichts und geht schneller, als diese Information selbst einzuholen. Jedes Mal, wenn du in dieser Situation bist, solltest du die Gelegenheit nutzen, um zu überprüfen, ob sich dein Score verbessert hat.

Deinen Kreditscore zu schützen, eröffnet dir eine Welt an Möglichkeiten.

Wiegst du dich regelmäßig? Misst du deine Taille, indem du prüfst, ob eine bestimmte Hose noch passt?

Deinen Kreditscore musst du genauso im Auge behalten wie dein Gewicht. Ist er makellos? Woher willst du das wissen? Es ist unerlässlich, dass du dich darum kümmerst. Nachdem du dieses Kapitel gelesen hast, denkst du nun, dass du einen guten Kreditscore brauchst?

ES SICH LEISTEN KÖNNEN
MUSST DU DAS WIRKLICH?

Komm schon, McSween, das kannst du dir leisten, so viel Geld, wie du verdienst!«

Jedes Mal, wenn das jemand zu mir sagt, frage ich mich, welche primitive Analyse derjenige für dieses Ergebnis durchgeführt haben muss.

Erstens **kann man die meiste Zeit ein gutes Einkommen haben, ohne kurz-, mittel- und langfristigen Verpflichtungen nachzukommen.** Zum Beispiel erneuerst du nicht jedes Jahr die Fenster deines Hauses, musst jedoch Geld dafür beiseitelegen, falls du in einer Eigentumswohnung lebst.

Zweitens kannst du eine Menge Geld verdienen und trotzdem mehr Schulden als Kapital haben.

Jeder lebt mit seinen früheren und aktuellen finanziellen Verpflichtungen. Und er lebt mit einer gewissen Unsicherheit in Bezug auf die Zukunft.

Werde ich eines Tages meinen Job verlieren?	Werde ich geistig fit bleiben?	Soll ich meinen Eltern finanziell unter die Arme greifen?

Für die Zukunft zu planen, bedeutet selten, nur über das hohe Alter nachzudenken. Für manche Menschen bedeutet das »es sich leisten können«, verfügbares Geld auf der Bank zu haben. Für andere bedeutet es, einen Kredit bekommen zu können. Und für wieder andere heißt es, ein Gehalt zu haben, das die heutigen Ausgaben (oder Barabhebungen) abdeckt.

Dann gibt es allerdings noch Menschen, für die es rein theoretisch ist, »es sich leisten zu können«. Für diese Menschen ist alles eine Frage der Wahrnehmung und keine Frage der finanziellen Kapazitäten. Sie tragen hohe Schulden mit sich herum, reagieren aber erst, nachdem sie mit dem Kopf gegen die Wand gerannt sind. *Carpe diem*! Wie jemand, der erst mit einer

Es sich leisten können

Diät anfängt, wenn der Zeiger an der Waage das Maximum von 150 Kilo erreicht hat.

Dir etwas leisten zu können, sollte bedeuten, dass du in der Lage bist, all deinen Verpflichtungen als verantwortungsbewusster Erwachsener nachkommen zu können. Okay, ich weiß, ich weiß, das ist ein ziemlich schwammiges Konzept.

Das Leben eines verantwortungsbewussten Erwachsenen ist voller finanzieller Verpflichtungen: Rentensparpläne, Lebensversicherung, Berufsunfähigkeitsversicherung, Strom, Telefon, Miete oder Hypothek, Gemeindeabgaben, Lebensmittel und so weiter. Aber wofür wir unser Geld ausgeben, nachdem all das bezahlt ist, kommt auf unsere Prioritäten, unseren Lebensstil und unsere Risikobereitschaft an.

Manche glauben, dass die jährliche große Reise wichtiger sei als die Absicherung der Zukunft der eigenen Kinder. Andere verschließen die Augen und drücken die Daumen – »ich sollte besser keinen Unfall mit dem Fahrrad oder beim Skifahren haben« –, auch wenn es bedeutet, im Fall der Fälle ohne einen Cent dazustehen. Jeder hat seine eigenen Prioritäten und ist verantwortlich für seine Lebensentscheidungen.

Bleibt die Frage: Was bedeutet es, sich etwas leisten zu können?

Wir müssen zu unseren Zielen zurückkehren. Willst du alle Vorsicht über Bord werfen und zulassen, dass das Unerwartete dich wie eine große Welle am Bug trifft? Falls ja, sicher, du kannst dir alles leisten, aber du musst wissen, wie du mit finanziellen Rückschlägen umgehst. Denn die werden kommen.

Das Schwierigste am Konzept »Leben im Hier und Jetzt« ist, dass wir nicht wissen, was wir morgen haben wollen. Der Mensch, der ich heute bin – »heutiges Ich« –, nimmt sich 20 Euro vom »morgigen Ich«, also der Person, zu der ich werde.

Was wird das »morgige Ich« wollen? Welches Leben wird es führen? Welches Pech wird ihm widerfahren? Wird die hübsche gerade Linie einen unwillkommenen Umweg nehmen müssen? Ich bin derjenige, der am meisten für den Weg meines Lebens verantwortlich ist.

Das Timing, mit dem Geld hereinkommt und wieder verschwindet, ist nie perfekt. Das Leben ist nun einmal so, dass die Bedürfnisse nicht immer zur verfügbaren Liquidität passen. Du hast also zwei Alternativen: knapp bei Kasse sein oder vorausschauend planen. Verfügbares Geld auf der Bank zu

Musst du das wirklich?

haben, bedeutet in der Planungskurve des Lebens, in fünf oder zehn Jahren den möglicherweise benötigten Spielraum zu haben.

Von der Theorie zur Praxis

Nehmen wir das Beispiel eines Amateur-Snowboarders. Er besitzt bereits zwei Snowboards, deren Wert sein Talent bei Weitem übersteigt. Er geht in einen Laden und entdeckt ein neues Objekt der Begierde: das Burton Board, mit dem auch Shaun White fährt.

Tagsüber arbeitet er in einem Büro. Im Jahr verdient er 45.000 Euro. Er zahlt nicht genug in seinen Rentenplan ein, seine beiden Kinder besuchen die Grundschule und er legt nichts für ihre Ausbildung zurück, und der Amateur-Snowboarder wird zunehmend frustrierter. Am liebsten würde er mit den 2.000 Euro, die sich gerade auf seinem Konto befinden, dieses Snowboard kaufen. Das Problem ist, dass das Geld deshalb auf dem Konto ist, weil der Jahresbeitrag für seinen Rentenplan noch nicht überwiesen wurde (er zahlt das Geld immer im Januar ein, wenn sein Berater ihn anruft, aber er hält den Betrag zurück, weil er es sich momentan nicht leisten kann, viel beiseitezulegen).

Wenn er seine Verpflichtungen mit einrechnen würde, käme er auf ein Minus von 15.000 Euro. Wie kommt das? Weil Zahlungen auf ihn zukommen, auch wenn er diese nicht unmittelbar auf dem Schirm hat: die Dachreparatur, die Autorate, die Hockeyanmeldegebühr für seinen Jüngsten und so weiter. Dennoch kauft er das Snowboard, »weil er es sich leisten kann«. Er sieht nur den aktuellen Kontostand, ohne darüber nachzudenken, was bereits für andere Zahlungen auf ihn warten.

Es sich leisten zu können, bedeutet, eines Morgens ins Büro zu gehen, spontan zu kündigen und um 9:23 Uhr auf Nimmerwiedersehen zu gehen. Sich das leisten zu können, gibt dir die Freiheit, dich zu bewegen, zu handeln, zu sein. Es ist ein bisschen Geld auf dem *Carpe-diem*-Konto (oder, wie es in einem Artikel genannt wurde, das Hau-in-den-Sack-Kapital[17]).

Es sich leisten zu können, bedeutet eigentlich, von einem Moment auf den nächsten alles stehen und liegen lassen zu können. Es geht nicht darum, dass du es wirklich tust, sondern dass du es tun könntest. Du kannst dir also eine Ausgabe leisten, nachdem für alle anderen Posten, wie das *Carpe-diem*-Konto, Sorge getragen wurde.

Der Durchschnitt

In der Theorie hast du keinen großen finanziellen Spielraum, wenn du ein durchschnittliches Gehalt beziehst. Wieso? Weil wir in einem ausgeglichenen Markt, an der Schnittstelle von Angebot und Nachfrage einen fairen Preis für eine Ware oder Dienstleistung bekommen: die Grenze der Fähigkeit einer Durchschnittsperson, etwas zu zahlen. Deshalb sind durchschnittliche Menschen ständig knapp bei Kasse, wenn sie keine rationalen Entscheidungen treffen.

Menschen, die mehr verdienen, können es sich leisten, die Preise in die Höhe zu treiben. Nehmen wir das Beispiel eines Hauskaufs in Montréal. Einige Interessenten kommen zur Besichtigung des zum Verkauf stehenden Hauses. Neun potenzielle Käufer geben ein Angebot an der Obergrenze dessen ab, was sie sich leisten können, zwischen 350.000 und 375.000 Dollar. Dann hebt ein zehnter Interessent die Latte an und bietet 400.000. Werden die neun anderen Interessenten die unvernünftige Entscheidung treffen, ihr Ursprungsangebot zu erhöhen oder sich stattdessen in einer weniger wünschenswerten Gegend umsehen?

Viele Menschen, die zum ersten Mal ein Haus kaufen, erleben dieses Phänomen so, dass das Gesetz von Angebot und Nachfrage seinen Kopf reckt. Die Durchschnittsmenschen unter uns sind werden praktisch gezwungen, am Rand ihrer Mittel zu leben.

Die Frage nach der Zukunft verändert ihren Blickwinkel auf die Dinge. Möglicherweise kannst du es dir heute leisten, aber morgen nicht mehr. Oder umgekehrt. Möglicherweise bist du momentan knapp bei Kasse, wirst morgen aber mehr Geld haben … ganz zu schweigen von deinen steigenden Bedürfnissen.

Ein relativer Begriff

Es gibt keine Möglichkeit, eindeutig zu bestimmen, was man sich leisten kann. Es ist eine Frage von Wahrnehmung und der eigenen Ziele. Wenn du zum Beispiel bereit bist, an 300 Tagen im Jahr Ravioli aus der Dose zu essen, schaffst du dir damit den finanziellen Spielraum, die restlichen 65 Tage etwas Besseres zu essen. Aber wer ist dazu schon bereit?

Genauso sind manche Menschen bereit, von 65 bis 95 in Armut zu leben, weil sie in ihrer Jugend alles ausgegeben haben. Jeder hat seine Ziele – wich-

Musst du das wirklich?

tig ist dabei nur, dass sich die Menschen ihrer Entscheidungen und deren Konsequenzen bewusst sind.

Im Grunde haben Zahlen keine absolute Bedeutung, aber sie müssen ambitioniert und realistisch genug sein, um dein Leben in 10, 20 und 30 Jahren zu repräsentieren. Basierend auf deinen Bedürfnissen im Alter von 20 Jahren eine in Stein gemeißelte Finanzstrategie zu haben, ist in etwa so, als wolltest du für die nächsten 30 Jahre eine Videothek betreiben: Nichts ist definitiv.

Was die Nachbarn angeht, deren Kredit aussieht wie ein mit dem Ausgabehelium gefüllter Ballon, sie stellen sich oft selbst keine Fragen; ihre auf dem äußeren Schein basierende Realität ist der Gnade unerwarteter Ereignisse ausgeliefert. Ein mit Helium gefüllter Ballon lässt irgendwann die Luft ab.[18]

Möglicherweise fragst du dich nun, was es heißt, sich etwas leisten zu können, wenn es in einer relativen Welt alles und nichts bedeuten kann. Vermutlich willst du von mir eine Stellungnahme. Na schön, hier ist sie: **Allgemein ausgedrückt bedeutet »es sich leisten können«, dass du für das Erwartete UND das Unerwartete vorausgeplant hast.** Es bedeutet nicht, übervorsichtig zu sein, sondern sich über die Konsequenzen deiner heutigen Finanzentscheidungen im Klaren zu sein, die länger als gedacht währen können.

Kann ich mir zum Beispiel diese Reise leisten oder braucht sie das Schulgeld für die Kinder auf? Kann ich mir diesen Sportwagen leisten oder verurteilt mich das zu vier Jahren Überstunden und den daraus resultierenden Depressionen? Kann ich mir ein Marmorbadezimmer leisten oder gebe ich damit das Geld aus, dass für den Notfall eines undichten Dachs geplant ist?

Manche Menschen werden sagen: »Ja, aber du lebst nur einmal!« Das stimmt, aber so geht es allen Konsumenten, was bedeutet, dass nicht jeder Wunsch erfüllt werden kann.

Es sich leisten können

> Musst du dir das wirklich leisten können? Zwar ist es wichtig, sein Leben zu leben, aber zu welchen Bedingungen und Kosten?
>
> Einmal sagte ein Mann zu mir: »Ich bin reich. Ich habe keine Schulden.« Das war eine einfache Formulierung, um zu sagen, dass er niemandem etwas schuldete. Er konnte sich also seine Freiheit leisten, nicht aber seine zukünftigen Verpflichtungen.
>
> Das Spiel des Geldes ist nicht zwangsläufig einfach. Oft bedeutet es, sich zwischen einem Glas Wasser und einer Cola zu entscheiden. Es ist alles eine Frage der Entscheidung (ob du nun eine triffst oder nicht).

LIEBE
BRAUCHST DU DIE WIRKLICH?

Liebe. Wahre Liebe. Wir alle wollen sie (zumindest glaube ich das). Ja, wir brauchen sie wirklich, diese Einbahnstraßenfahrt entlang der Allee des Glücks.

Liebe kommt in vielen Formen daher: Gefühle, Freundschaft, Verlangen, Teilen, Kompromisse eingehen, Erfahrung, Sex, Vergebung, Aufgeschlossenheit, Fortpflanzung (was auch immer daraus wird) und so weiter. Liebe ist ein kleines bisschen von all dem und noch so viel mehr.

Geliebt zu werden ist so, als würde man jeden Tag einen Brief mit den Worten bekommen: »Ich möchte dich in meinem Leben haben.« Es gibt offenkundig verschiedene Abstufungen der Liebe und sie nimmt je nach Person verschiedene Formen an. Manche können nie genug bekommen, andere dagegen bekommen zu viel. Wieder andere bekommen nicht die Chance, sie auch nur ein bisschen zu erleben.

Die Verteilung der Liebe ist ein bisschen so wie die Verteilung des Reichtums in unserer Gesellschaft: Ein winziger Teil der Bevölkerung wird mit einem silbernen Löffel geboren, während andere ihr Leben lang um ihren Anteil kämpfen. Wie ist nun die Verbindung zu den persönlichen Finanzen? Es bedarf viel Liebe, um das Finanzleben zu überstehen. Ja, Liebe ist f?%$%$ finanziell. Tatsächlich spielen Finanzen nirgendwo eine größere Rolle als in der Liebe.

Das Paar: eine finanzielle Beziehung

»Hey, du Wirtschaftsprüfer! Hör auf, Geld mit Liebe zu verwechseln. Liebe ist kein Geld. Es ist Gefühl!«

Sicher ... Anfangs geht es nur um Gefühle.

Aber wenn du ein gemeinsames Leben beginnst, machen sich die Finanzen bemerkbar. Vernunft muss mit einbezogen werden. Das Leben wird zu einer alltäglichen finanziellen Realität: die Autorechnungen, Miete, Stromrechnungen, Ausgaben für die Kinder und mehr müssen geteilt werden. Man unternimmt auch mal etwas als Paar. Ihr reist gemeinsam. Ihr plant zusammen. Ihr gebt zusammen Geld aus und entwickelt gemeinsame Sparpläne.

Paare teilen nicht nur Kosten, sondern auch Investitionen und Risiken. **Im Grunde ist dein Ehepartner der Partner in der Liebe und im Geschäft.** Lebensstil und Entscheidungen beeinflussen deine persönliche und die gemeinsame finanzielle Realität.

Paare werden nicht zwangsläufig zu einer Marke wie Kanye und Kim. »Wie bitte?! Kanye und Kim sind doch keine Marke!« Findest du nicht? Wieso weißt du dann, von wem ich rede? Weil die beiden eine Marke geschaffen haben, die über ihre Beziehung hinausgeht: Ihr Markenimage ist größer geworden als ihr gemeinsames Leben.

Kim ist ein glamouröser Promi und Unternehmerin, Kanye aber ist der aufgeblasene Rapper, der mit seinem unverschämten Verhalten Aufmerksamkeit auf sich zieht. Das sind Kanye und Kim, ein Markenimage. Aber ich schweife ab. Man muss für seine Beziehung nicht diese Art von Markenwert haben, damit sie finanziell ist.

Sie ist es de facto.

Der Beginn

Es gab eine Zeit, da begegneten sich die Menschen im realen Leben und lernten einander allmählich kennen. Heutzutage begegnen sich viele Menschen im Internet und beschließen dann den Liebeshandel in der realen Welt.

Unabhängig vom Szenario oder der Plattform ist Liebe eine Transaktion. Es ist eine Frage der Ausgewogenheit des Markts: Menschen mit dem gleichen Liebeswert enden damit, dass sie kurz- oder langfristige Verbindungen eingehen, wenn sie sich dazu entscheiden.

Wie viel ist ein Mensch wert?

Nicht in Geld, aber in Liebeswert. Wenn beide Werte ähnlich sind, besteht die Chance einer Paarbildung. Es gibt für jeden Topf einen Deckel, wie es so schön heißt.

Bisher haben wir über den Wert auf dem Liebesmarkt geredet. Aber schon früh in dem Prozess des Zusammenkommens geht es los, dass Fragen gestellt werden, um sich einen Eindruck über die Finanzen des anderen zu verschaffen. Möchtest du einen Beweis? Niemand ist so dreist, einfach zu fragen:

Brauchst du die wirklich?

»Bist du reich?« oder »Wie viel verdienst du?« Nein, das Gespräch wird sehr viel subtiler verlaufen.

Was machst du beruflich?
Was für ein Auto fährst du?
In welcher Gegend wohnst du?
Wohin fährst du gern in den Urlaub?
Welches ist dein Lieblingsrestaurant?

Diese indirekten Fragen sind eine subtile Möglichkeit, dem anderen finanzielle Informationen zu entlocken. So vermittelt zum Beispiel der Unterschied zwischen »Geschäftsführer« und »Kaufhausangestellter« eine ziemlich gute Vorstellung von deinem Lebensstandard. Ein Abendessen in einem 5-Sterne-Lokal kostet so viel wie eine jährliche Ration Pommes frites bei McDonald's. Was du mit den Antworten auf diese »unschuldigen« Gesprächseinstiegsfragen anfängst, hängt davon ab, an welcher Stelle deiner aktuellen Wertehierarchie die Finanzen angesiedelt sind.

WENN GELD DIE LIEBE ABTÖTET

Sobald eine Beziehung entstanden ist, müsst ihr euch auf den Lebensstil einigen, den ihr möchtet und euch leisten könnt. Eines Tages kam ein Kollege bedrückt in mein Büro. Unsere Jobbeschreibungen waren Welten voneinander entfernt, aber ich respektierte seine Arbeit und er meine.

Er vertraute mir an, dass seine Beziehung finanziell auf Grund gelaufen war. Er und seine Frau mussten ihre Finanzen dringend in Ordnung bringen. Ihre Hypothek war mittlerweile höher als der ursprüngliche Kaufpreis des Hauses. Wie so viele Paare hatten auch sie Jahr für Jahr das Darlehen für das Haus erhöht, um ihre Verbraucherschulden zu bezahlen.

Im Grunde gab das Paar das Eigentum an ihrem Haus aus.

Ihr finanzieller Freiraum war ausgereizt. Mein Kollege war sich dessen bewusst und wollte das Problem angehen, seine Frau jedoch nicht. Sie hatten das Ende der Fahnenstange erreicht. Die beiden hatten zweifelsohne andere Probleme, aber mit derartig drückenden Finanzsorgen musste das Boot letztlich sinken.

Liebe

Wesentlich mehr als das Teilen von Ausgaben

Als Paar müsst ihr euch über den gemeinsamen Lebensstil einig sein. Indem die Erwartungen beider Seiten von Anfang an geklärt werden (siehe »Erwartungen managen« auf S. 207), vermeidet man eine Menge Konflikte, auch wenn andere Konflikte praktisch vorprogrammiert sind.

Menschen denken manchmal, dass eine simple Vereinbarung darüber, wie die Ausgaben aufgeteilt sind, genügen würde. Tut es nicht, weil Finanzen zu einer permanenten Frustrationsquelle zwischen den Partnern werden können, vor allem wenn sie zusammenleben. Natürlich können sich Lebensziele im Laufe der Zeit verändern, aber im Grunde müssen beide mittel- und langfristig bei finanziellen Prinzipien der gleichen Meinung sein. Ein paar Beispiele:

- ✓ *Schulden.* Wie viele Schulden sind für beide Parteien akzeptabel? Wird ein bestimmter Lebensstil meinen Partner nachts nicht ruhig schlafen lassen?
- ✓ *Jährliche Sparziele.* Was ist das jährliche Sparziel? Wie viel Prozent unserer Gehälter müssen auf die Seite gelegt werden? Sollen wir für einen Rentenplan sparen oder für Renovierungsarbeiten?
- ✓ *Wohngegend.* Welche Art von Lebensstil wollen wir? Ein Platz in einem Vorort oder das aufregende Stadtleben? Ein kleines, schlichtes Apartment oder ein Haus mit drei Badezimmern?
- ✓ *Kinder.* Wollen wir wirklich welche? Falls ja, müssen wir uns auch Gedanken über die Anzahl machen (siehe »Kinder« auf S. 115). Manche Menschen sagen, dass man nicht auf Grundlage seiner finanziellen Situation über die Anzahl der Kinder entscheiden sollte; das sollten sie mal meinen Großeltern Anatole und Léona sagen, die 13 Kinder hatten, ganz zu schweigen von etlichen Fehlgeburten.
- ✓ *Ausgaben.* Was wird als persönliche Ausgaben angesehen und was als gemeinsame? Ist das Sparen für ein Schneemobil wirklich ein gemeinsames Projekt? Sollte das aus dem Familienbudget bezahlt werden?
- ✓ *Machtkämpfe.* Wenn es beträchtliche Einkommensunterschiede bei den Partnern gibt, muss das Thema »Macht« angesprochen werden. Es ist leicht, zu sagen: »Ich trage finanziell mehr bei, also habe ich das letzte Wort«, sei es implizit oder explizit. Wenn der Einkommensunterschied groß ist, kommt es von ganz alleine zu diesem Gespräch.

Brauchst du die wirklich?

- ✓ *Träume.* Träume zu verwirklich ist wichtig. Wir alle brauchen Erfüllung, aber in einer Beziehung gibt es keine Garantie, dass die jeweiligen Träume übereinstimmen. Wenn der eine davon träumt, in New York zu leben und der andere sich nicht vorstellen kann, seine Heimatstadt zu verlassen, wird die Finanzplanung nicht übereinstimmen. Können die beiden Träume unter einen Hut gebracht werden?

Das sind nur ein paar Beispiele für Themen, die angesprochen werden müssen.

Wie teilt man die Ausgaben?

Dies ist ein heikles Thema. Es ist laut Umfragen von Revolverblättern (und auch ein paar seriösen Publikationen) ein Hauptstreitpunkt bei Paaren. Unerwarteterweise gibt es auf diese Frage nicht nur eine Antwort. Es gibt viele Wege, um dieses Thema anzugehen. Ich nenne hier einen einzelnen, nur um die Diskussion in Gang zu bringen.

Zunächst einmal gibt es hier ein finanzielles Liebeskontinuum. An welcher Stelle befindet sich deine Beziehung?

←――――――――――――――――――――→
Jeder seinen gerechten Anteil   **Alle für einen und einer für alle**

Am Anfang einer Beziehung ist »jeder seinen gerechten Anteil« verständlich. Aber wenn Hochzeit, Kinder oder eine langfristige Beziehung vorherbestimmt sind, gehen die Menschen normalerweise über zu »alle für einen und einer für alle«. Wenn du vermögend bist, ist natürlich ein Gespräch mit einem Anwalt eine gute Idee, um sich über die finanziellen und legalen Auswirkungen einer Ehe zu informieren.

Jeder seinen gerechten Anteil. Dies ist eine Vereinbarung, bei der Paare von den Größenordnungsvorteilen gemeinsamer Ausgaben profitieren und die Ausgabenaufteilung auf einer gemeinsam gefundenen Methode basiert.

Pro: Beim Aufteilen gibt es ein größeres Gefühl der Fairness und Eigentum lässt sich leichter aufteilen. Es besteht eine Verbindung zwischen aufgewendeter Mühe und erlangtem Wert.

Liebe

Kontra: Die Ausgaben sorgfältig nachzuhalten, kann ermüdend, anstrengend und eine Konfliktquelle sein. Wenn die Liebe sich in eine Tabellenkalkulation verwandelt, kann die gemeinsame Zeit darunter leiden.

Alle für einen und einer für alle. Bei dieser Vereinbarung ist das Paar eine Einheit. Einkommen und Ausgaben sind verschmolzen und werden gehandhabt, als handle es sich um die Finanzen einer einzelnen Person.

Pro: Einfacher zu managen.

Kontra: Es birgt eine Menge Konfliktpotenzial, wenn der Ehepartner anderer Meinung ist, was als akzeptable Ausgabe angesehen werden kann und was nicht. Es besteht das Risiko von (unbeabsichtigtem oder beabsichtigtem) Missbrauch seitens eines Partners.

Meine Beobachtung: Ich halte an dieser Stelle Flexibilität für die beste Lösung. Anfangs muss man seine finanzielle Beziehung managen, als würde man in einer Wohngemeinschaft leben (jeder trägt seinen gerechten Anteil bei), und dann übergehen zu dem »alle für einen, einer für alle«, wenn das erste Kind geboren wurde oder ein anderes Ereignis besonderes Engagement erfordert (wenn sich zum Beispiel ein Ehepartner entscheidet, sich selbstständig zu machen, was zum finanziellen Erfolg für das Paar oder dem Beziehungsende führen kann).

»Jeder seinen gerechten Anteil« definieren

Das Konzept des gerechten Anteils hängt von der Wahrnehmung ab, was als wirklich gerecht angesehen wird in Bezug auf die Ausgabegewohnheiten und die jeweilige finanzielle Situation beider Partner.

Der 50/50-Split

Alles 50/50 aufzuteilen, scheint bei bestimmten Ausgaben fair zu sein. Wenn du Single bist, brauchst du auch einen Platz zum Leben. Die Miete also 50/50 aufzuteilen, ergibt Sinn, wenn der Anteil jedes Einzelnen niedriger ist als das, was er für eine Singlewohnung ausgeben würde. Das Gleiche kann auf Heizkosten, Telefon und andere gemeinsame Ausgaben zutreffen.

Zieht das Paar jedoch in ein Haus oder Apartment, das sich einer der beiden nicht leisten kann, sollten sie vermutlich unterschiedlich viel zahlen. Derjenige, der in der exklusiveren Gegend wohnen möchte, sollte mehr zahlen, wenn es für den anderen nicht finanzierbar ist.

Brauchst du die wirklich?

Ein Prozentsatz des Gehalts?

Warum nicht die Ausgaben entsprechend eines Prozentsatzes des jeweiligen Gehalts verteilen? Wenn nicht beide Partner ein stabiles Einkommen beziehen, kann das zu endlosen Diskussionen führen. Welches Gehalt soll als Basis genommen werden? Brutto? Der Steuersatz unterscheidet sich.[19] Netto? Verdient einer von beiden schwarz nebenher etwas dazu? Ist in der Gesamtvergütung ein Pensionsplan enthalten?

Wenn einer der Ehegatten in einen Rentenplan einzahlt und der andere dies bei seinem Arbeitgeber nicht hat, welcher Teil sollte dann vom Einkommen abgezogen werden, um das Bezugseinkommen zu berechnen? All diese Fragen können zu einer Qual werden. Pack noch Kinder aus früheren Beziehungen in die Konstellation und es kann zu einer echt schwierigen Frage werden, wie denn ein fairer Anteil nun aussehen solle.

Ich bringe eine Menge Fragen auf und liefere keine Antworten. Mit Absicht. **Jeder ist selbst für die Analyse der eigenen Situation und die Festlegung, wie er sich mit seinem finanziellen Beitrag als Teil des Paars fühlt, zuständig.**

Stell dir eine Situation vor, in der einer der Ehegatten Unternehmer ist und aus freiem Willen ein niedriges Gehalt bezieht, um den Überschuss wieder in die Firma zu stecken. Oder er hat ein variierendes Einkommen mit Höhen und Tiefen. Zum Beispiel entscheidet sich der Betreffende, in einem Jahr ein Gehalt von 50.000 Euro zu entnehmen, im darauffolgenden sind es aber nur 20.000 Euro und der restliche Überschuss wird reinvestiert. Welches Einkommen dient als Basis für die Berechnung? Das klingt für mich nach einem drohenden Streit.

Basierend auf den Ausgaben jedes Einzelnen?

Wer hat diesen Monat am meisten aus dem Internet heruntergeladen? Wie kann ein einziger Mensch so viel herunterladen? Haben beide Partner das Internet genutzt? Wer von beiden ist häufiger essen gegangen? Wer hat sich häufiger eine Nascherei gegönnt? Wer duscht länger? Wer isst mehr Ketchup, kauft mehr Bier oder trinkt mehr Wein?

Dies ist eine Vorgehensweise, um die Ausgaben aufzuteilen, die nur im Konflikt münden kann. Gleichzeitig bringt es das Nutzerprinzip (Nutzer zahlt) auf, das Nachhalten ist bei dieser Methode aber schwierig und mühsam, darüber hinaus ist es praktisch das garantierte Todesurteil für die Liebe.

Liebe

»Dieses Kondom musst du bezahlen. Wieso? Weil du gekommen bist und ich nicht!« (#Humor)

Wie kompensiert man unbezahlte Arbeit?

Stell dir folgendes Szenario vor: Ein Partner erledigt die ganze Hausarbeit, Besorgungen und das Kochen, verdient jedoch nicht viel, der andere trägt wenig zum Putzen bei, verdient aber eine Menge Geld. Wenn einer von beiden in seiner Freizeit das Haus renoviert, dabei keine Mühen scheut, wie viel ist das dann wert? Wie quantifiziert man den Beitrag jedes Einzelnen, wenn man fair bleiben will? Alleine dieser Absatz wirft einen Molotowcocktail in die Vorstellung von finanzieller Harmonie.

Die Sache mit dem Transportmittel

Die Art der Beförderung ist ein gutes Beispiel. Angenommen, ein Paar kauft sich ein Auto, das aber nur einer von beiden hauptsächlich für den Arbeitsweg benutzt. Außerhalb der Arbeitszeit wird der Wagen von beiden unterschiedlich stark nach Bedarf benutzt. Außerdem fährt der Ehepartner ohne Pendlerauto mit öffentlichen Verkehrsmitteln. Wie teilt man hier die Kosten auf?

Die Antwort hängt von vielen Aspekten ab, wie: War es eine gemeinsame Entscheidung, in der Nähe des Arbeitsplatzes des einen Partners, aber weit weg von dem des anderen zu wohnen? Sobald du anfängst, solche Fragen zu stellen, wird es schwieriger, die Kosten gerecht aufzuteilen. Die Transportmittel eines Haushalts müssen insgesamt betrachtet werden. Kosten für ein Auto, Bikesharing und Fahrkarten für öffentliche Verkehrsmittel müssen alle auf eine sinnvolle Weise geteilt werden. Wer bezahlt was? Wie viel und warum? Gemeinsame Entscheidungen beeinflussen, was jeder bezahlen muss.

FINANZIELL UNABHÄNGIG

Eine Mutter warnt ihre Tochter[20]: »Sei nie finanziell von jemandem abhängig. Sorge dafür, dass du die Macht hast, wählen zu können und dass du nicht mit Finanzproblemen umgehen musst, um die du nicht gebeten hast.«

Brauchst du die wirklich?

> Weise Worte, wohl wahr. Die Mutter möchte nicht, dass die Tochter auf jemanden angewiesen ist, um ihr Leben leben zu können; niemand soll für sie Entscheidungen treffen. Sie möchte nicht, dass ihre Tochter um das Gewollte bitten muss oder jemanden um Erlaubnis fragen muss, um das Leben ihrer Träume zu leben. Das könnte die Botschaft einer Mutter sein, die selbst nicht die Macht für gleichberechtigte Verhandlungen hatte.
>
> Einmal erhielt ich eine E-Mail von einer Frau, in der stand: »Ich konnte es mir nicht leisten, meinen Mann zu verlassen, habe es aber trotzdem getan.« Im Namen der wahren Liebe verlieren wir oft eine simple Tatsache aus den Augen: Es ist wichtig, an der eigenen Unabhängigkeit festzuhalten und über das nötige Kleingeld zu verfügen, um aus einer nicht länger ertragbaren Situation aussteigen zu können.

Im Fall einer Trennung: den Partner schützen

Die Möglichkeit einer Trennung einzukalkulieren, bedeutet nicht, dass man einander deshalb weniger liebt. Es zeigt lediglich dein realistisches Denken – dass du alle Richtungen betrachtest und erkennst, dass trotz der besten Absichten nicht alles reibungslos laufen muss. In jüngster Zeit habe ich miterlebt, dass sich eine große Zahl von Paaren in meinem Bekanntenkreis getrennt hat. Zusätzlich zu dem Kummer machen sich dann auch die Finanzen schnell bemerkbar.

Wie teilt man den Besitz auf? Bei wem sind die Kinder öfter? Wie viele Alimente werden gezahlt? In welcher Gegend wird jeder wohnen (unter Berücksichtigung der Schulen und Freunde der Kinder)? Wer behält das Auto? Wer behält das Haus (falls das möglich ist)? Wer hat mehr für das Haus bezahlt? Wer hat die größere Anzahlung dafür geleistet? Die in eine Trennung einbezogene administrative Komplexität zeigt das Ausmaß, in dem das Paar nicht nur eine emotionale Beziehung, sondern auch, mehr denn je, eine geschäftliche Beziehung hat.

Also ... was hast du für den Fall einer Trennung geplant?

Haben ihr beide eure eigenen Investments?

Hat einer von beiden gespart, während der andere die Haushaltskosten getragen hat?

Liebe

Hat der eine in ein Geschäft investiert, während der andere mehr Zeit in die Familie investiert hat?

Eines steht fest: Wenn du deinen Beruf aufgegeben hast, um die Kinder großzuziehen, wirst du wohl kaum die Kluft zwischen tatsächlichem Einkommen und dem, was du hättest verdienen können, schließen – es sei denn, du erlebst einen unverhofften Geldregen oder heißt J. K. Rowling.

Wäre es im Fall einer Trennung also nicht eine Art Beweis, dass die Liebe wirklich existiert hat, wenn du zum Wohl des anderen eine finanzielle Einbuße verkraftest? Wenn einer von beiden sich aber trennt, um mit dem/der besten Freund/Freundin des anderen zusammen zu sein, solltest du dich eher auf eine Schlacht epischen Ausmaßes einstellen.

Noch nicht überzeugt?

Du denkst immer noch, Beziehungen sind eine Frage von Gefühlen – und nur von Gefühlen?

Hat dein Ehepartner eine Lebensversicherung für den Fall eines plötzlichen Dahinscheidens?

Wer ist der Nutznießer dieser Police?

Zahlst du in den Rentensparplan deines Ehepartners ein?

Falls dein Ehepartner deine finanzielle Zukunft verprasst, ist das auch kein Problem, oder? Natürlich ist es das!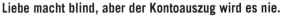

Liebe macht blind, aber der Kontoauszug wird es nie.

Möglicherweise lässt dieses Kapitel deine romantische Blase platzen und zerstört deine Vorstellung, von Liebe alleine leben zu können. Tatsache ist aber, dass du nie die vollständige Kontrolle über eine Liebesbeziehung hast. Sie nutzt sich Tag für Tag ab, und die wunderbaren Gefühle der Vergangenheit können denen der Ernüchterung weichen. Die Beziehung kann gegen deinen Willen oder durch dich selbst enden.

Aber du kannst Probleme am Horizont erkennen und deine Liebesbeziehung managen. Denn wenn man einander liebt, will man den anderen nicht in Armut zurücklassen. Man muss einander genug lieben, um den potenziellen Kummer abzufedern, falls die Liebe mal schwinden sollte.

Brauchst du die wirklich?

> Es gibt nicht nur einen Weg, die Finanzen in einer Beziehung zu teilen. Du musst dich nur wohl damit fühlen, wie alles ausgerechnet wird, und bereit sein, das Gespräch zu einem späteren Zeitpunkt noch einmal aufzugreifen.
>
> Brauchst du also wirklich Liebe? Natürlich! Liebe ist das, was unserer Zeit auf dieser Erde Bedeutung verleiht. Geh also hinaus und finde sie, wo auch immer sie sein mag.
>
> Das finanzielle Managen dieser Liebe dann später? Das ist noch wichtiger!

Anmerkung: Dieses Kapitel berücksichtigt nicht die rechtlichen Aspekte von Beziehungen, weil Familienrecht und Besteuerung äußerst komplex sind. Paare sollten sich über die rechtlichen Auswirkungen ihrer Entscheidungen informieren, denn diese können gravierende finanzielle Auswirkungen haben, vor allem im Fall einer Trennung. Was du für die Realität hältst, entspricht möglicherweise nicht den juristischen Erfordernissen.

EINEN JOB
BRAUCHST DU DEN WIRKLICH?

Falls sie nicht gerade der Erbe des Familienvermögens sind, müssen die meisten Menschen schon für ihren Lebensunterhalt arbeiten.

Musst du dein Leben lang denselben Job behalten?

Kannst du irgendwann dein Hobby zu deinem Beruf machen?

Musst du dein Leben lang ein und demselben Beruf nachgehen?

Dieses Kapitel zeigt, wie wichtig es ist, dass du deinen Marktwert erzeugst, sodass du irgendwann den Wechsel vom Arbeiter zum Investor vornehmen kannst. Sobald du Investor bist, kannst du von der Rente träumen. So ist die Finanzstruktur unserer Gesellschaft.

Unser Körper altert und wir gehen über von der aktiven Bevölkerung zur Bevölkerung im Ruhestand. Wenn der Körper nicht mehr mithalten kann und seinen Marktwert verliert, musst du eine Rente aufgebaut haben. Das ist die Realität.

Fang irgendwo an

Juni 1996.

Ich bin fast 17 Jahre alt und in McDonald's-T-Shirt und -Kappe auf dem Nachhauseweg. Dies ist mein erster richtiger Job; eine Firma war bereit, mich für 6,10 Dollar die Stunde einzustellen. Es dauerte eine Weile, bis ich wirklich produktiv war, aber nach ein paar Schichten hatte ich den Dreh raus. Ich kann nicht sagen, ob ich meine Produktivität gesteigert oder nur einen Weg gefunden habe, gefahrlos schneller zu arbeiten.

Brauchst du den wirklich?

Was manche Menschen als Job ansahen, betrachtete ich als Sport: Es gab Regeln, man musste Leistung bringen und man musste lernen. Was habe ich heute gelernt? Das ist die Frage, die ich mir in jedem Job gestellt habe, den ich je hatte, bei jeder Aktivität, der ich nachgegangen bin, und an jedem Schultag. Verschwende ich meine Zeit oder entwickle ich etwas Neues? Wiederhole ich mich oder festige ich mein Wissen?

Dein erster Job ist wichtig: Er hat Einfluss auf die darauffolgenden. Sich für einen anspruchsvollen Job, der auch als solcher wahrgenommen wird, zu entscheiden, ist eine Investition in deinen Lebenslauf.  Anfangs arbeitest du für Hungerlöhne. Das Ziel besteht darin, nicht mehr für einen geringen Lohn zu arbeiten. Stattdessen für ein Ergebnis und größeren intrinsischen Wert zu arbeiten, statt nur deine Zeit hineinzustecken. Du musst deine Fähigkeit entwickeln, zum Investor zu werden.

Mein Ziel war es von jeher, eines Tages für den immateriellen Wert, die Kompetenz oder den Marktwert bezahlt zu werden und nicht auf Basis der in den Job investierten Zeit. An sein Leben in Gestalt von Arbeitsstunden zu denken, ist die Sichtweise eines Lohnarbeiters auf den Job.

Zeit in die Tätigkeit zu stecken, verleiht der getanen Arbeit nicht automatisch Wert. Was jedoch Wert hat, ist das, was über einen Zeitraum hergestellt oder geschaffen wurde. Zum Beispiel verleiht die Tatsache, dass du vier Stunden äußerst sorgfältig eine Wand angestrichen hast, dieser Wand in den Augen des Kunden nicht mehr Wert, als wenn dieselbe Wand in 30 Minuten gestrichen worden wäre. Deshalb wollen Kunden nicht nach Stunden bezahlen, sondern lieber auf Basis der Ergebnisse. Der Zeitunterschied zwischen beiden Szenarien verschafft dem Kunden keinen Mehrwert. Wieso also die Mentalität der stundenweisen Bezahlung aufrechterhalten?

Vom Mitarbeiter zum Investor werden: eine notwendige Mischung

Sobald du angefangen hast, zu arbeiten, musst du wie ein Investor denken. Wieso? Weil das Geld schneller ausgegeben wird, als es hereinkommt. Es herrscht eine Kluft zwischen eingegangenen und herausgehenden Geldern. Zu glauben, dass du mit deinem Wochenlohn deinen finanziellen Verpflichtungen nachkommen kannst, kommt einer Ignoranz über dein finanzielles Ziel gleich.

Einen Job

Bestimmte Ausgaben, wie die mit Ausbildung oder Ruhestand verbundenen, müssen geplant werden, was ein weiterer Grund dafür ist, warum du wie ein Investor denken musst: Um zu investieren, musst du Geld sparen.

Der grundlegende Fehler, der jungen Berufstätigen unterläuft, besteht darin, dass sie noch vor der Investition das Geld ausgeben oder sich belohnen. Das läuft darauf hinaus, dass man wie ein armer Mensch denkt, aber das Gegenteil sollte der Fall sein. Ausgegeben werden sollte das, was nach der Investition übrigbleibt.

Investiere in deine Ausbildung, damit du nicht das Gefühl von Arbeit hast

Wenn du noch am Anfang stehst, investierst du vielleicht in dein Studium. Aber steigerst du wirklich deinen Marktwert, indem du in dem von dir ausgewählten Bereich studierst? Ich kann förmlich einen bestimmten Philosophieprofessor von mir hören, der mich als Utilitarier bezeichnete, weil ich neoliberale Interessen verfolgte. Ich ließ ihm seinen Spaß und einen Schatten auf meinen Weg werfen: Auch als Philosophiedozent ist man nicht frei von fadenscheinigen Argumenten.

Ergibt es heutzutage noch Sinn, für das Wissen zu studieren? Bedeutet nicht die weithin zugängliche Information, dass wir nicht länger Professoren für das Nachplappern von Bücherinhalten bezahlen müssen? Zum Beispiel brauche ich keinen Bachelorabschluss in Philosophie, um John Rawls' *Eine Theorie der Gerechtigkeit* zu lesen, vor allem, wenn ich nicht vorhabe, das Thema zu unterrichten.

Im Grunde genommen ist es so: Wenn du ein Fach studierst, bei dem der Abschluss andere nicht wissen lässt, dass du nützliche Fachkompetenz besitzt, brauchst du diesen Abschluss dann wirklich? Wissen ist nie nutzlos. Aber ein Abschluss ist eine Beglaubigung, es ist ein Zeugnis deiner Qualifikationen und Fähigkeiten. Wenn du es nicht vorhast oder dir die Möglichkeit des beruflichen Nutzens fehlt, brauchst du es dann wirklich?

Die Frage läuft immer wieder auf dasselbe hinaus: Wie wird diese Investition meinen Wert und mein Glück steigern? Verlier dabei nicht das Ziel aus den Augen, vom Arbeiter zu jemandem mit Privatvermögen überzugehen. Trägt meine Ausbildung dazu bei?

Einige mag die Frage überraschen, aber ist es eine gute Idee, jahrelang an der Universität ein Fach zu studieren, in dem die Zukunftsaussichten

Brauchst du den wirklich?

geradewegs an denselben Ort führen wie auch ein Kurs im Schreibmaschine-schreiben? Im Hinblick auf finanzielle Investitionen ergibt es keinen Sinn.

Manche werden sagen: »Ja, aber im Leben geht es um mehr als nur Geld!« Das ist völlig richtig. Aber es bedarf des Gelds – und zwar viel davon –, um bestimmte Erfahrungen genießen zu können. Ein Studium zu absolvieren, ohne darüber nachzudenken, wohin es führen wird, ist eine fragwürdige Investition mit gravierenden finanziellen Konsequenzen.

Wenn ich höre, wie sich Akademiker über ihre Arbeitslosigkeit beschweren, wo sie doch einen Masterabschluss haben, frage ich mich immer, warum sie sich für ihr Studienfach entschieden haben. Jeder kann – und sollte – sich die Beschäftigungsstatistik zu jedem Studienangebot ansehen.

Wenn du nicht glaubst, dass du in einem bestimmten Fachgebiet der Beste sein oder für dich eine Nische finden wirst, warum dann derart beträchtliche finanzielle Ressourcen dafür aufwenden? Geld in eine Ausbildung zu investieren, ist eine Investition in dein Bildungskapital.

Natürlich gibt es immer Menschen, die die Ausnahme von der Regel sind und ihren Abschluss auf unübliche Weise nutzen. Nehmen wir mal das Beispiel des bekannten kanadischen Illusionisten Luc Langevin. Er nutzt sein Wissen im Bereich der Physik, um Zaubertricks (oder optische Täuschungen) durchzuführen. Es ist ihm gelungen, seinen Abschluss in Naturwissenschaften mit seinen künstlerischen Bestrebungen zu vereinen, auch wenn das nicht der übliche Pfad ist, den jemand mit seiner Art von Ausbildung einschlagen würde.

Es ist wichtig, einen Bereich zu finden, der zu dir passt und dich das tun lässt, was du liebst. Ich rede nicht davon, sich etwas Einfaches auszusuchen, sondern eine Fachrichtung, für die du Leidenschaft hegst. Im Alter von 18 oder 20 ist das jedoch kein Kinderspiel.

Wenn du einen Weg findest, für den du Leidenschaft hegst, wird sich deine Arbeit nicht wie Arbeit anfühlen. **Danach zu streben, die eigene Tätigkeit zu lieben, ist immer noch ein lobenswertes und realistisches Ziel.** Für viele Menschen ist es die vergebliche Suche nach dem Nirwana, für andere ist es nicht verhandelbar.

Den Sprung schaffen

Die Schule bringt uns bei, wie man zum Mitarbeiter wird. Ich liefere den Arbeitgebern meine Arbeitskraft. Wenn du mit Berufsberatern redest oder auf

Einen Job

Jobmessen gehst, werden dir offene Stellen, Gehälter und Arbeitsbedingungen verkauft.

Ich kann mich nicht erinnern, während der Schulzeit vielen Unternehmern begegnet zu sein. Unternehmer zu sein, bedeutet nicht zwangsläufig, dass man mit etwas handelt. George Clooney, Beyoncé und Drake sind auf ihre eigene Weise alle Unternehmer: Sie haben aus ihrem Wissen und ihrem Ideenreichtum kulturellen Wert geschaffen.

Als Unternehmer musst du arbeiten. Jede Minute, die du deiner Arbeit widmest, verfeinert deine unternehmerische Vision und steigert deren Wert. Sei jedoch vorsichtig, falls du überlegst, ins Restaurantgewerbe einzusteigen. Es sieht besser aus, als es ist: verrückte Arbeitszeiten, starker Wettbewerb und ein beträchtliches Risiko, damit zu scheitern.

Es ist keine gute Idee, nur um der Sache willen zum Existenzgründer zu werden. Du musst davon überzeugt sein, dass dein Angebot Wert besitzt, und dass du diesen Wert langfristig beschützen und zu Gewinn machen kannst.

Unternehmertum eignet sich nicht für jeden, aber eine Investition in Zeit und Geld ist für die meisten erforderlich. Man muss das Investieren lernen, über die Mentalität als Zahlender hinauszukommen und die Mentalität eines Empfängers entwickeln. Was uns zurück zum Kern der Sache bringt: Ist es notwendig, dein eigener Chef zu werden, um Investor zu werden?

Im Schlaf Geld verdienen

Wenn du am Aktienmarkt oder in ein Privatunternehmen investierst, besteht das Ziel darin, einen Ertrag zu generieren, während du Zeit mit etwas anderem verbringst. Investor zu werden, bedeutet, Geld im Schlaf zu verdienen. Falls du ein Renditeobjekt zu einem fairen Preis erworben hast, so generiert dieses praktisch auch über Nacht Wert. Die Mieter schlafen, aber sie bezahlen dich währenddessen für die Nutzung dieses Orts.

Das Gleiche gilt für Investments am Aktienmarkt: Während du andere Sachen machst, arbeitet dein Geld für dich. Im Alter von 16 Jahren scheint das außer Reichweite zu liegen, aber mit 50 wird es zur Norm und mit etwa 65 oder 70 ist es faktisch eine Pflicht. Und nein, Ruhestand ist keine Zeit zum Ausruhen. Es ist eine Zeit, in der sich die meisten Menschen vom Arbeitnehmer zum Investor wandeln. Unser Verstand und unser Körper mögen zwar nicht länger für Geld arbeiten, aber unser Geld arbeitet immer noch für uns.

Brauchst du den wirklich?

Arbeit: ein Konzept im Wandel

Also, musst du noch weiterarbeiten? Ja, wenn du nie zum Investor geworden bist. Das scheint offensichtlich, aber es ist eine Lebensaufgabe, sich zum richtigen Zeitpunkt vom Arbeitnehmer zum Investor zu wandeln. Viele Menschen nehmen das leider nicht ernst.

Falls du das Investieren hinausschiebst, zahlst du auf ganzer Linie dafür. Spaß über Investitionen zu stellen, ist ein Fehler, weil das Geld, das du in jungen Jahren für dein Vergnügen ausgibst, negative Auswirkungen auf deine Lebensqualität in den nächsten Jahrzehnten haben wird. **Ein in deinen Zwanzigern gekaufter Sportwagen steht für eine Anzahlung auf ein Haus, wenn du Anfang 30 bist.** Vergiss nicht: Unser Besitz hat Folgen.

In einem Bericht von 2014 über RRSP-Beiträge, also Rentenbeiträge in Kanada, schrieb Statistics Canada: »Landesweit betrug der mittlere Beitrag 2.930 Dollar, eine Steigerung um 3,5 Prozent gegenüber 2011. Der Mittelwert ist der Punkt, an dem die Hälfte der Beitragszahlenden mehr als 2.930 Dollar gezahlt haben und die andere Hälfte weniger.«[21]

In Anbetracht des Niveaus der Beiträge zu diesen Rentensparplänen können die Kanadier den Wechsel vom Arbeitnehmer zum Investor vollziehen? Eher nicht. Mit niedrigen Erträgen auf dem Aktienmarkt benötigt man mehr Kapital, um zum Vollzeitinvestor zu werden, wenn man sich zur Ruhe setzt. Und das steht einer stetig steigenden Lebenserwartung gegenüber. Die heutigen Investoren haben drei Prioritäten: Sie müssen

1. **mehr Kapital sparen**, weil in der Zukunft die Erträge niedriger sein werden als in der Vergangenheit, aber die Ruhestandsdauer vermutlich länger sein wird;
2. **mehr Risiken eingehen**, um Erträge in vergleichbarer Höhe mit der der Vorgängergeneration zu erzielen; und
3. **über einen längeren Zeitraum investieren.**

Einen Job

Einen Job, brauchst du den wirklich? Wenn du nicht investieren und dein Geld für dich arbeiten lassen willst, dann lautet die Antwort ja.

Ich forciere hier keineswegs die Idee, reich zu werden, sondern nur, dass du das Beste mit dem anfängst, was du hast. Sobald du Investor bist, kann dich nichts davon abhalten, nur noch zum Spaß zu arbeiten, wenn du im Ruhestand bist, sei es zum Zeitvertreib oder um die Brötchen zu verdienen. Das ist doch wahre Freiheit, oder?

Aber du solltest eine andere Frage stellen: Was lässt dich denken, dass du mit 65, 70 oder 75 immer noch arbeitsfähig bist? Kanadier lieben es ganz sicher, Russisch Roulette zu spielen …

NEUES ZEUG
BRAUCHST DU DAS WIRKLICH?

»Ich liebe es! Es riecht nach neuem Auto!«
Hmm ... dieser »neue« Geruch ist für gewöhnlich das Ergebnis flüchtiger organischer Bestandteile, die als Gift gelten, aber wir scheinen besessen zu sein von neuen Sachen, aber nicht nur von neuen Autos. Es ist beinahe so, als würde es den Wert wesentlich steigern, der erste Benutzer eines Gegenstands zu sein.

Es herrscht auch eine gravierende Unverbundenheit zwischen dem gezahlten Preis und dem tatsächlichen Nutzen bzw. der gelieferten Befriedigung. Der Hauptvorteil beim Kauf von etwas Neuem liegt in der sofortigen Verfügbarkeit, aber für diese bezahlst du teuer. Etwas Seltsames passiert: Wenn wir unsere Lebensqualität auf ökonomischere Weise verbessern, wenn wir uns für etwas Gebrauchtes entscheiden, können wir nicht aufhören zu denken, dass wir neue Sachen aber »verdienen«.

Es ist jedoch keine Frage des »Verdienens«, es ist eine Frage des Wissens über den eigenen Kontostand. Reiche Kids »verdienen« es nicht, all das auszugeben, was sie ausgeben – sie verfügen lediglich über die entsprechenden Mittel.

Gebrauchte Sachen sind für arme Leute

Reichtum und gebrauchte Gegenstände erzeugen eine kognitive Dissonanz. Da wir Reichtum (oder zumindest geringere Armut) anstreben, denken wir anscheinend, dass wir aus reinem Reflex auch etwas neu kaufen müssen, wenn wir schon das Geld dafür haben. Aber eine deiner vernünftigsten wirtschaftlichen Entscheidungen ist, gebraucht zu kaufen.

Wieso? Weil der Preis einer gebrauchten Ware schneller fällt als sein Nutzen. Ein neuer Latthammer kostet 25 Euro, aber bei einem Garagenverkauf kannst du dir einen für 3 Euro besorgen. Kann er immer noch Nägel einschlagen wie zu der Zeit, als er brandneu war? Natürlich. Auf diese Art von Frage

Neues Zeug

lautet die Antwort oft ja. Der Preisrückgang ist nicht proportional zum Produktnutzen.

Mit Webseiten und Anzeigenapps, die Käufer Tag und Nacht in Kontakt mit Verkäufern bringen, kann man nur schwerlich mit der Lästigkeit, etwas Gebrauchtes zu finden, argumentieren. Für gewöhnlich verkauft irgendwo irgendjemand genau das Gesuchte.

Da die Suche nach Gebrauchtwaren aber Zeit kostet, stelle ich automatisch die Verbindung zu einer Ausgabenstrategie her (siehe »Eine Ausgabenstrategie« auf S. 203): Während ich nach etwas Benötigtem suche, kann sich die Vorstellung dieses Produktkaufs setzen und ich kann mich entscheiden, ob ich es wirklich kaufen soll oder nicht. Wenn es um Geldausgaben geht, ist der schlimmste Feind die Eile, aber der beste Freund die Zeit.

Wenn du weniger Armut anstrebst und einen guten Lebensstandard haben möchtest, sollte deine Hauptpriorität sein, nichts Neues mehr zu kaufen, und dir stattdessen all das zunutze machen, was Menschen als ehemalige Objekte der Begierde nun als Gebrauchtes verkaufen.

Gebraucht zu kaufen bedeutet, Sachen preiswerter als zum Neupreis zu bekommen. Du musst dem Rasenmäher verkaufenden Nachbarn nicht mal Mehrwertsteuer bezahlen. Gebraucht zu kaufen, lässt dich den Wert der Gegenstände mit ihrer Nützlichkeit vergleichen.

Nehmen wir zum Beispiel eine Esszimmereinrichtung. Eine aus einem Tisch und Stühlen bestehende Garnitur wird im Geschäft für 4.000 Euro angeboten und landet früher oder später zwangsläufig beim Garagenverkauf. Obschon Gegenstände an Wert verlieren, behalten sie zum Glück ihren Nutzen.

Wenn du also das Gefühl hast, dass du eine neue Esstischgarnitur brauchst, obwohl du an der alten ganz prima sitzen und essen kannst, dann vergiss den IKEA-Katalog, die Zeitschriften für Inneneinrichtung und versuche stattdessen, jemanden zu finden, der ebenfalls eine neue Garnitur sucht und seine alte verkaufen will.

Einen fabrikneuen Tisch zu kaufen, ist zu teuer und du brauchst ihn nicht wirklich. Ernsthaft – willst du wochenlang zu einem Durchschnittsgehalt für eine Esszimmergarnitur arbeiten, die sowieso schon bald ihren Glanz verloren haben wird?

Vergiss nicht, dass alles ab dem Moment des Auspackens nicht mehr neu ist. Musst du wirklich der Erste sein, der sie auspackt?

Brauchst du das wirklich?

AUS FEHLERN LERNEN

Ich habe eine Menge Sachen neu gekauft, vor allem Gitarren. Wenn ich erneut die Wahl hätte, würde ich es wieder tun? Vermutlich nicht. Ich bin einer dieser Freizeitmusiker, der nur den Spiegel oder die durchs Haus laufenden Kinder als Publikum hat.

Gitarren halten ein Leben lang, warum also das Objekt der Begierde nicht von einem Musiker kaufen, der sich auch für Jimi Hendrix hielt? Die Kleinanzeigen sind voll mit Gitarren von Musikern, die mit dem Spielen aufgehört haben oder in einen neuen Lebensabschnitt eingetreten sind.

Reparaturen: Zurück zum Wesentlichen

Neben dem Wunsch, etwas Neues zu kaufen, weist die Konsumgesellschaft noch einen weiteren Reflex auf: Sachen wegzuwerfen, statt sie reparieren zu lassen. Nur weiter so. Wirf alles raus. Es lohnt sich eher, etwas Neues zu kaufen, als etwas Altes reparieren zu lassen. Wirklich?

Es stimmt, dass eine Menge Gegenstände, vor allem elektronische Geräte, nicht für eine etwaige Reparatur konzipiert oder die Reparaturkosten höher ausfallen würden, als dieser Artikel neu (made in China) kostet.

Einiges kann jedoch repariert werden – zum Beispiel Fahrräder. Kürzlich investierte ein Freund von mir 150 Dollar, um sein Fahrrad aus dem Jahr 1990 instand zu setzen. Ein vergleichbares neues Rad würde heute etwa 500 Dollar plus MwSt. kosten. Mein Freund hat nun ein funktionierendes Fahrrad, seine Bedürfnisse wurden erfüllt, und er hat ein paar Hundert Dollar gespart.

Diese clevere Vorgehensweise lässt sich auf vieles anwenden: Autos, Gartenmöbel, Grills, kleine Sofas, Couchtische, Schlafzimmermöbel etc. Die Freude, mit der wir Sachen ersetzen, die repariert werden müssen oder ein bisschen Pflege brauchen, zeigt, wie reich wir sind ... oder dass wir den Wert des Geldes nicht mehr kennen.

Schuhe sind ebenfalls ein gutes Beispiel. Nach erfolgreichen Besuchen beim Schuh-Discounter werfen wir am Ende alles weg, was wir dort gekauft haben. Dabei kann das Erneuern eines Absatzes oder einer Sohle, oder der

Neues Zeug

Gebrauch von Schuhcreme wahre Wunder bewirken bei einem Paar Schuhe, die man nur noch in der Tonne gesehen hat.

Das Gleiche gilt für Jacken mit kaputten Reißverschlüssen (erinnerst du dich an die Jacke mit dem kaputten Zipper, die ich 13 Jahre lang getragen habe? Siehe »Auf andere Menschen hören« auf S. 65). Nach einem You-Tube-Video und der Investition von 5 Euro kannst du aus deiner Jacke noch ein paar Jahre herausholen. Hält sie dich immer noch warm? Schützt sie vor Regen und Schnee? Ach – Moment mal – du hast sie schon seit Jahren? Na und? Befürchtest du, andere könnten sie für unmodern halten?

Natürlich lässt du nichts nur als Selbstzweck reparieren. Die goldene Regel lautet, dass die Reparatur dem Gegenstand noch viele Lebensjahre schenken und hohe Ausgaben vermeiden soll. Wenn du zum Beispiel etwas, das 500 Euro wert ist, für 200 Euro reparieren lässt, musst du sicherstellen, dass die Ausgabe sinnvoll ist. Auch wenn der Gegenstand alt ist, aber die Reparatur bedeutet, dass du in den kommenden fünf Jahren nicht die weiteren 300 Euro berappen musst, hast du soeben Zeit und folglich Geld gespart.

Zeit kaufen

Gebraucht zu kaufen, spart Zeit. Mal angenommen, jemand verdient für zwei Wochen Arbeit 1.000 Euro netto. Wenn diese Person für einen gebrauchten Gegenstand 500 Euro statt 1.000 Euro für den gleichen neuwertigen Gegenstand bezahlt, hat sie sich die Entsprechung von einer Woche Freizeit gekauft.

Gebraucht zu kaufen, ermöglicht es, den Gegenstand früher zu bekommen, weil man nur 500 statt 1.000 Euro dafür zusammensparen muss. Diese Vorgehensweise:

✓ verschiebt die Ausgabe der Differenz zwischen den Kosten für ein neues Produkt und den Kosten für ein gebrauchtes Produkt; und
✓ lässt dich das Produkt früher besitzen und nutzen.

Diese Logik lässt sich perfekt auf Gebrauchsgüter anwenden, weil bestimmte gebrauchte Produkte genauso lange halten wie neue. Esszimmermöbel sind ein gutes Beispiel dafür; solange es nicht brennt, kann eine gebrauchte Garnitur ein Leben lang halten – wie eine neue.

Brauchst du das wirklich?

Kinderspielzeug

Kinder sind für Einzelhändler eine unerschöpfliche Quelle des Reichtums. Alles für sie ist viel zu teuer und wird nur eine begrenzte Zeit genutzt.

Es ist eine Falle: Die elterliche Liebe für die Kinder wird ausgenutzt, um eigentlich unnötige Sachen zu verkaufen. Und doch kann man nahezu alles Nötige für das Kind auch gebraucht finden.

Wozu einen neuen Schlitten für Kinder kaufen? Warum brauchst du eine zum Kinderzimmer passende Wiege? Ein neues Fahrrad? Ich hoffe, das ist ein Scherz, denn ein Kinderfahrrad hält nur einen oder zwei Sommer. Das Gleiche gilt für Roll- oder Schlittschuhe oder Inline-Skates, Spielsachen und Kleidung.

Die Rechnungen bezahlenden Eltern werden am Ende die Erkenntnis erlangen, dass man die Geldausgabe nicht mit Liebe zu ihren Kindern gleichsetzen kann. Sie werden gebrauchte Kleidung in Bündeln statt einzeln kaufen. Sie werden die Spielsachen des ersten Kindes an das Zweitgeborene weiterreichen. Sie werden die Spielsachen des Erstgeborenen von vor ein paar Jahren sogar in Geschenkpapier einschlagen. Ich habe meinen Söhnen eine Menge neuer Bücher gekauft. Derjenige, der irgendwann den Inhalt ihrer Bücherregale erwerben wird, bekommt eine Goldmine zum Bruchteil des Ursprungspreises.

GRATISTIPP!

Scheu dich nicht, Eltern, die inzwischen alle Kinder auf die Welt gesetzt haben und keine weiteren planen, vorzuschlagen, dass du ihnen alles für 1.000 Euro abkaufst. Viele Eltern wären glücklich, all die Kleidungsstücke, Spielsachen, Möbel und alles andere zusammenzupacken, statt es einzeln verkaufen zu müssen.

Vergiss dabei nicht, dass der Kauf gebrauchter Sachen mit gestiegenen Bedürfnissen korrespondieren kann. Du kannst also den alten Esstisch deiner Schwiegereltern 20 Jahre lang nutzen und warten, bis es dir finanziell besser geht, um dir einen neuen zu kaufen. Du kannst ihn aber auch aufarbeiten und ihm so ein zweites Leben schenken. Wieso nicht?

Neues Zeug

In einer Gesellschaft, in der die persönlichen und kollektiven Schulden in Kanada mehr als 22.837 Dollar betragen[22], kann es lebensrettend sein, Gebrauchtwaren zu kaufen. Bevor du dich abmühst, jährlich 400 Euro mehr an zu versteuerndem Einkommen zu verdienen, kannst du da nicht eher auf deine Ausgaben schauen und die Ausgabenspalte verkürzen? Neues Zeug: Brauchst du das wirklich? Denk daran, dass die Leere, die du mit dem Kauf neuer Produkte füllen willst, nie gefüllt werden kann. Es ist ein Fass ohne Boden.

BESITZ
BRAUCHST DU DEN WIRKLICH?

Ist Besitz wirklich wichtig? Menschen häufen im Laufe ihres Lebens vieles an. Je älter wir werden, desto mehr wird das Bewegen unserer Sachen zu einer gewaltigen, mühsamen Aufgabe. Gibt es eine bessere Herangehensweise an die Eigentümerschaft?

Die Verherrlichung von Zeug

Von Kindesbeinen an verherrlichen wir den Besitz von Zeug. Wir fragen Kinder, was sie sich zum Geburtstag wünschen. Implizit fragen wir sie damit, was für Zeug sie besitzen möchten. Das positioniert alles, was man kauft, zu etwas Rarem, ermutigt Kinder, neuen Besitz als Belohnung anzusehen, die mit Geburtstagen oder besonderen Ereignissen einhergeht.

Kinder wachsen mit dieser Vorstellung auf und wenn sie älter werden, möchten sie sich selbst belohnen. Ihre Bindung an Sachen zeigt sich in der Art, wie sie reden: »Das ist MEIN Laster« oder »MEIN Fahrrad«. Wieso hängen Menschen so an ihrem Kram? Ich weiß es nicht.

Sammeln: eine Verirrung, die vermeintlich Sinn ergibt

Sammeln. Das ist ein seltsamer Zeitvertreib, oder? Wenn Menschen Gegenstände sammeln, empfinden sie Stolz beim Anlegen der Sammlung, daher bewahren und organisieren sie sie.

In meiner Jugend sammelte ich Hockeykarten. Mich hat der Wiederverkaufswert der Karten gelockt. Aber um sie zu verkaufen, braucht man einen Käufer. 25 Jahre später kann ich aus Erfahrung sagen, dass sich nur wenige Menschen für eine Karte mit Kevin Hatcher oder Joe Sakic aus deren Anfangszeit interessieren. Vor allem, weil diese alten Hockeykarten in so großer Menge gedruckt wurden, dass sie nie den Wert erreichten, mit dem sie damals angepriesen wurden.

Dann entdeckte ich die Musik. Mit meiner Leidenschaft für Musik sammelte ich in 25 Jahren 1.800 Platten, die zusammen Tausende von Dollar kosteten. Fast alle dieser Alben sind nun über ein Monatsabo für wenige Dollar monatlich bei Google Play oder einem vergleichbaren Anbieter erhältlich.

Es war nicht mein Ziel, CDs zu sammeln. Ich wollte mir nur das anhören, was ich gern hören wollte, ohne bei einem Radiosender anrufen zu müssen, wie Carole aus Lavale, die den Moderator bat »Love is in the Air« von Martin Stevens zu spielen.

Wirtschaftlich gesehen ergibt es keinen Sinn mehr, Musik so wie früher zu besitzen. Musik ist überall und kann kostenlos gehört werden. Die Künstler mögen darüber nicht glücklich sein, aber das Geschäftsmodell hat sich nun mal verändert.

Irgendwann sind alle Sammlungen nicht mehr sinnvoll. Kannst du wirklich eine langfristige Bedeutung im Sammeln von Zeug entdecken? Das ist eine äußerst persönliche Frage.

Armut und das Sammeln von Zeug

Es ist leicht gesagt, dass du Besitz loswerden sollst, denn aus einem bestimmten Blickwinkel kann das nur schwer vernünftig begründet werden. **Es ist Luxus, in einem minimalistisch eingerichteten Haus zu leben, den sich nur die Begüterten leisten können.** Wieso? Weil sie das Geld haben, wieder und wieder für den gleichen Artikel zu bezahlen und ihn loszuwerden, wenn er beschädigt ist. Menschen in Armut behalten den zusätzlichen Besitz, weil er ihnen vielleicht noch dienlich sein könnte.

GRATISTIPP!

1. Die Drei-Jahres-Regel

Ich habe für mich eine Regel aufgestellt: Wenn ich einen Gegenstand drei Jahre nicht benutzt habe, habe ich ihn wahrscheinlich grundlos behalten. Also kann ich erwägen, ihn loszuwerden.

Brauchst du den wirklich?

2. Umziehen
Jeder Umzug wirft Fragen auf, was man behalten soll und was weggeworfen wird. Umziehen zwingt uns, eine Bestandsaufnahme von unserem Zeug zu machen und unnötige Sachen loszuwerden.

3. Leben auf begrenztem Raum
Der Platz, den du zum Leben hast, zwingt dich, über jeden Kauf nachzudenken. Wenn sich die Gelegenheit ergibt, etwas Großes zu kaufen, frage dich, wo es untergebracht werden soll. Meistens wird der Kauf dann hinausgeschoben.

4. Neues drängt Altes hinaus
Angenommen, du kaufst ein neues Buch – was hast du bei dir zu Hause, das du nicht länger brauchst? Indem du dir angewöhnst, dass alles systematisch kommt und geht, zwingst du dich, den Besitz eines bestimmten Gegenstands zu hinterfragen.

Mieten oder kaufen?

Die ewige Frage: mieten oder kaufen? Während der Renovierungsarbeiten an meiner Doppelhaushälfte wurde mir klar, wie sinnvoll das Mieten von Werkzeug ist. Nur ein paar Minuten von meinem Zuhause entfernt gibt es einen Verleih, der das Teilen von Ressourcen ermöglicht. Du kannst alles mieten – vom Verlängerungskabel bis zum Benzinkanister.

Wozu etwas kaufen und behalten, was du nicht oft benutzt? Wozu eine Skiausrüstung kaufen, wenn du nur einmal im Jahr auf der Piste bist, oder eine Campingausrüstung für eine Nacht unter den Sternen alle fünf Jahre? Du kannst das alles mieten, sogar einen Schlafsack. Gleiche Frage: Ergibt es wirklich Sinn, dass alle in der Nachbarschaft einen Rasenmäher oder Hochdruckreiniger haben?

Die Kosten des Zeugs

Sobald du Sachen angesammelt hast, musst du sie auch behalten, instand halten, reinigen, lagern, organisieren und so weiter. Gegenstände benötigen Regale, Lager und Platz. Wie viele Quadratmeter deines Zuhauses sind dem

Besitz

Lagern und Horten von Gegenständen gewidmet? Die Antwort darauf könnte dich überraschen.

Viele der Quadratmeter eines Zuhauses dienen dem Lagern von Gegenständen. Laut einem Artikel in der *Los Angeles Times* im Jahr 2014 besitzt der durchschnittliche amerikanische Haushalt 300.000 Gegenstände.[23] Das klingt vielleicht nach viel, aber wenn du erst einmal mit dem Zählen anfängst, kommt schnell einiges zusammen.

Wenn du in einem Vorort ein Haus mit Keller kaufst, kann dein Besitz außer Kontrolle geraten. Vergiss nicht: Wenn du ein Haus hauptsächlich dafür kaufst, dein Zeug unterzubringen, wirst du am Ende renovieren, heizen und Räume versichern, nur um Sachen behalten zu können.

Ist es möglich, den benötigten Platz zu reduzieren, indem wir uns von einigen unserer Besitztümer trennen? Ist unser Zuhause zu groß? Die Beschränkung des Wohnraums erfordert die Reduktion der Anzahl der Gegenstände, die gelagert werden müssen.

Wenn du außerdem die Gebrauchsanweisungen der gekauften Gegenstände befolgst, müsstest du ein ganzes Leben damit zubringen, diese instand zu halten. Da Zeit begrenzt ist, bedeutet Besitz, einen Teil des Lebens darauf zu verwenden, sich um diesen zu kümmern. Wie aber das Sprichwort schon sagt: Zeit ist Geld.

EINE LEKTION VON DEM RUHIGEN ALTEN BURSCHEN NEBENAN[24]

Er winkte mir jeden Morgen zu. Mein 86 Jahre alter Nachbar aß seine Suppe immer auf den Verandastufen sitzend. Er war ein netter Kerl, der mich fragte, was es Neues gäbe, während er mir beim Ausschachten meines Kellers zusah.

Irgendwie wurde er zu einem Teil meines Lebens. Ich mag alte Menschen: ihre Erfahrung, ihre Geschichten und ihre Erinnerungen. Ich finde sie inspirierend, weil sie ein anderes Leben, eine andere Realität erschaffen.

Eines Morgens sagte er zu mir, dass er sein Haus verkaufen wolle.

Er sah sich dazu gezwungen. Es war Zeit, weiterzuziehen. Ein letztes Mal umzuziehen, sich von seinem Leben zu verabschieden, weil »davon nicht mehr so viel übrig ist wie einst«, wie mein Onkel Maurice es bei seinem letzten Weihnachtsessen auch ausgedrückt hatte.

Brauchst du den wirklich?

Ein paar Stunden später traf ich meinen Nachbarn zufällig in der örtlichen Eisdiele. Eine Kugel Vanilleeis gehörte zu seiner wöchentlichen Routine. Er lud mich zu sich ein.

Ganz plötzlich wurde ich zurückbefördert ins Jahr 1979. In dieser Szene aus einer anderen Ära waren nur die Mikrowelle von 1998 und der Sharp-Kathodenbildfernseher die einzigen Anachronismen. Es gab keinen Krempel, keinerlei Dekoration. Ein Teppich bedeckte einen Teil des Holzfußbodens, die Wände waren alle in derselben Farbe gestrichen und fleckig vom Zigarettenrauch vieler Jahre. Irgendwo unterwegs war er aus der Zeit gestiegen.

Dieser Mann hatte nie Internet gehabt und er hatte nicht das Gefühl, dabei irgendetwas verpasst zu haben. Aber eine Sache erstaunte mich besonders: Er hatte keinen Krempel. In dem als Büro genutzten Zimmer stand ein leerer Tisch aus Holz und Metall, der schon ein paar Jahrzehnte alt sein musste. Er öffnete eine Schranktür und sagte: »Das sind meine Finanzen. Sie sind ein bisschen durcheinander.« Zwei mehrere Zentimeter dicke Aktenordner mit Unterlagen waren dieses »Durcheinander«.

Manchmal scheinen ältere Menschen zurechtzukommen, ohne nutzloses Zeug besitzen zu müssen. Wozu etwas haben, das bis zum Ende unseres Lebens keinen Nutzen haben wird? Für meinen Nachbarn war es keine Frage der Finanzen. Er verkaufte sein Haus zu einem Spottpreis: »Wozu für mehr verkaufen? Ich brauche im Grunde kein Geld. Ich habe keine Erben, wozu soll ich also mehr anhäufen?«

Er hatte recht.

Nach meinem Besuch ging ich nach Hause und war deprimiert über meinen eigenen Materialismus. Wozu all diese sinnlosen Gegenstände, all diese Sachen, die uns krank machen, die gewartet werden müssen, Stress erzeugen und unsere Zeit in Anspruch nehmen?

Wozu CD-Hüllen aufbewahren, wenn nur die Musik wichtig ist? Wozu Bücher behalten, die wir nie wieder lesen werden? Für einen Intellektuellen ist ein mit Büchern gefülltes Regal wie Muskeln für einen Fitnessfanatiker: Es ist eine greifbare Möglichkeit, das Ergebnis unserer Arbeit vorzuzeigen. Bücher wegzugeben und sie freizulassen, ist ein bisschen so, als würden wir den Beweis unserer Wissensinvestition loslassen.

Besitz

> Die Kleidungsstücke wurden nur einmal getragen?
> Geschenkpapier? Willst du dieses Jahr wirklich 54 Geschenke machen?
> Wieso an dieser DVD festhalten *The Making of Die Hard*?
> Wer hat die Zeit, sich die Spezialeffekte beim Dreh eines Bruce-Willis-Films anzusehen?
> Die Liste des nutzlosen Zeugs ist lang, aber unsere Zeit nur begrenzt.
> Alte Menschen lehren uns mit der Einfachheit ihres Lebens stillschweigend etwas. Aber wir hören nicht richtig zu. Wenn sie ihre Unabhängigkeit verlieren, bieten wir ihnen einmal die Woche ein Vollbad, und entscheiden, dass sie nichts beitragen. Aber auf ihre eigene Weise bremsen sie das irrwitzige Tempo des heutigen Lebens.
> Ja, ich mag alte Menschen, denn auf gewisse Weise sind sie ein Spiegel unserer Zukunft. Sollten wir am Ende unseres Lebens nicht als Kapital gesehen werden statt im Hinblick auf unser Kapital? Wenn ich so alt sein werde, möchte ich wenigstens ein paar existenzielle Entscheidungen treffen können, zum Beispiel ob ich lieber Wackelpudding oder Reispudding als Nachtisch haben möchte.

Wenn ich auf meine Mutter gehört hätte, hätte ich meine Legosteine von 1990 bis heute behalten. Natürlich hätte ich es geliebt, zusammen mit meinen Söhnen damit zu spielen. Aber indem ich sie zur Hochzeit der Schlaghosen weggab, konnten andere Kinder 25 Jahre lang mit den Steinen glücklich werden, statt sie Staub ansetzen zu lassen.

Wie viele Gegenstände behalten wir grundlos viel zu lange?

Sachen zu behalten, ist teuer. Wenn du sie weggibst, sie verleihst, vermietest oder verkaufst, hat das Auswirkung auf deine persönlichen Finanzen. Denn zum gesunden Management von Zeug gehört es manchmal, zu leihen, statt zu besitzen. Also, Besitz: Brauchst du den wirklich? Nicht unbedingt.

FÜR DIE AUSBILDUNG DER KINDER SPAREN
MUSST DU DAS WIRKLICH?

2012 kam es als Reaktion auf eine angekündigte Erhöhung der Studiengebühren in Québec zu einer Reihe von Protesten und Studentenstreiks. Während einer dieser Streiks beschrieb ein Fernsehbericht das Dilemma einer Mutter und ihren Unmut über die Kosten einer Hochschulausbildung.

»Wie soll ich denn mit einem durchschnittlichen Familieneinkommen über drei Jahre Zehntausende von Dollar für Kinder aufbringen?«, fragte sie. Der Reporter ließ die Frage unbeantwortet.

Für mich ergab irgendetwas an dieser Aussage keinen Sinn. Seit wann warten die Menschen bis zum Studienbeginn mit der Finanzierungsplanung?

Ich verwende gern die Analogie des reparaturreifen Daches. Angenommen, die Reparatur kostet 10.000 Euro. Für den Durchschnittsbürger mit einem Jahresgehalt von 40.000 Euro ist es natürlich schwer, das Geld für diese Reparatur aufzubringen. Selbst wenn in einen Haushalt zwei Jahresgehälter à 40.000 Euro einfließen, sind 10.000 Euro Reparaturkosten für ein Familienbudget eine riesige Belastung. Deshalb musst du für größere Ausgaben jedes Jahr etwas beiseitelegen.

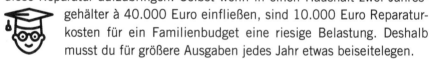

Aber wenn ich das sage, erwidern die Leute oft: »Ich bitte dich! Niemand tut das!«

Niemand? Das ist seltsam. Denn wenn es darum geht, 25.000 Euro für ein Auto aufzubringen, zucken die meisten Menschen nicht einmal mit der Wimper – selbst bei einem Jahresgehalt von 40.000 Euro. Sie finanzieren es mit monatlichen Raten. Warum also nicht dasselbe Konzept auf die Ausbildung der Kinder übertragen? Das ist nicht dasselbe, sagst du?

Wir bringen Kinder in diese Welt und zahlen dann für alle Arten von lebensnotwendigen Gütern und Vergnügen. Aber sobald sie 18 Jahre alt werden, haben diese Kinder das Recht, zu fragen, was wir für ihre Ausbildung zurückgelegt haben. Wenn wir dann antworten: »Nichts« oder »sehr wenig«, dann haben wir sie als Eltern im Stich gelassen. (Damit meine ich natürlich

Für die Ausbildung der Kinder sparen

nicht die Menschen mit einem wirklich geringen Einkommen: Wenn du von der Hand in den Mund lebst, ist es schwierig, langfristig für die Ausbildung zu planen.)

So wie ich das sehe, sind Menschen, die 500 Euro in eine Handtasche »investieren«, statt ein Sparkonto für die Ausbildung der Kinder anzulegen, entweder finanziell fahrlässig oder verschließen die Augen vor der Wahrheit. Ich sage an dieser Stelle »Handtasche«, es kann aber genauso gut jedes andere Produkt sein, bei dem das ausgegebene Geld in keinem Verhältnis zum Nutzen steht. Ob wir nun von Karten für ein Hockeyspiel oder teure Kleidung sprechen – wir alle sind frei, unsere eigenen Entscheidungen zu treffen, aber es hat eben alles seinen Preis.

Die Frage ist ein Tabu, aber mangelt es uns als Gesellschaft an der langfristigen »finanziellen Liebe« zu unseren Kindern? Können wir uns selbst ein bisschen beschränken zum Wohl ihres zukünftigen Glücks? Ist es möglich, vom Monatsbudget 100 oder 200 Euro abzuzwacken (zum Beispiel beim Auto), um unsere Sparziele zu erreichen? Nicht jeder hat den Luxus einer solchen Wahl, aber wir sollten wenigstens darüber nachdenken.

Kinder können auch etwas beitragen

Falls dein Kind mit etwa 16 Jahren anfängt, neben der Schule zu jobben, solltest du dann nicht erwarten können, dass er oder sie etwas zum Ausbildungskonto beiträgt? Schließlich sind die Kinder die Nutznießer dieser Ersparnisse.

Bevor also die Nabelschnur durchtrennt wird, bevor sie das erste Foto ihres Sprösslings auf Facebook posten, bevor sie das erste Geschenk auspacken lassen, eröffnen kluge Eltern ein Sparkonto für die Ausbildung. Das mag nicht gerade aufregend klingen, aber es langfristig die richtige Entscheidung und wird sich bezahlt machen.

Als mein Neffe geboren wurde, kaufte ich ihm keinen Teddy und investierte auch nicht in einen sündhaft teuren Strampelanzug. Ich wählte auch keinen Windeleimer oder Luxus-Kinderwagen. Nein, **der langweilige Wirtschaftsprüfer, der ich nun einmal bin, schenkte Théo Geld als Grundlage für sein Ausbildungskonto.**

Der Beitrag zu einem Ausbildungskonto ist nämlich wie das Bezahlen der Telefonrechnung: Sobald du es dir einmal zur Gewohnheit gemacht hast, vergisst du, dass du regelmäßig dieses Geld

Musst du das wirklich?

zahlst. Die Magie der automatischen Abbuchungen von deinem Bankkonto besteht darin, dass du das Geld nicht anderweitig ausgeben kannst, wenn es gar nicht mehr auf dem Konto ist.

Sollst du ein Geheimnis daraus machen?

Sollst du den Kindern sagen, dass du jeden Monat Geld für sie auf die Seite legst? Hier spalten sich die Meinungen. Werden Kinder sich nicht selbst anstrengen, ein bisschen zu sparen oder sich nicht bemühen, dazu etwas beizutragen, weil sie wissen, dass mit dem Geld die Ausbildung bezahlt wird, oder ist es eine Möglichkeit, ihnen beizubringen, große Träume und hohe Ziele zu hegen?

Ein Kollege von mir hatte bei seiner Tochter eine interessante Strategie: Er versprach ihr, »auszuhelfen«, sobald sie an der Uni sei. Er verriet ihr nicht, wie groß sein Beitrag sein würde, nahm jedoch ein wenig von dem Druck der drohenden riesigen Rechnung am Ende.

Du kannst das angesparte Kapital auch als Verhandlungsmasse nutzen. Wenn die Kinder zum Beispiel ihren Abschluss in der vorgesehenen Zeit machen, überweist du ihnen das übrige Kapital auf ein Sparkonto.

GRATISTIPP!

Wenn du die Kinder zum Investieren ermuntern willst, solltest du ihnen Aktien einer Firma kaufen, für die sie sich interessieren (sei es Walt Disney oder Caterpillar), vorausgesetzt, das Investment bringt eine gute Rendite und spiegelt dein Investmentprofil wider. Auf diese Weise verknüpfst du das Investment mit etwas den Kindern Vertrautem, um ihre Aufmerksamkeit zu gewinnen und sie mit der wunderbaren Welt des Investierens bekannt zu machen.

Wie deine Strategie auch aussehen mag: Wenn du Kinder hast, verstehen sich Sparverträge von selbst. Brauchst du die wirklich? Unbedingt. Gratistipp!

WOHNEIGENTUM
BRAUCHST DU DAS WIRKLICH?

Warum will unbedingt jeder Wohneigentum besitzen? Vielleicht ist es ein Nestbauinstinkt oder es liegt daran, dass Wohneigentum gleichermaßen das Symbol für Erfolg wie für Sicherheit ist. Wohneigentum erfüllt möglicherweise auch den Wunsch, für sich zu entscheiden, wo man leben möchte, und beim eigenen Heim zu spüren, dass es einem selbst gehört.

Was auch der Grund sein mag, für viele Menschen verbindet sich mit Wohneigentum das Gefühl, etwas erreicht zu haben. Die Menschen können es kaum erwarten, auf Facebook ein Selfie zu posten, auf dem sie neben dem Schild »Verkauft« stehen. Sie drehen den Schlüssel herum und nehmen es in Besitz. Aber ist Wohneigentum in finanzieller Hinsicht eine unerlässliche Investition?

Der Traum vom Eigenheim

Das Problem beim Eigenheim ist, dass man von Menschen hört, die damit ein Vermögen verdient haben, aber man erfährt nie von den Umständen, dem Glück oder dem wirtschaftlichen Kontext, der dieses Vermögen erst ermöglichte.

Einer der heißesten Tipps in vielen Büchern über Immobilienerfolg lautet, Eigentum zu einem niedrigen Marktwert zu kaufen.

Echt jetzt? Darauf wäre ich nie gekommen! Aber im Ernst, beim Erfolg mit Immobilien spielt das Glück eine große Rolle, weil es so viele unbeeinflussbare wirtschaftliche und soziodemografische Faktoren gibt.

Die richtigen Bedingungen

Nehmen wir das Beispiel jener, die kurz vor der Immobilienkrise Anfang der 2000er-Jahre in Montréal Renditeimmobilien gekauft haben. Die Sterne standen gut für diese Generation. Erstens drängte

Brauchst du das wirklich?

eine Wohnungsknappheit Menschen auf den Markt, die ein anständiges Zuhause wollten, ohne das Risiko der Kündigung aus Eigenbedarf.

Zur gleichen Zeit stiegen die Immobilienpreise, weil die Nachfrage schneller als das Angebot anstieg. Da zudem die Technologieblase platzte, versuchten die Menschen, ihre Investments zu diversifizieren, indem sie mehr Geld in Immobilien anlegten.

Dann, nach einer langen Phase, fielen die Zinsen, und je stärker sie fielen, desto mehr Käufer konnten hohe Kredite aufnehmen und desto stärker stiegen wieder die Immobilienpreise. Vor dem 15. Oktober 2008 konnte man mit einer Kreditlaufzeit von 40 Jahren und *ohne* Anzahlung ein Haus erwerben.[25] Kein Wunder, dass daraufhin der Markt explodierte: Wir lassen Menschen, die völlig pleite sind, sich für Wohneigentum schwer verschulden. Als Gesellschaft wollten wir so sehr, dass die Kanadier Wohneigentümer wurden, dass wir die Frage ignorierten, ob alle langfristig mit der Verantwortung umgehen konnten.

RateHub.ca, eine Website, die Finanzprodukte zur Immobilienfinanzierung und Kreditkartenvorteile in Kanada vergleicht, veröffentlichte diese Kurve von 5-Jahres-Festzinshypothekenkrediten (dies sind die veröffentlichten Zinsen, die immer höher sind als die ausgehandelten, aber die Kurve der ausgehandelten Zinsen basiert auf den veröffentlichten Zinsen).[26]

Veröffentlichte 5-Jahres-Festzinshypotheken von 1973 bis 2015

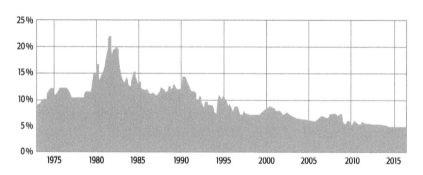

Die Zinsen zwischen 1981 und 2015 sind offensichtlich gefallen. Ein leichter Anstieg wurde durch Interventionsmaßnahmen der Bank of Canada nach der Kreditkrise aufgefangen, die 2008 Stoßwellen um die Welt schickte. Die Korrektur funktionierte so gut, dass einige Leute wirklich gute Immobilien-

Wohneigentum

geschäfte machen konnten. Darüber hinaus zeigt diese Grafik, wie gravierend sich das Kreditszenario zwischen den 1980er- und den frühen 1990er-Jahren unterschied.

Die Wende

Rasche Gewinne überzeugten viele Investoren von der Geldsicherheit von Immobilien. Aber das ist nicht immer der Fall. Warum nicht? Alles hängt davon ab, wann man in den Immobilienkreislauf ein- und vor allem wieder aussteigst. Durchschnittliches langfristiges Wachstum im Immobilienmarkt generiert nicht zwangsläufig riesige Gewinne, wenn man sämtliche Kosten mit einbezieht. Die Menschen vergessen oft die Berechnung der tatsächlichen Kosten, wenn sie die Rentabilität eines bestimmten Investments aufzeigen wollen.

Tatsächlich legen die im Folgenden beschriebenen aktuellen Konditionen nahe, dass Käufer in jüngster Zeit weit davon entfernt sind, sich kurzfristig einen beträchtlichen Profit gesichert zu haben.

Veränderungen bei den Kreditbedingungen

Bevor Stephen Harpers früherer Finanzminister Jim Flaherty 2014 aus der Politik ausstieg, wollte er den Immobilienmarkt beruhigen und die überhitzten Preise in Kanada reduzieren, indem er die Abschreibungszeiträume für Immobilien verkürzte. 2008 verringerte die Landesregierung die maximale Abschreibungszeit für versicherte Darlehen (mit einer Anzahlung von mindestens 20 Prozent des Kaufpreises).

- ✓ Die maximale Amortisationsphase für eine Hypothek fiel von 40 auf 25 Jahre.
- ✓ Die Mindestanzahlung für Häuser über 50.000 Dollar wurde angehoben.
- ✓ Hypotheken können nicht länger versichert werden für Gebäude, die 1.000.000 Dollar oder mehr wert sind.

Diese Maßnahmen brachten einige Menschen dazu, den Kauf von Wohneigentum hinauszuschieben, und andere, sich nach alternativen Möglichkeiten des finanzierbaren Wohnens umzuschauen.

Brauchst du das wirklich?

Eine explosionsartige Vermehrung von Eigentumswohnungen

In den letzten Jahren haben Projekte für Eigentumswohnungen den Markt überflutet. Im Jahr 2016 wurde der Preis für Eigentumswohnungen im Zentrum von Québec City erst als zu hoch erachtet. Im Juni 2016 wurde bekannt gegeben, dass der Preis von Eigentumswohnungen in Québec City wegen des großen Angebots um fünf Prozent gefallen sei.[27]

Aber im Dezember 2015 stieg die Zahl der unverkauften neuen Eigentumswohnungen in Montréal auf 2.500.[28] Heutzutage wird befürchtet, dass der Immobilienmarkt sich in den Gebieten von Vancouver und Toronto überhitzt.[29] Die Daten zeigen, dass Investoren, die mit Immobilien das große Geld verdienen wollen, diese Gegend durch die rosarote Brille betrachten.

Hoher Verschuldungsgrad

Obwohl es scheinbar abflacht, lag der persönliche Verschuldungsgrad Ende 2017 bei 170,4 Prozent (Haushaltsschulden/verfügbares Einkommen)[30] – inklusive Hypotheken.

Es ist irgendwie logisch, dass unser Verschuldungsgrad in jungen Jahren hoch ist und theoretisch verringern die Kreditrückzahlungen mit der Zeit den Verschuldungsgrad. Ein Verhältnis von 170,4 ist jedoch sehr hoch und beschränkt die Fähigkeit der Haushalte, sich für einen Umzug mehr zu leihen, um in einer teureren Gegend zu leben.

Hohe Verbraucherschulden

Im Dezember 2015 sagte die Canada Mortgage and Housing Corporation voraus, dass 2017 die Leerstandsquote für Miethäuser im Ballungsraum Montréal bei 4,4 Prozent liegen würde. In der Theorie gilt eine Quote um die 3 Prozent als ausgeglichen.[31] Wenn also jemand die Wahl hat zwischen Kauf oder Miete, kann die Verfügbarkeit von Wohnraum die Entscheidung beeinflussen und sich auf die Nachfrage nach Eigentum auswirken.

Dies sind nur ein paar Faktoren, die eine Realität erklären. In den kommenden 15 Jahren können Immobilieninvestoren nicht mit den gleichen ruhmreichen Tagen rechnen, derer sich ihre Pendants in den vergangenen 15 Jahren erfreuten. Man darf dabei auch nicht vergessen, dass die Baby-boomer in den kommenden Jahrzehnten wegsterben werden (kaltherzig, ich weiß) und die Demografiekurve den Wohnungsbestand beeinflussen wird.

Deshalb ist die Förderung von Immigration sinnvoll: Es hilft uns, den Wert von Häusern aufrechtzuerhalten und Schwächen in unserem demografischen Wachstum anzugehen. Also ja, persönliche Finanzen können auch politisch sein.

Erzwungenes Sparen

Oft hört man, dass Immobilieninvestitionen eine Möglichkeit seien, sich selbst zum Sparen zu zwingen. Es stimmt, dass für einige Menschen der einzige Investitionsweg in der Abzahlung einer Hypothek besteht. Das heißt jedoch nicht, dass es die beste Sparmethode ist, die auch die besten Erträge generiert.

Wohneigentümer genießen jedoch einen gewaltigen Steuervorteil: Solange sie die Immobilie bewohnen, müssen sie dafür keine Steuern zahlen. Aber dieser Vorteil allein rechtfertigt noch nicht, das gesamte Risiko auf den Immobilienbereich zu konzentrieren und Wohneigentum als Altersvorsorge anzusehen.

Angenommen, du wirst 65 und dein »Altersvorsorgeplan«, in dem du wohnst, ist tatsächlich vernünftig groß und bezahlbar. Du wirst nicht zwangsläufig Lust dazu haben, es zu verkaufen und woanders hinzuziehen. Irgendwo musst du schließlich leben. Dein Haus überreicht dir keinen Scheck zum Einkauf von Lebensmitteln. Aber wenn das dein ganzer Ruhestandsplan gewesen ist, wirst du verkaufen und einen anderen Platz zum Leben finden müssen, also wirst du am Ende Miete zahlen. Zurück auf Los!

Wohneigentum ist kein richtiger Ruhestandsplan und keine Möglichkeit, mit den Unwägbarkeiten des Lebens umzugehen. Meine Großeltern wohnten bis zum Ende in ihrem Haus. Meine Eltern ebenfalls, und ich hoffe, in ihre Fußstapfen treten zu können. Mein Ziel besteht darin, nicht in ein Altersheim ziehen zu müssen, wo ich darauf warte, dass mir undefinierbares Fleisch und Kartoffelbrei serviert wird.

Brauchst du das wirklich?

Geld aus dem Fenster werfen

Viele Menschen denken, dass es herausgeworfenes Geld sei, Miete zu zahlen. Auch dieses Argument ist das Ergebnis einer unvollständigen Analyse und einer inhärenten unbeabsichtigten Verzerrung. Mieter zahlen Miete, was ihnen die Freiheit gibt, nach Beendigung des Mietvertrags zu gehen. Sie lassen sich nicht auf das finanzielle Risiko des Eigentums ein und müssen niemanden dafür die Wartung der Immobilie bezahlen.

Im Grunde wird Mietern von den Eigentümern ein Dienst erwiesen; sie zahlen dafür, dass ihnen für einen im Vorfeld ausgehandelten Preis Wohnraum in gutem Zustand zur Verfügung gestellt wird. **Zu sagen, dass die Zahlung der Miete gleichbedeutend damit sei, Geld aus dem Fenster zu werfen, ist eine zu starke Vereinfachung.** Irgendwo zu leben, kostet Geld. Punkt. Es spielt keine Rolle, ob dir der Wohnraum gehört, in dem du lebst.

Nehmen wir zum Beispiel ein Doppelhaus in Montréal. Angenommen, der Mieter belegt 40 Prozent des Wohnraums. Wenn der Eigentümer Steuern in Höhe von 5.800 Dollar zahlt, hat der Mieter theoretisch 2.320 Dollar an Steuern in den Kosten für seine Wohnung enthalten. Um eine vergleichbare Wohnung zu kaufen, müsste er oder sie Zinsen auf das Darlehen zahlen.

Disziplin

Wenn du eine Eigentumswohnung kaufst, musst du Hunderte von Euro monatlich an Nebenkosten und in einen Reservefonds einzahlen. Noch einmal, irgendwo zu wohnen, kostet Geld – es ist nicht nur ein Investment. Wenn du nur Miete zahlst, gibst du das Investitionsrisiko einfach weiter.

Mieter verfügen oft nicht über die Disziplin, die Differenz zu dem Betrag, den sie bei dem Kauf einer Eigentumswohnung zahlen würden, und der Miete zu sparen. Aber wenn man einen Dauerauftrag in der Höhe der Differenz zu einer langfristigen Investition einrichtet, ist es überraschend, wie sehr der Ertrag langfristig dem einer Eigentumswohnung entspricht.

Nehmen wir das Beispiel des Wohneigentümers, der sagt: »In 15 Jahren verdiene ich an meinem Haus 100.000 Euro.« Das entspricht einer jährlichen Rendite von 2,8 Prozent auf ein Investment von 200.000 Euro. Diese Rechnung vergisst Renovierungen, laufende Kosten und die Instandhaltung.

Wir sollten auch berücksichtigen, dass die Rechnung den Geldwert über die Zeit berücksichtigt. Die 200.000 Euro von 2001 sind 2016 weniger wert.

Fixe oder variable Zinsen?

Ich weiß nicht, wie oft mir diese Frage in letzter Zeit gestellt wurde, aber wenn es dafür eine einfache, immer passende Antwort gäbe, würdest du automatisch die wettbewerbsfähigere der beiden Zinsen wählen. Die Dinge sind jedoch leider wesentlich differenzierter und abhängig von Situation und Profil des Investors.

Variable Zinsen (speziell ausgehandelt) sind in der Regel wettbewerbsfähiger als fixe Zinsen, beinhalten jedoch ein hohes Maß an Unsicherheit. Statt also nur zu wiederholen, was ich unzählige Male gesagt habe, zitiere ich an dieser Stelle lieber Gérald Fillions Blog[32]:

»In einem Buch, das François Delorme und ich 2014 veröffentlichten,[33] verwiesen wir in diesem Punkt auf einen Rat von der Website canadianmortgagetrends.com. Bevor Sie sich für fixe oder flexible Zinsen entscheiden, müssen Sie sich fünf Fragen stellen:

1. Ist Ihr Einkommen stabil?
2. Ist Ihr Schuldenlevel vertretbar?
3. Können Sie Ihre Hypothek basierend auf dem Wert des Hauses refinanzieren?
4. Wenn Sie in Not geraten, haben Sie genügend Geld verfügbar, um sechs Monate lang Ihre Hypothek zu zahlen?
5. Ein Absacken der Zinssätze um 2,5 Prozent kann Ihre Raten um 30 Prozent erhöhen. Waren Sie sich dessen bewusst?

Je nachdem, wie Sie diese Fragen beantworten, werden Sie wissen, ob Sie mit flexiblen Zinsen leben können oder mit einer fixen Rate besser schlafen. Historisch betrachtet zahlen Sie mit einer flexiblen Rate weniger. Aber eine fixe Rate ist üblicher.«[34]

Letztendlich musst du einfach verstanden haben, dass du auch dann noch gewinnen kannst, wenn sich eine flexible Rate über fünf Jahre so weiter steigert, dass sie die zu Beginn der Zahlung festgelegte fixe Rate übersteigt. Wenn du eine flexible Rate hast, die in den ersten zwei oder drei Jahren wesentlich niedriger ist als ein fixer Zinssatz, kann das die höheren Zinsen in den folgenden beiden Jahren wettmachen.

Wir sollten auch beachten, dass Finanzinstitute 5-Jahres-Zinsfestschreibungen mögen, weshalb sie gern zu 5-Jahres-Bedingungen verkaufen.

Brauchst du das wirklich?

Wieso Hauseigentümer werden?

Dir wird auffallen, dass Verkäufer, die über ihren Erfolg in der Immobilienbranche reden, nie die Menschen erwähnen, die alles verloren haben. Wenn du in Immobilien investierst, führen gewisse Bedingungen den Erfolg herbei, aber diese sind nicht zwangsläufig gerade dann gegeben, wenn du investieren willst.

Wenn du dir einen Ort zum Leben aussuchst, musst du deine Zahlungsfähigkeit berücksichtigen (nachdem all die anderen finanziellen Verpflichtungen erfüllt sind) und nicht vermeintliche Gewinne, die auf reiner Spekulation basieren.

Ist dein Eigentum eine Investition? Vielleicht, wenn du das Glück hast, zu günstigen Bedingungen zu kaufen, was du wiederum nur im Nachhinein wissen kannst.

Wie dem auch sei: Beim Investieren zählt die Diversifizierung. Bist du diversifiziert? Oder gehst du ein Risiko ein, indem du alle Eier in eine Art von Investmentkörbchen legst?

Wohneigentum: Brauchst du das wirklich? Investieren ist wichtig, aber Immobilien sind nicht die einzige Möglichkeit zur Investition.

KINDER
BRAUCHST DU DIE WIRKLICH?

Dieses Thema könnte bei einigen anecken. Weil da das Argument immer lautet, dass es im Leben nicht nur um Finanzen geht.

Dem stimme ich zu. Aber nur in einem Punkt: Seit Jahrzehnten ist unsere Gesellschaft wirtschaftlich strukturiert, um bestimmte familiäre Strukturen zu fördern und von anderen abzuhalten.

In diesem Kapitel ermutige ich dich, darüber nachzudenken, wie persönliche Entscheidungen (zum Beispiel, ob du Kinder haben willst und wenn ja, wie viele) auch ein Thema der wirtschaftlichen Realität unserer Welt ist. Ich fälle hier keinesfalls Urteile – ich analysiere lediglich die Familie als solche und die Zahl der dazugehörigen Menschen aus ökonomischer Sicht.

Kinder haben oder nicht?

Kinder zu haben ist eine altruistische Geste, denn ganz plötzlich widmen wir einen Großteil unserer Zeit einem kleinen Menschen, für den wir eine Menge Entsagungen aushalten.

Wir stellen uns zum ersten Mal in unserem Leben an zweite Stelle und treffen Entscheidungen, die auf den besten Intentionen für das Kleine basieren. Wie hören nicht länger auf unseren Körper, denn der kleine Engel gibt – Tag und Nacht – den Ton an. Und das für einige Jahre.

Aber der Drang zur Reproduktion ist auch ein bisschen egoistisch. Wir träumen davon, dass unser Erbe fortbesteht. Wir wollen eine Erweiterung unserer selbst. Wir wollen unserem Leben Bedeutung verleihen.

Ich kenne Menschen, die nie Kinder hatten, sei es selbst- oder vom Schicksal bestimmt. Andere haben dank Mehrlingsgeburten mehr Kinder als geplant. Du hast nicht unbedingt die völlige Kontrolle darüber, wie viele Kinder du bekommst. Möglicherweise möchtest du eine Familie mit zwei Kindern, aber Mutter Natur hat andere Pläne, sei es ein »ups« bei der Verhütung oder eine Fügung des Schicksals.

Brauchst du die wirklich?

Im Gegensatz zur herkömmlichen Meinung hat die Kinderlosigkeit durchaus Vorteile. Ohne die Verantwortung für Kinder bewahrst du deine Freiheit und dein Leben gehört dir. Die Beziehung zu deinem Partner läuft nicht Gefahr, durch die tägliche Plackerei der Kinderbetreuung ausgezehrt zu werden. Du kannst sorglos und unorganisiert sein; in einer kleineren Wohnung leben, impulsiv und spontan sein, deinem Glücksgefühl folgen, worin auch immer das bestehen mag.

Die Familienmünze hat ganz sicher zwei Seiten: mit oder ohne Kinder. Unsere Gesellschaft scheint nur ein Modell wertzuschätzen: Reproduktion. Wenn Eltern kinderlose Paare verurteilen, könnte das dann daran liegen, dass sie ein bisschen neidisch sind?

Marketing und die vierköpfige Familie

Wenn es um die Familie geht, hat unsere Gesellschaft etwas entwickelt, das als »bevorzugter Lebensraum« bezeichnet wird. Wenn du eine Familie gründen willst, ist die vierköpfige Familie das gängige Modell. Seit Beginn der 1980er-Jahre sind zwei oder weniger Nachkommen die Norm bei Familien mit Kindern.[35] Die Wirtschaftswelt beherzigte das und die kommerziellen Angebote passten sich schrittweise der vierköpfigen Familie an. Zum Beispiel:

- ✓ Viele Einrichtungen bieten Eintrittskarten für Familien (zwei Erwachsene und zwei Kinder) an.
- ✓ Hamburgerbrötchen sind praktischerweise in »Viererpacks« erhältlich.
- ✓ Ferienwohnungen bieten meistens Platz für vier Personen.
- ✓ Kinder unter zwei Jahren können gratis mitfliegen, wenn sie auf dem Schoß eines Elternteils sitzen, womit sich die maximale Zahl auf zwei Kinder beschränkt.

Dieses Prinzip trifft auch auf den Autokauf zu: Ein Kompaktwagen bietet bequem Platz für vier Personen. Wir vergessen oft, dass es früher durchgehende Sitzreihen vorn und hinten gab, auf denen jeweils drei Personen sitzen konnten. Die Wagenkonstruktion hat sich mit der Zeit der kleineren Familiengröße angepasst.

Kinder

Wohnraum bevorzugt Kleinfamilien

Das Wohnraumangebot erfüllt nicht die Bedürfnisse von Großfamilien. Streng wirtschaftlich gesprochen ist es schwierig, den Bau von großen Wohnungen mit mehr als drei Badezimmern zu rechtfertigen.

Wieso? Erstens gibt es Nachfrage zu einem bestimmten Preis und die Bauträger bevorzugen es, kleinere Einheiten zu bauen. Sie erzielen mehr Profit, wenn sie kleinere Wohnungen oder Häuser verkaufen, weil der Preis nicht proportional zur Anzahl der Räume ist. Großfamilien sind nicht der Zielmarkt für den Serienbau.

Als Grundregel gilt: Je mehr Einheiten du für ein Grundstück vorgegebener Größe verkaufen kannst, desto mehr Bauträger sind interessiert. Aus einem rein wirtschaftlichen Gesichtspunkt vermieten Hausbesitzer lieber fünf kleine Apartments als drei große, denn das erhöht die Mieteinnahmen und reduziert das Risiko bei Nichtzahlung.

Folglich haben Großfamilien weniger Auswahl bei der Miete von Wohnraum. Je größer die Familie ist, desto größer sind die Einschränkungen und desto schwieriger ist die Suche. Natürlich gibt es eine Nachfrage nach großen Apartments, aber ironischerweise können sich solche Unterkünfte eher diejenigen leisten, die weniger oder keine Kinder haben.

Das Risiko einer Trennung der Eltern

Wieso darüber reden, wenn alles gut läuft? Weil es verdammt optimistisch ist, zu hoffen, dass man zusammenbleibt, bis die Kinder sämtliche Impfungen haben, über 18 sind und ihr eigenes Leben leben.

Die Chancen stehen nicht zugunsten von Paaren. Es gibt zu viele Faktoren, die einer Beziehung schaden können: Kinder, persönlicher Frust, Arbeit, Routine, zu bezahlende Rechnungen und so weiter. Wie der Grund auch lauten mag: Oft bleibt nur die Trennung.

Selbst wenn beide Partner es schaffen, ihre Impulse zu kontrollieren und für ihr eigenes Wohlbefinden zu sorgen, so ist niemand immun gegen die Umstände außerhalb unserer Kontrolle. Wird deine Frau dich für einen Kollegen verlassen? Wird eine chronische Krankheit oder ein frühzeitiger Tod zuschlagen? Starker Gegenwind kann das Boot der Beziehung schließlich zum Kentern bringen. Applaus für die Überlebenden, aber die Menschen müssen sich von Anfang an darüber im Klaren sein, dass die Chancen für Paare nicht gut stehen. Häufig wird der Geliebte von heute (mit den Worten

Brauchst du die wirklich?

von Elliott Smith und Gotye) zu »jemandem, den ich mal kannte« von morgen.

Die Patchworkfamilie: einfacher für Kleinfamilien

Kleinkinder alleine zu erziehen ist schon an sich finanziell schwierig. Erstens musst du eine Wohnung finden, zweitens profitierst du nicht mehr von den Größenordnungsvorteilen, die Paare genießen, weil du eine Reihe fixer Kosten nun allein tragen musst.

Nachdem die Kernfamilie auseinanderfällt, lernt der Ex-Ehepartner manchmal jemanden in einer ähnlichen Situation kennen und versucht schließlich eine Verbindung in Form einer Patchworkfamilie einzugehen. Dabei gibt es eine Menge zu organisieren: Die Terminpläne der Kinder, Schulen, Sportvereine, Ferien und die Suche nach einem Haus, in dem alle genug Platz hätten. Es ist nicht einfach, dafür zu sorgen, dass das funktioniert, du solltest also darauf vorbereitet sein, zumindest eine Weile als alleinerziehender Elternteil überleben zu können.

Noch ein Kind?

Ich sage es ganz direkt: Diese Welt braucht nicht noch ein menschliches Wesen. Mit den Milliarden Menschen, die wir bereits haben, können einige Teile des Planeten definitiv eine Pause oder die Reduktion der Geburtenzahl gebrauchen.

Wozu also mehr als zwei Kinder in diese Welt setzen? Weil Familie etwas Wunderbares ist? Das stimmt ja auch – die Zusammengehörigkeit, die Familienfeiern, all diese Bilder einer Familienidylle.

Aber Großfamilien sind in der heutigen Welt nicht der Normalzustand; sie sind eine Gegenströmung aus einer Ära, die von größeren Risiken geprägt war. Wie sehr du dich auch um Einfachheit bemühst: mit zwei berufstätigen Elternteilen, zu bezahlenden Rechnungen, Hausarbeit, Badezeiten der Kinder, Mahlzeiten, Aktivitäten und so weiter ähnelt das Leben irgendwann einer langen Folge sich wiederholender Aufgaben, wie Sisyphus mit seinem Felsbrocken.

Die Anzahl unserer Kinder hängt von unserer Fähigkeit ab, Geld für deren Ausbildung beiseitezulegen, sie zu ernähren, mit ihnen in die Ferien zu fahren und so

Kinder

weiter. Jedes weitere Kind erschwert die Fähigkeit des Paares, allen anderen finanzielle Mittel zuzuteilen.

Natürlich gibt es in größeren Familien Größenordnungsvorteile. Aber obschon du ein Paar Hosen vom älteren Bruder an den jüngeren weiterreichen kannst, ist das doch mit einem Ausbildungsabschluss unmöglich. Die Liebe zu deinen Kindern mag grenzenlos sein, deine Ressourcen sind es jedoch nicht.

Aus einer bestimmten Perspektive kann man ein Kind als eine lange Liste von Rechnungen betrachten, die du 18 Jahre lang zahlen musst:

- ✓ Stoff- oder Papierwindeln: beide stinken.
- ✓ Kleidung: ständig zu klein oder verschlissen.
- ✓ Spielsachen und USOs (Unidentifizierbare sinnlose Objekte).
- ✓ Fahrräder: Das des zweiten Kindes ist nie neu.
- ✓ Mahlzeiten: drei am Tag, und ab der Pubertät sogar vier.
- ✓ Privatschule: Weil dein Kind mehr wert ist als die anderen (#Sarkasmus).
- ✓ Handys: eine Quelle gesellschaftlicher Bestätigung.
- ✓ Kurse, Sportvereine, Aktivitäten: all die Dinge, die Eltern nie hatten und nun durch ihre Kinder indirekt erleben.
- ✓ Ein Apartment in einer anderen Stadt: wenn dein Kind in Montréal geboren wurde, aber Meeresbiologie in Vancouver studieren möchte.
- ✓ Kleidung, die gerade in ist: weil du nicht möchtest, dass dein Kind von anderen abgelehnt wird.
- ✓ Diese Liste ist endlos.

Brauchst du die wirklich?

> Bist du nach dem Lesen dieses Kapitels ein wenig sprachlos? Es ist schwierig, die Kosten für ein Kind genau abzuschätzen, weil es vollständig davon abhängt, was für ein Leben du ihm bieten möchtest. Stoffwindeln? Gebrauchte Kleidung? Privatschulen? Es lohnt sich der Gedanke im Vorfeld, was jede dieser Entscheidungen kosten wird.
>
> Also – Kinder, brauchst du die wirklich? Du kennst dein Herz und dein Konto. Nein, es ist nicht nur eine Frage des Geldes, aber alles im Leben hat seinen Preis. Deshalb ist die Frage sinnvoll: »Ein Kind, zwei, drei, vier oder mehr – brauchst du die wirklich?«

PERSONENVERSICHERUNG
BRAUCHST DU DIE WIRKLICH?

Menschen kaufen gern Lotterielose. Die alberne Vorstellung, dass Geld vom Himmel herabfallen könnte und unser Leben von einem Augenblick auf den anderen verändern wird, ist aufregend. Dieselben Menschen geben jedoch ungern Geld für einen unsicheren Nutzen aus. Das zeigt die häufig auftretende bipolare Denkweise der Menschen bezüglich Versicherungen: entweder sind wir über- oder gefährlich unterversichert.

Laut meinen Kollegen bei der CEGEB Régional de Lanaudière in L'Assomption, die in diesem Bereich arbeiten, ist es schwieriger, Menschen vom Abschluss einer Versicherung zu überzeugen, als sie davon abzubringen. Auf ähnliche Weise ist es einfacher, Menschen vom Kauf eines neuen Autos zu überzeugen, statt für eine etwaige Dachreparatur zu sparen. Die menschliche Natur geht selten mit Logik einher.

Versicherungen sollen gegen ein Risiko schützen, dass du nicht eingehen kannst. Sonst nichts. Es geht nicht darum, die Fantasien zu nähren, über Los zu gehen und 100.000 Euro zu kassieren. Oder zu denken, dass Schlechtes nur anderen widerfährt. Anders ausgedrückt musst du dich fragen, ob du im Fall einer Tragödie, wie Tod, Krankheit, Arbeitsunfähigkeit oder eines Unfalls, in der Lage sein wirst, die Rechnungen weiter zu bezahlen. Du schließt die Versicherung ab, um Rechnungen bezahlen zu können und nicht um zu sagen: »Man sieht sich, Chef!«

Nehmen wir zur Veranschaulichung das Thema Kleidung. Wenn du ausgehen und etwas zum Wechseln mitnehmen willst, falls etwas passieren sollte, dann kaufst du keinen mobilen begehbaren Kleiderschrank voller Abendgarderobe, der von einem Tesla gezogen wird. Du willst lediglich das vertretbare Risiko abdecken. Du versuchst nicht, nach dem Zwischenfall, vor dem du dich schützt, besser dazustehen als vorher. Genauso gehst du nicht drei Wochen lang zelten, hast aber nur ein T-Shirt und eine Shorts dabei.

Brauchst du die wirklich?

Ein Risiko abdecken

Dieses Argument verweist auf eine wichtige Tatsache: Wenn du sicher wärst, dass du 80 Jahre alt wirst, würdest du keine Lebensversicherung abschließen; stattdessen würdest du das Geld investieren, um genügend für dein eigenes Wohlergehen und das deiner Familie zu haben. Benutze deinen gesunden Menschenverstand. Versicherer sind auf Profit aus. Sie sammeln gezahlte Prämien, investieren sie und zahlen mit dem verdienten Kapital und den Profiten die Leistungen.

Der Vorteil, den der Versicherer über den Einzelnen hat, besteht in seiner Fähigkeit, das Risiko auf viele Menschen zu verteilen. Die Versicherung mag Geld verlieren bei Marios frühem Tod, aber Jacqueline wird ihr ganzes Leben bis zum Alter von 59 ihre Beiträge zahlen, die Leistung bei ihrem Todesfall wird niedriger sein als das Kapital sowie die Erträge, die durch ihre Prämien generiert wurden. Es ist also der frühzeitige Tod, den du abzudecken versuchst, wenn du eine Lebensversicherung abschließt.

Wenn du mit 80 stirbst, ist eine Lebensversicherung ein Investment mit einem ziemlich klaren Ertrag. Ich zahle 60 Jahre lang eine Versicherungsprämie, um am Ende einen Teil des Kapitals und der Erträge zurückzubekommen. Je höher die Versicherungsleistung ist, desto mehr Versicherungsprämien reduzieren dein heute verfügbares Geld zugunsten eines dementsprechend höheren Nutzens in der Zukunft.

Wenn du eine Versicherungssumme von einer Million Euro willst, aber jeden Morgen deinen Kaffee mit dem Dispo bezahlst, bist du inkonsequent. Genauso wird die Ausbildung der Kinder über 17 Jahre finanziert und nicht über 60. Welchen Sinn ergibt es, eine Versicherung abzuschließen, die für eine Ausbildung bezahlt, bis dein Kind im Vorruhestand ist?

Du brauchst einen Versicherungscocktail, der deine Bedürfnisse widerspiegelt, und keine teure Versicherung, die alles bis zu deinem Tod abdeckt.

Vor, während und nach den Kindern

Das Leben einer versicherten Person kann in drei Phasen zusammengefasst werden: vor, während und nach den Kindern. Das mag vereinfacht wirken, aber dabei handelt es sich um drei Perioden mit unterschiedlichen Bedürfnissen.

Personenversicherung

1. Vor den Kindern: Wenn du Single und kinderlos bist, besteht das Ziel der persönlichen Versicherung darin, deine Versicherbarkeit zu bewahren. Warum solltest du sonst bezahlen, wenn du niemanden hast, der dein Ableben beklagen wird?
Wozu die Versicherbarkeit bewahren? Hast du je den Fragebogen einer Versicherung ausgefüllt? Jede Frage zielt auf einen Risikofaktor ab und kann die Beiträge erhöhen. Schon bald werden sie Tinder und Snapchat als Risikofaktoren aufnehmen, die genauso bedrohlich sind wie Zigaretten.
Je älter du bist, desto größer ist das Risiko, dass du unter einer Krankheit oder chronischen Einschränkungen leidest, die deine Möglichkeit für eine Versicherung oder einen neuen Job reduzieren. Es ist nicht einfach, im Alter von 35 eine Versicherung abzuschließen, wenn du bereits drei Krebsbehandlungen hinter dir hast oder dich eine Krankheit an den Rollstuhl fesselt und du ein Crowdfunding veranstalten musst, um einen Pfleger für dein regelmäßiges Bad bezahlen zu können. So etwas kann jedem von uns passieren.

2. Während der Kinder: Solange du für Kinder sorgen musst, hast du eine große Verantwortung. Du musst für die Kinder sorgen. Und im Fall deines Todes solltest du die Kinder nicht aus Nachlässigkeit in die Armut stürzen. Ziel ist es, genügend abgesichert zu sein, um sie »bis zum Ende auszutragen«, so eine Art von 18-plus-Jahre-Schwangerschaft.

3. Nach den Kindern: Sobald das Haus abbezahlt ist, sparst du systematisch und planst für deinen Ruhestand, dadurch verändert sich deine Beziehung zu Versicherungen. Im schlimmsten Fall stirbst du verfrüht und deine Ersparnisse gehen an den überlebenden Ehepartner und die Kinder. Das ist der Moment, in dem die Lebensversicherung in den Hintergrund tritt.

Zeit ist verstrichen und du hast das Risiko in Bezug auf die Zeit der möglichen Berufsunfähigkeit verringert. Ist es also riskanter, nicht versichert zu sein, obschon du mit 25 sterben könntest und zwei Kinder hinterlässt, oder im Alter von 60 keine Lebensversicherung zu haben, wenn beide Kinder längst auf eigenen Füßen stehen und das Haus abbezahlt ist?

Brauchst du die wirklich?

Die Moral von der Geschichte ist, dass sich deine Bedürfnisse je nach Lebensphase verändern. Wie alles andere können auch die Versicherungsbedürfnisse vorübergehend sein.

Lebensversicherung, nicht Lottoversicherung

Warum lassen sich Menschen vom Deckungsbeitrag mitreißen, wenn sie sich mit einem Versicherungsmakler treffen, um eine Lebensversicherung abzuschließen, sei es für die eigene Vorsorge und zur Absicherung der Hinterbliebenen?

»Falls Sie sterben, wie viel Geld wird Ihrer Meinung nach Ihr Ehepartner brauchen, um die Situation wieder zu normalisieren?«

»Nun, sie müsste die Raten für das Haus bezahlen und die Rechnungen, die Kinder aufziehen, für deren Ausbildung zahlen ... Ich denke, eine Million Euro ist nicht zu hoch gegriffen. Außerdem muss sie über meinen Tod hinwegkommen, was nicht einfach sein wird.« (Ich glaube ja, dass meine Frau in meinem Fall eine Flasche Champagner köpfen würde.)

Der Job des Maklers besteht darin, dich zu beraten und deine Bedürfnisse abzudecken. Deshalb musst du diese Bedürfnisse klar formulieren. Zunächst einmal solltest du nicht überschätzen, wie lange der überlebende Ehepartner nicht arbeiten wird. Manchmal eröffnet es eine neue Perspektive, nach dem Verlust des Ehepartners wieder arbeiten zu gehen. Falls ein Versicherungsmakler davon ausgeht, dass dein Ehepartner ein ganzes Jahr nicht arbeiten kann, solltest du das Ganze nüchtern betrachten. Wer weiß? Vielleicht findet der überlebende Ehepartner schon bald das Glück in einer neuen Beziehung.

Zweitens, wozu eine Lebensversicherung bis zum Alter von 80 Jahren weiterlaufen lassen, um ein Risiko abzudecken, dass zu dem Zeitpunkt gar nicht mehr existiert? Nehmen wir das Beispiel von Hypothekenzahlungen.

Personenversicherung

Angenommen, ein Paar besitzt ein neues Haus mit einer Hypothekenlaufzeit von 25 Jahren. Wieso nicht eine Lebensversicherung für diesen Zeitraum abschließen? Der Vorteil von befristeten Lebensversicherungen liegt in den niedrigeren Beiträgen, weil der Versicherer nichts zahlen muss, falls der Versicherte nicht verfrüht stirbt.

Betrachten wir die Logik dessen. Wenn du eine Hypothek unterschreibst, möchte dein Banker dir meist auch eine Lebens- und Erwerbsunfähigkeitsversicherung verkaufen. Du musst dir dann überlegen, ob du bereits eine Versicherung gegen dieses Risiko hast.

Du musst dabei das Interesse des Bankers verstehen. Er hat Leistungsziele. Er muss sein jährliches Verkaufsvolumen erreichen. Eine Hypothek über 300.000 Euro ist für ihn der halbe Weg zur Erreichung seines Kreditvergabeziels. Wenn Berater dir Versicherungen verkaufen, haben sie ihr Volumen mit einer einzigen Transaktion verdoppelt: 300.000 für den Kredit und 300.000 für die Versicherung.

Aber ist die Hypothekenversicherung deines Kreditinstituts auch für dich die beste Lösung? Die Antwort darauf lautet oft nein. Eine Hypothekenschuld sinkt. In diesem Beispiel ist sie nach 25 Jahren abgegolten. Wozu also eine Lebensversicherung mit einem fixen Monatsbeitrag zahlen, wenn die Deckungssumme fällt? Angenommen, du zahlst 24 Jahre lang deine Beiträge, und dann stirbt dein Ehepartner. Na toll. Du bekommst eine kümmerliche Auszahlung, weil die Hypothek nahezu abbezahlt ist.

Du bekommst den Betrag für die noch offene Hypothekenrestschuld, vielleicht 10.000 Euro, obwohl du immer noch Beiträge zahlst für die anfänglich vereinbarte Gesamtversicherungssumme über 300.000 Euro. Im Laufe der 24 Jahre hast du ein hübsches Sümmchen an Beiträgen gezahlt.

Deshalb ist eine befristete Lebensversicherung sinnvoll: Die Kosten sind niedrig und der auszuzahlende Betrag sinkt nicht im Laufe der Zeit. Ein Privatversicherer kann dir jedoch auch eine Absicherung auf eine fixe oder eine sinkende Summe anbieten. Du musst das Produkt verstehen, bevor du unterschreibst.

Wenn du das Finanzinstitut wechselst, geht deine Versicherung dann mit? Wenn du deine Hypothek bei einem anderen Kreditinstitut erneuerst, musst du nachfragen, was mit deiner Versicherung passiert.

Bevor du deinem Berater zuhörst, solltest du dir ein paar Minuten Bedenkzeit nehmen.

Brauchst du die wirklich?

Arbeitsunfähigkeitsversicherung: das vergessene Kind

Eine Arbeitsunfähigkeitsversicherung brauchst du wirklich (denk an das Beispiel mit dem Crowdfunding für das wöchentliche Baden). Je älter du bist, desto höher ist der Monatsbeitrag dieser Versicherung. Dennoch halte ich sie für unverzichtbar. Aus naheliegenden Gründen hoffe ich, sie nie in Anspruch nehmen zu müssen!

Falls du Gehaltsempfänger bist, hast du vermutlich eine Arbeitsunfähigkeitsversicherung. **Aber falls du selbstständig bist und in deinem Portfolio keine Arbeitsunfähigkeitsversicherung hast, lass sofort alles stehen und liegen und ruf einen Versicherungsmakler an.** Wenn du arbeitsunfähig wirst, bist du noch nicht tot. Die Menschen, die dir nahestehen, werden dann den Preis für deine finanzielle Unverantwortlichkeit tragen, und dich wird es auch etwas kosten.

Niemand ist immun gegenüber einer Arbeitsunfähigkeit, denn ein Autounfall, ein Fahrradunfall, ein schlimmer Sturz oder ein gravierendes Gesundheitsproblem sind im Handumdrehen passiert. Deshalb ist es riskant, als Selbstständiger keine Arbeitsunfähigkeitsversicherung abzuschließen. Ist es das wirklich wert?

Krankengeld für Selbstständige

Wie der Name schon sagt, handelt es sich dabei um Krankengeld, dass selbstständige Mitglieder von Krankenkassen beziehen können. Anders als Arbeitnehmer haben sie nicht automatisch Anspruch darauf, sondern müssen der Krankenkasse schriftlich mitteilen, dass sie diese Absicherung wünschen. Es gibt verschiedene Tarife, je nachdem, ab dem wievielten Tag das Krankengeld gezahlt wird. Viele Menschen halten eine solche Versicherung für überflüssig, weil sie das Risiko unterschätzen, länger krank zu werden.

Natürlich hast du irgendwann auch Kapital aufgebaut und Ersparnisse, auf die du zurückgreifen kannst. Wenn du also Krebs im Endstadium hast und die Ärzte dir nur noch sechs Monate geben, spricht nichts dagegen, deine Ruhestandsrücklagen anzugreifen, um die Rechnungen zu bezahlen.

Dies ist eine persönliche Entscheidung, basierend auf deiner finanziellen Gesundheit und der Größe des Risikos, das du eingehen kannst. Je früher du investierst, desto mehr Kapital hast du und desto größer ist dein finanzieller Spielraum, für bestimmte Ereignisse keine Versicherung abzuschließen.

Die schlimmste Krankheit, gegen die du dich versichern musst, ist der Leichtsinn, keine Vorkehrungen zu treffen. Manche Menschen impfen sich dagegen, während andere lieber für jegliche Viren angreifbar bleiben, die gerade in der Luft herumschwirren.

Im Grunde musst du stets eine wichtige Frage im Hinterkopf behalten: Brauche ich diese Absicherung wirklich? Ende ich ohne sie als Obdachloser oder gerate in die Klemme? Falls die Antwort nein lautet, wozu sie dann abschließen? Würdest du einen Helm aufsetzen, um spazieren zu gehen, oder einen Taucheranzug, um zu duschen? Nein, weil du das nicht brauchst. Wieso also zu viele Versicherungen mit sich herumschleppen?

> **GRATISTIPP!**
> Bevor wir in den Supermarkt gehen, überprüfen wir meist den Inhalt unseres Kühlschranks. Aber wenn es um Versicherungen geht, denken wir oft, wir hätten keine Grundlage. Bevor du Versicherungen einkaufen gehst, schau dir erst einmal an, was dein Arbeitgeber anzubieten hat. Möglicherweise zahlt deine Versicherung im Fall deines Todes ein Jahresgehalt.
>
> Hinterfrage auch deine Loyalität gegenüber Arbeitgebern. Falls dein Lebenslauf für jedes Jahr einen anderen Job aufweist, wäre es riskant, auf Stabilität zu setzen wie ein Eishockeyspieler, der mit Kufenschützern aufs Eis springt.

Eine Lebensversicherung für deine Kinder? Echt?

Wenn deine Kinder auf die Welt kommen, stellen wir irrigerweise eine Verbindung zwischen unserer Liebe für sie und dem Bedürfnis her, Versicherungen für sie abzuschließen.

Wozu ein Kind versichern? Schließlich würden mit dessen Tod Kosten bis hin zu der Ausbildungsfinanzierung entfallen. Aus rein ökonomischer Sicht ist also mehr statt weniger Geld da.

Während du diese Zeilen liest, sticht die Liebe zu deinem Kind jeden gesunden Menschenverstand aus und du denkst, ich sei herzlos. Wenn du diese Zeilen jedoch völlig leidenschaftslos liest, wirst du erkennen, dass das größte wirtschaftliche Risiko, das mit dem Tod eines Kindes verbunden ist,

Brauchst du die wirklich?

die Bestattungskosten und die Ausfallzeiten der Eltern beim Job sind. (Falls es dazu kommt, hat dein Arbeitgeber sicher eine Firmenpolitik, die eine Freistellung ermöglicht.)

Das einzige tragfähige wirtschaftliche Argument für die Versicherung von Kindern besteht darin, ihre Versicherbarkeit zu erhalten. Sollten etwas Bestimmtes geschehen – zum Beispiel im Alter von 15 Jahren Krebs diagnostiziert werden –, kann es schwierig sein, eine Versicherung zu einem vernünftigen Preis abzuschließen. Von Geburt an in eine Lebensversicherung eingezahlt zu haben, ermöglicht dir, dem dann erwachsenen Kind die Versicherung weiterzugeben.

Deshalb musst du die Folgen der Versicherungsabschlüsse reflektieren. Du musst definitiv ernsthaft darüber nachdenken, wenn du Anfang 20 bist. Sobald du eine Familie hast, wirst du vermutlich die Tatsache zu schätzen lernen, dass du schon früh in eine Lebensversicherung eingezahlt hast. Je länger du damit wartest, dich zu versichern, desto höher sind die monatlichen Beiträge, und desto höher ist das Risiko, dass du erst gar keine Versicherung bekommst.

GRATISTIPP!

Es kann zumindest in Kanada eine Zusatzklausel zur Lebensversicherung der Eltern ergänzt werden, mit der für einen geringen monatlichen Betrag die Bestattungskosten für ein vorhandenes oder zukünftiges Kind abgedeckt werden. Frage am besten bei deiner Versicherung rechtzeitig nach, ob es diese Option auch gibt.

Was ist mit einer Absicherung für den Fall einer ernsthaften Erkrankung des Kindes?

Manche Versicherer empfehlen auch für diesen Fall eine Absicherung. Falls ein Kind lange Zeit ins Krankenhaus oder zu Hause gepflegt werden muss, greift die Arbeitsunfähigkeitsversicherung der Eltern nicht. Die entstehenden finanziellen Schwierigkeiten kann man sich leicht vorstellen, da möglicherweise eines der Elternteile seinen Job aufgeben muss. Während dieses Buch entsteht, habe ich noch keine derartige Versicherung, ziehe sie jedoch in Erwägung. Man muss sich nur in den sozialen Medien umsehen, wo Eltern um Hilfe ersuchen, um die Folgen zu sehen, wenn man für diesen Fall nicht abgesichert ist.

Zusatzversicherungen für Zahnbehandlungen und Sehhilfen

Hast du schon einmal überlegt, eine private Zusatzversicherung für Zahnbehandlungen und Sehhilfen abzuschließen? Oder hast du dich entschieden, zum Beispiel die jährliche professionelle Zahnreinigung aus eigener Tasche zu bezahlen?

Wenn du beim Straßenhockey die Hälfte deiner Zähne verlierst, ist das natürlich eine andere Geschichte. Die richtige Frage lautet, ob es sich lohnt, sich für diese Leistungen zu versichern. Diese persönliche Frage kannst jedoch nur du selbst beantworten.

Steuerversicherung?

Wenn du dich nach Versicherungen erkundigst, kann es sein, dass dir jemand eine Versicherung anbietet, die etwaige Steuerschulden im Fall deines Todes übernimmt. Die Frage lautet: Warum brauchst du dafür eine Absicherung? Gegen welches Risiko versuchst du dich zu versichern? Das Risiko der Steuerzahlungen? Echt? Auch wenn das für bestimmte Situationen sinnvoll sein kann.

Wenn zum Beispiel ein Ehepaar sein idyllisches Grundstück auf dem Land den Kindern vermachen will. Problem ist nur, dass das Grundstück so groß ist, dass der Wert die Steuerfreigrenze übersteigt. Wird genügend Geld verfügbar sein, um das Familienanwesen behalten zu können, wenn Erbschaftssteuer gezahlt werden muss?

Sehen wir uns auch das Beispiel einer Renditeimmobilie an, deren Wert im Laufe der Jahre um einiges gestiegen ist und die in einem Käufermarkt vererbt wird. Eine Lebensversicherung könnte die Steuern auf die Kapitalgewinne abdecken und so verhindern, dass die Immobilie für die Steuerzahlung unter Wert verkauft werden muss.

Frag dich, was das Ziel der Versicherung ist. Wenn deine Erben keinem Risiko ausgesetzt sind, wozu dann eine Versicherung abschließen?

Brauchst du die wirklich?

Die Rolle von Versicherungsmaklern und -beratern

Die Rolle von Versicherungsmaklern und -beratern besteht darin, die Fragen des Kunden zu beantworten – nicht mehr und nicht weniger. Auch wenn sie also eine möglichst hohe Rendite erzielen wollen, wissen sie, dass die Kunden nur zufrieden sein werden, wenn sie kurz-, mittel- und langfristig gut betreut werden.

Häufig sind Kunden unter- oder überversichert, weil sie den Beratern die falsche Botschaft vermitteln. Die wiederum müssen sicher sein, dass sie die Bedürfnisse des Kunden exakt identifizieren und wissen, was dieser sich leisten kann. Ich weiß, dass es Vorurteile gegenüber Versicherungsmaklern und -beratern gibt. Aber nachdem ich während meiner Laufbahn als Lehrer viel Zeit mit ihnen verbracht habe, kann ich dir sagen, dass sie so sind wie Wirtschaftsprüfer – es macht sich bezahlt, sie zu kennen.

> Sichere dich ab, aber nur dich. Sichere dich gegen die größten Risiken ab, aber mehr auch nicht. Wenn du das nicht tust, legst du dir womöglich eine Schlinge um den Hals.

Wieder der Hinweis: Dieses Kapital erhebt keinen Anspruch auf die Vollständigkeit der Informationen zum Thema Versicherungen. Es ist lediglich ein Weckruf für Menschen, die unterversichert sind. Falls dich beim Lesen Panik überkommt, ist es vielleicht an der Zeit, einen Versicherungsmakler oder -berater anzurufen.

SCHADEN- UND UNFALLVERSICHERUNG
BRAUCHST DU DIE WIRKLICH?

Wenn wir neue Sachen kaufen (siehe »Neues Zeug« auf S. 132), neigen wir dazu, dieses äußerst exzessiv und kostspielig zu versichern. Brauchen wir wirklich Versicherungen, die jeden erdenklichen Schaden abdecken?

Garantieverlängerungen

Nehmen wir das Beispiel der Garantieverlängerungen. Sie sind, im Wesentlichen, eine Form von Versicherung. Manchmal werden sie auch Wartungspläne genannt.

Über den Begriff können wir streiten, so wie der Premierminister von Québec, Philippe Couillard, versuchte, zwischen »Entsagung« und »einem knappen Budget« zu unterscheiden. Aber prinzipiell geht es immer noch um das jetzige Berappen einer bestimmten Summe, um sich gegen einen möglichen zukünftigen Schaden oder einen potenziellen Unfall zu schützen.

Was tun Verkäufer deiner Meinung nach, wenn sie für ein Produkt eine Garantieverlängerung verkauft haben? Sie waschen sich die Hände. Wieso? Weil sie sich schmutzig fühlen oder wie Pontius Pilatus. Du hast den Preis für deinen Verstärker erfolgreich ausgehandelt, aber in den fünf Minuten vor Abschluss der Transaktion holt der Verkäufer weitere 30 Prozent (zum Beispiel) des Kaufpreises aus dir heraus, um das Produkt für fünf Jahre gegen Bruchschaden zu versichern. Deshalb fühlen sich Verkäufer unsauber.

Ist es nicht ironisch, 20 Minuten lang von der hohen Produktqualität zu hören und dann gesagt zu bekommen, es könnte kaputtgehen? Oder dass du möglicherweise Schrott gekauft hast? Schon bald werden sie versuchen, Garantieverlängerungen für Grabsteine zu verkaufen. Mögliche Slogans: »Unsere Grabsteine halten garantiert ein Leben lang« oder »Seelenfrieden-Versicherung für das ewige Jenseits«.

Brauchst du die wirklich?

Stattdessen solltest du dich fragen, ob du, falls das Produkt in den ersten paar Jahren kaputtgeht, das Geld für einen Ersatz hast. Sollte die Antwort nein lauten, liegt das daran, dass du kein Geld für diesen Kauf hast. **Vergiss nicht, dass es bei Versicherungen darum geht, dich gegen Risiken abzusichern, die für dich zu groß sind.** Es ist unwahrscheinlich, dass eine ganze Reihe wertvoller Geräte zum selben Zeitpunkt den Geist aufgeben, es sei denn, es brennt oder du wirst ausgeraubt.

Diese fehlerhafte Logik der Garantieverlängerung ist noch amüsanter, wenn du den Erwerbspreis addierst. Stell dir vor, du hast drei Produkte, die jeweils 1.000 Euro kosten. Der Verkäufer bietet dir eine Garantieverlängerung an, die jeweils 300 Euro kostet. Insgesamt zahlst du also 900 Euro Versicherungsprämien für 3.000 Euro Warenwert.

Statt für die Garantien zu zahlen, warum investierst du nicht 900 Euro in einen Sparvertrag? Du müsstest schon viel Pech haben, wenn innerhalb eines kurzen Zeitrahmens alle drei Produkte ersetzt werden müssen. Geht nichts kaputt, sparst du 900 Euro. Gehen alle drei Produkte zur gleichen Zeit kaputt, solltest du losrennen und dir einen Lottoschein kaufen. **Die beste Strategie besteht stets darin, die Garantieverlängerung abzulehnen.**

Lass uns diese Logik auf alle Haushaltsgegenstände anwenden und stell dir vor, was du durch das Ausschlagen verlängerter Garantien insgesamt gespart hast. In Anbetracht der Einsparungen ist es das kleinere Übel, von Zeit zu Zeit Geld für einen Ersatz ausgeben zu müssen.

Wenn du darüber nachdenkst, ist es ziemlich albern, 30 Prozent an Versicherung dafür zu bezahlen, dass du innerhalb von fünf Jahren ein entsprechendes Produkt kaufen kannst. Die Versicherung ist teuer, vor allem da die Kunden sie, aller Wahrscheinlichkeit nach, nie in Anspruch nehmen werden. Der Modus Operandi von Verkäufern besteht darin, die erweiterte Garantie in dem Moment zu erwähnen, wenn du zum Zahlen bereit bist. Zück also deine Kreditkarte und sag: »Nein, danke«, so wie du es auch bei den Angeboten an der Drogeriemarktkasse tust.

»Kostenlose« Garantien

Bevor du dich fragst, ob du eine erweiterte Garantie (oder einen Wartungsplan) benötigst, musst du dich fragen, für welche Garantien du bereits bezahlt hast.

Schaden- und Unfallversicherung

Wenn du zum Beispiel etwas mit der Kreditkarte bezahlst, verdoppelt der Kreditkartenanbieter manchmal bis zu einer bestimmten Höhe die Länge der Herstellergarantie. Wenn die Garantie zwölf Monate beträgt, kann das Bezahlen mit Kreditkarte die Garantie auf 24 Monate ausdehnen.

Du bist auch geschützt durch die gesetzlich garantierte Gewährleistung. Bevor du einen Kauf tätigst, vor allem für ein teures Produkt, solltest du die konkreten Garantiebestimmungen prüfen.

DIE AHORNSIRUP-DUNSTABZUGSHAUBE

Mein Freund kaufte sich eine Dunstabzugshaube (sieht super aus). Eines Tages entschied er sich, zu Hause Sirup zuzubereiten. Er kochte den Ahornsaft auf dem Herd auf.

Nach einer Stunde funktionierte die Dunstabzugshaube nicht mehr (offenbar war der Zucker im Mechanismus kristallisiert). Er rief den Verkäufer an (ohne zu erwähnen, dass er die geniale Idee gehabt hatte, nur gut 10 Zentimeter von der Haube entfernt eine Stunde lang Sirup zu kochen).

Verkäufer: Hallo, Verkäufer hier. Wie kann ich Ihnen helfen?

Freund: Meine Dunstabzugshaube funktioniert nicht mehr. Können Sie jemanden vorbeischicken, der sich das einmal anschaut?

(Ich überspringe den Teil des Gesprächs, in dem mein Freund seinen Namen, die Kaufdaten etc. nennt.)

Verkäufer: Wie ich sehe, haben Sie die Haube vor 13 Monaten gekauft. Ich fürchte, die Garantie ist abgelaufen.

Freund: Sie meinen, ich habe 1.200 Dollar für eine Abzugshaube bezahlt, die nun kaputt ist?

Verkäufer: Sie haben den Wartungsplan abgelehnt.

Freund: Muss ich Ihnen wirklich etwas über gesetzliche Garantiezeiten erzählen? Soll ich wirklich Zeit mit Bagatellklagen verbringen? Ihre und meine Zeit verschwenden, damit Ihnen ein Richter die entsprechenden Gesetze vorliest? Denn – das sollte ich vielleicht erwähnen – ich habe viel Zeit für Bagatellklagen, weil ich nämlich GEPEG-Lehrer bin.

Verkäufer: Ich schicke Ihnen sofort jemanden vorbei.

Brauchst du die wirklich?

> Die Moral von der Geschichte? Die gesetzliche Garantie ist im Preis inbegriffen. Wieso sie also nicht nutzen, um das Gewollte auch zu bekommen?

Hausratversicherung

Wenn du dein Zuhause versicherst, darfst du nicht vergessen, dass die Gegenstände darin alt und im Wert gefallen sind. Um sie zu ersetzen, musst du neue Gegenstände zum heutigen Preis erwerben: Falls alles in Rauch aufgegangen sein sollte, hast du nicht die Zeit, nach Sonderangeboten zu suchen.

Das wirft die Frage nach einer Unterversicherung auf: Das heißt, die Versicherungssumme ist zum Zeitpunkt des Versicherungsfalls erheblich niedriger als der Versicherungswert. Die Menschen sind dann im Fall der Fälle nicht genügend abgesichert und verlieren Geld, weil sie zu knauserig waren, einen angemessenen Monatsbeitrag zu entrichten. Nach einer Katastrophe ist es nicht leicht, die nötigen Hunderte von Euro aufzutreiben, um all die zuvor besessenen Schuhe zu ersetzen.

Als Mieter kostet dich eine Hausratversicherung weniger, als du denkst. Aber sei vorsichtig: Du solltest die Deckungssumme nicht auf deinen Besitz beschränken; du musst dich auch gegen körperlichen Schaden und Sachschaden am Eigentum einer anderen Person versichern. Du brauchst ein Minimum an privater Haftpflichtversicherung.

Die Gebäudeversicherung deckt zum Beispiel den Schaden ab, wenn du versehentlich Feuer in dem drei Wohnungen umfassenden Haus verursachst, in dem du wohnst. Ein Nachbar kommt bei dem Feuer ums Leben, das Haus ist ein Totalschaden und das angrenzende Gebäude weist Feuer- und Wasserschäden auf.

Wenn du richtig abgesichert bist: Was passiert aber, wenn sich die Art und Weise der Nutzung deiner Wohnung ändert? Vielleicht vermietest du sie zur Urlaubsfinanzierung unter. Das versetzt dich in eine andere Risikolage als die, über die der Versicherer Kenntnis hat.

Schaden- und Unfallversicherung

Airbnb: mit Vorsicht genießen!

Stell dir das folgende Szenario vor: Du vermietest dein Haus oder deine Wohnung über Airbnb oder einen vergleichbaren Anbieter. Du »vergisst«, diese Einkünfte bei deiner Steuererklärung anzugeben und informierst auch nicht den Vermieter, falls du einen hast. Die Versicherung anzurufen, kommt dir gleich dreimal nicht in den Sinn.

✓ Was passiert, wenn ein kurzfristiger Mieter Feuer im Haus verursacht?
✓ Was passiert, wenn die Waschmaschine ausläuft und einen Wasserschaden verursacht?
✓ Was passiert, wenn eine nicht vom Mieter verursachte Katastrophe ausbricht, während die Wohnung oder das Haus untervermietet ist?

Du musst mit deiner Versicherung sprechen und dafür sorgen, dass im Schadensfall deine Versicherung weniger Löcher aufweist als ein Sieb.

Deine Unterkunft unterzuvermieten erhöht das Risiko für den Versicherer. Er würde definitiv einen höheren Beitrag fordern, wenn er wüsste, wie der Wohnraum genutzt wird. Im Unfallfall ist eine Versicherung, die nicht in Kenntnis gesetzt wurde, aus dem Schneider.

Nutzt du eine Airbnb-Versicherung? Nimm dich vor möglichen Problemen in Acht. Falls du dich in einer Situation befindest, die in deinem Vertrag ausgeschlossen wird: Was würdest du dann tun, wenn die Versicherung die Zahlung verweigert?

Kraftfahrzeugversicherung: Bewahre einen kühlen Kopf

Wir werden den größten Mythos im Keim ersticken: Sich einen Versicherungsmakler zu nehmen, bedeutet nicht automatisch, den besten Preis zu bekommen. Keine Versicherung und kein Makler kann behaupten, ständig den besten Preis anzubieten. Eigenständig ein paar Anrufe zu tätigen, kann dir eine Menge Geld sparen.

Ich hatte zum Beispiel einen 34-jährigen Freund, der wegen seiner Kfz-Versicherung einen Versicherungsmakler aufsuchte. Der beste Preis, den der Makler ihm vorschlug, betrug mehr als 1.000 Dollar im Jahr. Ein einziger Anruf bei der Konkurrenz verschaffte meinem Freund ein Angebot für weniger als 700 Dollar.

Brauchst du die wirklich?

Wieso? Weil Versicherungen sich ihre bevorzugten »Biotope« aussuchen; das heißt, sie zielen auf eine bestimmte Klientel ab. Falls dein Profil nicht die entsprechenden Kriterien erfüllt, bekommst du zwar ein Angebot, aber ein erhöhtes.

Ein wichtiger Punkt bei der Suche nach einer Kfz-Versicherung ist der zu versichernde Fahrzeugtyp. Bevor du ein Auto kaufst, lohnt es sich, bei der Versicherung die Auswirkungen deiner Wahl auf die zukünftige Versicherungsprämie herauszufinden.

Außerdem sind manche Modelle teuer in der Reparatur oder wegen ihrer Teile gefragter bei Dieben. Vor dem Autokauf ist es eine gute Idee, sich über so etwas zu informieren, denn das beeinflusst die Kosten der Wartung, Reparatur und Versicherung.

Du wärst vielleicht überrascht angesichts der Kosten für die Versicherung eines neuen sparsamen Autos: Wird es bei einem Unfall leichter abgeschrieben als ein Premium-Fahrzeug? Wenn es um Versicherungen geht, kann Instinkt dein größter Feind sein.

GRATISTIPP!

Musst du deine alte Klapperkiste mit Vollkasko versichern? Die Antwort lautet: nein. Wenn du einen schweren Unfall mit einem Wagen baust, der weniger als 1.500 Euro wert ist (zum Beispiel ein 1992er Ford Tempo mit flauschigen Polstern), so bekommst du ohnehin nichts mehr dafür. In dem Fall reicht eine Versicherung, die die Schäden anderer Unfallopfer abdeckt.

Ein Auto, das älter als zehn Jahre ist, Vollkasko zu versichern, ist möglicherweise nicht sinnvoll. Das muss im Einzelfall geprüft werden.

Den Gläubiger versichern

Denk daran, dass eine Versicherung von den Menschen oder Institutionen verlangt wird, die einen finanziellen Anteil an dem Objekt haben, zum Beispiel ein Kreditgeber, ein Autoverleih oder ein Vermieter. Versicherungen sind nicht auf die Interessen des Objekteigentümers begrenzt, sondern beziehen sich auf jede physische oder moralische Person mit einer finanziellen Beteiligung an dem Objekt.

Schaden- und Unfallversicherung

Versicherung zum Wiederbeschaffungswert

Die Klausel zum »Wiederbeschaffungswert« in einer Versicherung ist für mich ein Rätsel. Ich halte sie für den sinnlosesten Schutz aller Zeiten.

Wenn du ein Auto fährst, nutzt du es ab. Selbst wenn du den Wagen die ganze Zeit stehen lässt, verliert er schnell an Wert (Betonung auf schnell). Den Wiederbeschaffungswert zu versichern, bedeutet im Grunde, dass du den ursprünglichen Wert deines Wagens bewahren willst.

Wenn du einen Civic von 2018 fährst und ein Jahr später einen Unfall baust, willst du in der Lage sein, dein Auto gegen einen Neuwagen einzutauschen. Aber das hat seinen Preis: Du musst dafür zahlen, den Wert des Wagens beizubehalten, weil dieser ja automatisch beim Kauf an Wert verliert.

Das ergibt in etwa so viel Sinn, wie zu McDonald's zu gehen, um etwas Gesundes zu essen, oder sich von Kanye West Tipps zum Thema Bescheidenheit geben zu lassen. Nichtsdestotrotz kann dir eine Versicherung zum Wiederbeschaffungswert im Fall von partiellem Schaden ermöglichen, qualitativ hochwertige Originalteile zu verwenden.

Es gibt einen Fall, bei dem du vielleicht denkst, dass eine Versicherung zum Wiederbeschaffungswert nützlich sein könnte: die Differenz zwischen der Restfinanzierung und dem Wert versichern. Der Wiederbeschaffungswert lohnt natürlich nur in den ersten zwei bis drei Jahren. Während dieser Zeit verliert der Wagen vermutlich mehr an Wert, als von der Finanzierung abgetragen wird. Aber bevor du dich für eine Versicherung zum Wiederbeschaffungswert entscheidest, musst du über das Risiko nachdenken, das du abzudecken versuchst. Spielst du Lotto oder schützt du dich selbst für den Fall eines Unglücks?

Versicherung gegen Online-Identitätsdiebstahl

Je mehr du das Internet nutzt, desto mehr vertraust du ihm schließlich. Es wird zu deinem Freund; du erzählst ihm alles. Bist du gegen Identitätsdiebstahl versichert? Nein? Solltest du das sein? Vielleicht.

Ist es ein verkraftbares Risiko? Das hängt von dem Betrug ab, dessen Opfer du wirst. Du kannst auf deiner Seite alle vernünftigen Maßnahmen ergreifen, aber falls ein Unternehmen unabsichtlich private Informationen über dich preisgibt, was tust du dann? Manche Versicherer bieten Gratisbe-

Brauchst du die wirklich?

ratungen im Fall von Identitätsdiebstahl an, aber da sprechen wir von Beratung, nicht von Schadenabdeckung.

Eine Versicherung für den Fall von Identitätsdiebstahl, die die mit diesem Diebstahl verbundenen Kosten (bis zu einem Maximum) abdeckt, gibt es. Sie steht nicht auf meiner Prioritätenliste, aber es gibt sie. Es ist wie eine Avril-Lavigne-CD auf dem Wühltisch eines Drugstores. Du bist erwachsen, kannst sie kaufen, aber wirst du sie auch anhören?

Wie kannst du also gewährleisten, dass du ausreichend versichert bist?

Du solltest dich nicht gegen alles versichern und am Ende jeden Tag von Tütensuppen leben. In einer idealen Welt würden die Menschen beim Lesen einer Versicherungspolice sie auch verstehen, andererseits verlaufen sich manche Menschen im Einkaufszentrum. Sich hier ein paar Stunden Zeit zu nehmen und Rat zu suchen, ist eine gute Idee.

> Wir kommen wieder an denselben Punkt zurück: Je mehr du besitzt, desto mehr musst du dich kümmern und desto höher sind die Instandhaltungs- und Wiederbeschaffungskosten. Das kann am Ende den finanziellen Spielraum einer Familie auffressen. Sachen versichern: Musst du das wirklich? Es hängt von den Objekten ab und wie viel es dich kosten würde.

Anmerkung: Dieses Kapitel ist unvollständig. Allein über Versicherungen könnte ich drei Bücher schreiben. Mein Ziel an dieser Stelle besteht lediglich darin, dich dazu zu bringen, über die Versicherungskosten, und das, was die Versicherungen letztlich abdecken, nachzudenken. Vor allem möchte ich dich davon überzeugen, dich zu informieren, bevor du eine Versicherung abschließt, und nicht das Risiko einer nicht vorhandenen Versicherung zu unterschätzen.

GELD
BRAUCHST DU DAS WIRKLICH?

Wenn man das Thema Finanzen unterrichtet, gibt es nichts Befremdlicheres, als jemanden sagen zu hören: »Geld ist mir egal.« Es ist, als wäre derjenige nachlässig und verschließe die Augen vor der Wahrheit, ganz davon zu schweigen, dass er so zu finanzieller Abhängigkeit verdammt ist. Menschen, die behaupten, Geld sei ihnen nicht wichtig, haben in der Regel kein Vermögen, geben alles aus, was sie haben und setzen auf gut Glück, um über die Runden zu kommen.

Dieselben Leute lieben in der Regel das Buch *The Secret*, das die Leser dazu ermutigt, ihre Träume durch Visionboards und Wunschdenken zu verwirklichen. Sie haben so sehr von der Großzügigkeit ihnen nahestehender Menschen profitiert (Eltern, Ehepartner etc.), dass sie sich nie Sorgen um ihre Zukunft machen mussten.

Niemand interessiert sich wirklich für Geld, aber viele Menschen beschweren sich, dass sie nicht genug davon hätten. Geld ist uns nicht wichtig, aber wir wollen dennoch mehr verdienen. Geld ist uns egal, vorausgesetzt, wir können die damit finanzierten Freuden genießen. **Nein, Geld macht dich nicht glücklich. Bei Weitem nicht. Aber Armut eben auch nicht.**

Was heißt es eigentlich, dass Geld einem wichtig ist? Abgesehen von Ebenezer Scrooge verfallen nur wenige ausgeglichene Menschen in Begeisterung, wenn sie es nur sehen, berühren oder zählen, vor allem im digitalen Zeitalter. Im Allgemeinen wird das »Geld wichtig nehmen« abwertend verwendet.

Aber viele Menschen genießen es aus diversen Gründen, ein Vermögen anzuhäufen, für ihre Bedürfnisse zu planen und Ausgaben zu managen. Möglicherweise fürchten sie sich vor finanzieller Unsicherheit. Oder sie wollen, dass es ihren Kindern einmal besser geht als ihnen. Luxus kann anziehend sein, auch wenn er ziemlich oberflächlich wirkt.

Was genau ist Geld eigentlich dem Wesen nach? Vielleicht ist sofort ein Bild vor deinem geistigen Auge aufgetaucht: Münzen oder – vorzugsweise –

Brauchst du das wirklich?

Scheine (lass uns wenigstens in unserer Fantasie ein bisschen ehrgeizig sein). Aber nein, das ist Geld nicht. Es ist vielmehr ein Handelsinstrument. Genauer gesagt: das Anerkennen einer Schuld.

Wenn du 1.000 Euro in deiner Brieftasche hast, erkennst du die an den Überbringer zu zahlende Schuld an. Wenn du zum Beispiel einem Händler 1.000 Euro zahlst, erkennt dieser an, dass er oder sie dir etwas schuldet, zahlbar in Waren oder Dienstleistungen. Geld anzunehmen bedeutet, die Schulden bei jemandem anzuerkennen, außer es handelt sich um Spenden für wohltätige Zwecke.

Bevor es Geld (oder seine Entsprechung) gab, mussten die Menschen Waren tauschen. Das Problem beim Tauschhandel besteht in seiner Struktur. Wie will man die unterschiedlichen Bedürfnisse zweier Menschen fair in eine Relation setzen? In einer organisierten, bevölkerungsreichen Gesellschaft, in der der physische Raum begrenzt ist, lässt sich das nur schwer organisieren.

Ein ausschließlich auf Tauschen basierendes System wäre das genaue Gegenteil von unserem. Arbeiter würden von weniger hart arbeitenden Menschen ausgenutzt werden. Wie will man gewährleisten, dass jeder seinen fairen Anteil zur Gemeinschaft beiträgt, wenn es ohne Konsequenzen für diejenigen bleibt, die das umgehen?

Eine andere Vorgehensweise ist die Selbstversorgung. Aber das wirft ein weiteres Problem auf: In einer so dermaßen dicht besiedelten Gesellschaft wie unserer kann nicht jeder sein Stück Land haben, das er bestellt. Die Suche nach Effizienz und Diversifizierung haben der Etablierung der modernen Gesellschaft geholfen. Diese Organisation sorgt dafür, dass Individuen sich auf einen bestimmten Bereich konzentrieren und Größenvorteile – also Kosteneinsparungen durch Menge – generieren. Geld erlaubt auch das Herausschieben einer Bedürfniserfüllung: Du kannst konsumieren, wann du es willst, denn Geld wird bekanntlich nicht schlecht. Statt das Feld zu bearbeiten und regelmäßig die Früchte zu ernten, kannst du am Montag in einem Büroturm arbeiten und das verdiente Geld drei Wochen später ausgeben; folglich den Austausch von Geld über die Zeit verschieben.

Geld: eine Tatsache im Leben

Geld gibt dir Flexibilität in der Gesellschaft. Kapitalismus ist ein unperfektes System, aber es legt die Regeln fest in dem von uns gespielten Spiel. Du kannst mit den Regeln übereinstimmen oder nicht, aber du bist nichtsdestotrotz Teil des Systems. Um in einer kapitalistischen Gesellschaft zu leben, musst du die Regeln des Geldes lernen. **Genau das ist Geld: ein Werkzeug im Spiel des Lebens.**

Natürlich wird das Geld bei der Geburt nicht gleichmäßig verteilt. Blutsverwandtschaft bestimmt dein Ausgangsvermögen, so wie bei einem König und seiner Familie. Menschen reichen Vermögen an die nächste Generation

Okay, bereit, aus der Reihe zu tanzen? Mal sehen, wie autark du bist.

Geld ist dir also immer noch egal?

Ach, du beziehst ein Gehalt? Nur um das Wesentliche abzudecken.

Und was ist das? Ein Foto von dir in Paris? Okay, Reisen nach Übersee gehören also zum Wesentlichen.

Jetzt habe ich es verstanden.

Du willst dieses Jahr ein neues Auto kaufen? Natürlich. Deines ist ja auch schon acht Jahre alt.

Mir gefällt, was du anhast. Wo hast du es gekauft?

Ich weiß, ist nicht leicht hinzubekommen. Bei all dem Zeug, das man braucht.

Ich mag deine Wohnung. Ist bestimmt nicht preiswert hier.

Du willst, dass ich dir 500 Euro leihe? Wieso? Steckst du in finanziellen Schwierigkeiten?

Ah, verstehe. Geld ist dir nicht wichtig. Es ist also logisch, dass du so unorganisiert bist. Du hast recht – die Welt ist ungerecht, kapitalistisch und materialistisch. All diese Arbeitsjahre, und das ist alles, was du dafür bekommst, häh? *Carpe diem!* Lebe ruhig weiter von einem Gehalt zum nächsten.

Brauchst du das wirklich?

weiter, wie wenig es auch sein mag. Erbe ist vermutlich das ökonomische Konzept, das die größte Verzerrung zwischen der finanziellen Situation einer Person und ihrem »Wert« erzeugt. Die Natur gibt uns ein bestimmtes Kapital und das Erbe ist eine weitere Diskriminierungsquelle.

In Anbetracht all dessen, kannst du da wirklich sagen: »Geld interessiert mich nicht«? Nein: Wir alle brauchen Geld für Miete, Kleidung, Essen, Reisen und was auch immer sonst. Geld ist ein Werkzeug zum Werttransfer, das es den Menschen ermöglicht, sich auf das eigentlich Gewollte zu konzentrieren, und das abzugeben, was sie nicht selbst tun wollen. Ich kann mich zum Beispiel zu Überstunden entscheiden, damit ich es mir leisten kann, dass mein Haus geputzt wird und ich es nicht selbst tun muss.

Mit Schicksalsschlägen umgehen können

Wenn du nicht zufällig eine Kristallkugel hast, kannst du nicht leben, als wäre morgen dein letzter Tag auf dieser Erde. Du kannst aber auch nicht so leben, als würdest du 115 Jahre alt werden. Aber zwischen diesen beiden Extremen liegt das Risiko, Pech zu haben, seine Autonomie zu verlieren, psychische Belastungen oder chronische Erkrankungen zu erleiden.

Unglück ereilt einen unvermittelt. Die Akzeptanz dessen fällt schwer. Deshalb hört man die Menschen auch Sätze sagen wie: »Ich genieße mein Leben lieber, solange ich kann und gebe alles jetzt aus.«

Dieses Argument mag in gewisser Hinsicht zutreffen, aber in anderer ist es sinnentleert. Solange du zur Arbeit fähig bist, kannst du Geld verdienen. Aber wenn dich ein großes Problem ereilt und du nicht länger unabhängig bist, brauchst du Ressourcen. Es ist mir ein Rätsel, wie man bereit dafür sein kann, 30 Jahre in Armut zu leben, weil man in jungen Jahren zu faul war.

Also, Geld, brauchst du das wirklich? In der westlichen Welt lautet die Antwort ja. Und wie viel du brauchst, hängt von zwei simplen Faktoren ab:

1. der Einkommensspalte, die sowohl Aufwand als auch eine Steigerung des Einkommens beinhaltet, was jedoch nicht immer deiner Kontrolle unterliegt; und
2. der Ausgabenspalte, die abhängig von deinem Lebensstil schwankt.

Geld

Kümmere dich um deine Finanzen

Dies ist das ultimative Ziel dieses Buchs. Ich versuche nicht, in all die technischen Aspekte der persönlichen Finanzen einzusteigen. Ich versuche dir zu zeigen, dass finanzielle Transaktionen zwar eine Tatsache des Lebens sind, wir jedoch das Konsumentendogma hinterfragen können. Ich plädiere hier keineswegs dafür, dass du wie ein Mönch leben sollst. Aber man muss entscheidende Budgetpunkte und wichtige finanzielle Gewohnheiten, die man als Erwachsener annehmen muss, überdenken.

Ohne viel Ahnung von Finanzen zu haben, kannst du Politiker, Arzt, Anwalt oder Zahnarzt werden. Geld und die Systeme, die es regieren, sind große Lücken in unserer Ausbildung. Verantwortungsbewusstes Geldausgeben und Finanzmanagement sind im Keller der Wissenshierarchie angesiedelt.

Dienstleistern und Verkäufern zu vertrauen, dass sie deine Bedürfnisse erkennen, ist so, als würdest du den großen bösen Wolf bitten, dich sicher durch den Wald zu führen, oder einen Kosmetikhersteller fragen, ob dir ein wenig Rouge stehen würde. Unternehmen nutzen unterschiedliche Strategien zur Beeinflussung dessen, was wir für unsere »Grundbedürfnisse« halten. Im Angesicht all dieser Einflüsse sind wir längst nicht so taff und pragmatisch, wie wir gerne denken.

Die wahre Frage, die du stellen musst, lautet nicht: »Brauche ich wirklich Geld?« oder »Wie viel Geld brauche ich?« Die wahre Frage lautet vielmehr: **»Welches Geld gebe ich grundlos aus? Wie viel Zeit meines Lebens habe ich mit Arbeit verschwendet, um nutzloses Zeug bezahlen zu können?«**

Wenn du in Bezug auf Arbeitsstunden oder nicht genommene Urlaubstage über deine Besitztümer nachdenkst, wirst du alles aus einer neuen, greifbaren Perspektive sehen. Was versäume ich, um mir diese Sache kaufen zu können? Nein, ich gehe nicht zwei Wochen arbeiten, nur um mir diesen Mantel leisten zu können. Und zwei Tage Arbeit, um abends zum Essen ausgehen zu können? Hmm, ich repariere lieber das, was ich habe, statt für ein neues Gerät Überstunden zu machen. Wenn sich für Geld interessieren bedeutet:

- ✓ die Spielregeln zu verstehen,
- ✓ kein Sklave eines verhassten Jobs zu sein,
- ✓ ein bisschen freie Wahl zu haben …

…, dann ist mir Geld wichtig.

Brauchst du das wirklich?

> Hey, ich nehme unbezahlten Urlaub, um einen kleinen Roadtrip zu machen. Kommst du mit? Wie jetzt, du kannst nicht mit, weil du pleite bist? Oh, sicher, Rechnungen bezahlen müssen ...
>
> Ist gar nicht so einfach, sich keine Gedanken über Geld zu machen, oder? Ich weiß, es ist irgendwie unhöflich und vulgär, über Geld zu reden ... aber das musst du!

SCHULDEN
BRAUCHST DU DIE WIRKLICH?

Ich muss etwas gestehen: Ich habe Schulden. Ich kann dich förmlich sagen hören:»Echt jetzt? Du?!«

Wieso? Hast du denn keine? Schulden sind nichts Schlimmes. Ein Zugang zu einem Kredit kann nützlich sein: Es ermöglicht dir, zu investieren und Liquidität zeitlich zu verschieben. Schulden lassen dich wirtschaftlich aktiv werden, und Sachen wie ein Haus, Land oder Firmenanteile erwerben.

Die Definition von »finanziell verantwortlich« lautet nicht, bar für ein Haus oder Firmenanteile zu bezahlen. Wenn du dich jedoch verschuldest, um ein neues Auto zu kaufen, neue Kleidung oder das neueste iPad, dann bist du auf dem Holzweg. Schulden können sinnvoll sein, insbesondere zum Vermögensaufbau. Das ist der richtige Weg. **Das Problem ist also nicht das Wort *Schulden*, sondern vielmehr der Grund für diese Schulden.**

Investitionsschulden

Wir wissen, dass wir nur zum Investieren Schulden machen sollten. Was ist also eine Investition? Etwas, das eine Rendite erbringt.

Wenn dein Freund dir erzählt, dass er in neue Ledersitze für seinen Honda Civic investiert hat, so ist das keine Investition. Es sei denn, sein maßgeschneiderter Honda Civic wird zum Museumsstück für zukünftige anthropologische Studien der menschlichen Spezies (aus der Ära der Intimduschen), wird er nie eine Wertsteigerung erfahren.

Ist ein Haus eine Investition? Das steht zur Debatte. Aber eines ist sicher: Ein Heim ist einer der wenigen Wege, um geborene Geldausgeber zum Sparen zu zwingen.

Brauchst du die wirklich?

Fremdkapitalaufnahme

Sich zu verschulden, um Fremdkapital aufzunehmen, ist eine gute Idee, falls – und nur dann – die Investitionsrendite höher ist als die Kosten der Schulden.

Wenn du zum Beispiel ein Mehrfamilienhaus mit fünf Wohnungen kaufst, das jährlich vier Prozent Rendite einbringt und du der Bank drei Prozent an Kreditzinsen zahlst, hast du einen positiven Fremdkapitaleffekt. **Du machst Geld mit dem Geld anderer Leute.** Fremdkapitalaufnahme ist ein grundlegendes Finanzprinzip.

Wenn das so einfach ist, warum nimmt dann nicht jeder Fremdkapital auf? Wieso verschuldet sich nicht jeder, um eine Rendite zu generieren? Weil zur Investition auf Sachkenntnis gestützte Vermutungen nötig sind.

Für einen zu hohen Preis erworbene Anteile können in ein Fiasko führen (Nortel – klingelt da was bei dir?[36]). Bevor du den Sprung wagst, muss deine Analyse nahelegen, dass die Rendite die Leihkosten übersteigt.

Falls du Anteile kaufst, kann die Rendite in Form von großen Kapitalgewinnen in fünf, sechs oder zehn Jahren eintreten. In der Zwischenzeit musst du die Schulden zurückzahlen (Kapital und Zinsen). Du verdienst nichts, während du die Schulden abzahlst, was bedeutet, dass sich nicht jeder diese Vorgehensweise leisten kann.

Wenn es um Immobilieninvestitionen geht, kann auf dem Papier alles viel besser aussehen, sich jedoch ändern, wenn die Investoren mit der harten Realität konfrontiert werden: steigende Zinsen, unpünktlich zahlende Mieter, oder gravierende bauliche Probleme und ein Prozess wegen verborgener Mängel, der an Gerichts- und Anwaltskosten teurer werden kann als das, was daran verdient wird. Es ist einfach, das kaputte Dach, das eigentlich erneuert werden muss, nicht einzubeziehen, ebenso wie alternde Ziegelfugen oder undichte Rohre. Und das ist erst der Anfang der Liste.

Immobilieninvestoren neigen im Grunde dazu, viel zu viel für Gebäude zu bezahlen, weil sie die notwendigen Renovierungsarbeiten unterschätzen. Nicht die Investition in Immobilien ist also das Problem, sondern der für das Gebäude gezahlte Preis.

Sich für Investitionen zu verschulden, gibt dir keine Lizenz zum Gelddrucken. Du musst den bezahlten Preis einschätzen, die Kosten der Schulden und deine Fähigkeit, die Barauslagen aufbringen zu können.

Schulden

Auf Kredit kaufen?

Ohne allzu streng zu sein, kannst du dich in Bezug auf Schulden an eine persönliche Regel halten.

Wenn zum Beispiel dein Auto kurz vor der Abwrackprämie steht, du jedoch keine Zeit oder Gelegenheit hattest, das Geld für ein neues zusammenzubekommen: Verschuldest du dich dann für ein paar Monate, während du das zusätzliche Geld generierst, um den Wagen zu bezahlen? Wieso nicht?

Meine persönliche Regel sieht so aus: Wenn ich einen Gebrauchtwagen nicht innerhalb von zwölf Monaten nach Kaufdatum vollständig bezahlen kann, habe ich möglicherweise nicht das Geld für diesen Kauf. Also entscheide ich mich für günstigere Optionen: ein preiswerteres Modell oder eine andere Möglichkeit, um das Problem zu lösen.

Du kannst dir einen gewissen finanziellen Spielraum gestatten, wenn es um einen Verbraucherkredit geht. Die Gefahr besteht darin, dass es zu einem automatischen Verhalten beim Geldausgeben wird: In dem Moment wirst du zum Sklaven deiner Zahlungen. Die Zwölf-Monats-Regel bietet ein bisschen Flexibilität.

Noch ein Beispiel: Im September erwartest du eine größere Zahlung, aber im Juni entsteht ein »Bedarf« aufgrund einer Kaufmöglichkeit. Wenn du das zu erwartende Einkommen mit den Ausgaben in Übereinstimmung bringen kannst, bewegst du dich innerhalb der Zwölf-Monats-Regel. Das ist kein allgemeines Gesetz, sondern eine persönliche Faustregel. Im Grunde akzeptiere ich manchmal die Notwendigkeit, für etwas zu bezahlen, bevor das entsprechende Einkommen da ist, aber nie länger als ein Jahr im Voraus.

Wenn ich Anzeigen für Sofas sehe, die man mit 19,95 Euro monatlich über zwei Jahre abzahlen kann, denke ich, dass ich mich eher auf ein gebrauchtes Sofa als auf diesen Handel einlassen würde. **Das ist kein Hexenwerk: Verantwortungsbewusstes Geldausgeben bedeutet, dass du etwas nur dann neu kaufst, wenn du das Geld dafür im Vorfeld zusammengespart hast.** Wieso dich zum Sklaven von Bezahlungen machen? Wenn du vor der Ausgabe nicht sparen kannst, zeigt das nicht, dass du über deine Mittel lebst?

Mir ist klar, dass das belehrend klingt. Aber wenn du immer weiter zunimmst, kommst du irgendwann dahinter, dass du etwas tun musst, um wieder abzunehmen. Wieso lässt du also deine Schulden wachsen, bis du mit dem Rücken zur Wand stehst – anders ausgedrückt, die krankhafte Fettsucht der Schulden –, bevor du reagierst? Bei persönlichen Finanzen ist die Bankrotterklärung wie eine Magenband-OP.

Brauchst du die wirklich?

Das Ziel: positives Nettovermögen

Die Logik hinter Schulden ist simpel. Du musst dich fragen, ob mehr Schulden dein Reinvermögen letztlich vergrößern oder verringern. Ziel ist das Vermögenswachstum: Kapital minus Verbindlichkeiten. So lange du ein positives Nettovermögen hast, wirst du zurechtkommen.

Nehmen wir ein konkretes Beispiel. Du besitzt ein Haus im Wert von 300.000 Euro und eine Hypothek von 200.000 Euro. Dein positives Nettovermögen beträgt also 100.000 Euro. Im Fall eines Schicksalsschlags, der dazu führt, dass du deine Hypothekenraten nicht mehr zahlen kannst und dein Haus verkaufen musst, kannst du also etliche Zehntausende Euro für einen Neuanfang in der Tasche haben.

Das Problem ist das Umschulden. Viele Menschen zapfen das Kapital ihres Hauses an, um Schulden zu bezahlen. Das ist in Ordnung, wenn sie ihre Schulden konsolidieren, denn ein Haus bietet die preisgünstigsten langfristen Finanzierungskosten.

Aber wiederholtes Umschulden kann langfristig nicht aufrechterhalten werden; die Immobilie hat nicht zwangsläufig an Wert zugenommen, wenn du eine erneute Finanzspritze benötigst. Im besten Fall solltest du eine weitere Hypothek aufnehmen, um den Wert des Hauses zu erhalten oder zu verbessern, zum Beispiel durch einen Balkonbau oder größere Renovierungsarbeiten.

Der Realität von Schulden

Ich gebe dir einen kostenlosen Tipp: **Du darfst dich NUR für Investitionen verschulden.** Wenn du folgende Frage mit nein beantwortest: »Könnte ich das auch bar bezahlen?«, musst du in den Gebrauchtwarenladen gehen, um das zu erwerben, was du dir ohne Finanzierung nicht leisten kannst.

Wenn ich Leute sagen höre: »Ja, aber eine Finanzierung mit 0,9 Prozent im Monat ist quasi kostenlos«, erwidere ich: »Das bedeutet lediglich, dass die Finanzierungskosten in den Preis eingeflossen sind.« Eine Rate von 0,9 Prozent im Monat ist lediglich ein Tätscheln des Kunden. Es ist so, als würdest du jemandem mit Übergewicht sagen: »Diese kleine schwarze Zahl verleiht dir eine schlanke Taille.« Ein Geschäft kann mit diesem Zinssatz nicht finanziert werden und warum sollte jemand freiwillig auf Rendite verzichten? Geschäfte sind keine Wohltätigkeitsorganisationen!

Schulden

Schulden und Beziehungen

Dieses Thema kann zu Hause hitzige Diskussionen entfachen. Disziplin ist toll, aber deiner besseren Hälfte widerstrebt möglicherweise die Vorstellung von verantwortungsbewusstem Umgang mit Geld.

Eines Tages schrieb mir eine Frau über ihre Verzweiflung, weil ihr Mann so viel Geld ausgäbe. Was tust du, wenn ein Partner für zwei spart, während der andere ein großes Schuldenloch gräbt? Wenn jedes vernünftige Gespräch zu strikten Weigerungen führt, verlässt du das sinkende Schiff oder beendest du deine Zeit als ertrinkender Kapitän im Ruderhaus?

Du könntest argumentieren, dass die Liebe über finanziellen Überlegungen steht. Das ist schön, aber wird das, was als für den Moment akzeptable Schulden angesehen wird, diese Liebe am Ende zerstören?

Die Pflege deiner Beziehung beginnt mit vernünftigem Management der gemeinsamen Finanzen. Das mag berechnend wirken, aber ein vernünftiges Management der Haushaltsschulden hat seine Vorteile.

> Schulden: Brauchst du die wirklich? Zum Investieren ja, aber nicht zum Ausgeben. Möglicherweise sagst du: »Ja, aber jeder verschuldet sich für Ausgaben. Warum sollte ich das also nicht tun?« Muss ich diese Frage wirklich beantworten?

DEINE INVESTITIONEN MANAGEN
MUSST DU DAS WIRKLICH?

Als ich jung war, verbrachte mein Nachbar die Wochenenden damit, wie besessen sein Auto und sein Boot zu waschen. Mein anderer Nachbar verwendete eine Zahnbürste, um auch noch den letzten Schmutzkrümel von seinem glänzenden braunen Auto zu entfernen. (Ja, braune Autos waren mal schick.)

Heutzutage geben die Leute damit an, drei Stunden am Telefon mit ihrem Mobilfunkanbieter verhandelt zu haben, um den Preis für ihr Abo um 8,13 Euro im Monat zu reduzieren.

In den vergangenen 30 Jahren haben wir viel Zeit in das Managen unseres alltäglichen Lebens und unseres Zeugs investiert. Aber wenn es um das Management unserer Investitionen geht, zeigen wir kein Interesse, die Produkte zu verstehen und zu analysieren, sie zu pflegen und zu optimieren. Wir sind bereit, einen halben Tag bei einem Autohändler in der Vorstadt zu verbringen, um 2.000 Kilogramm Metall zu kaufen, aber wenn es darum geht, unsere Zukunft zu planen, ist das eine andere Geschichte.

Entmutigte Experten

Sich mit Finanzplanern, Investmentberatern und Anlagefondsberatern zu unterhalten, ist ernüchternd. Sie erzählen mir von der Realität ihrer Jobs und wie entmutigt sie von dem Mangel an persönlicher Verantwortungsbereitschaft bei den »Investoren« seien.

Einige Kunden wollen sparen, aber wenn man sie fragt, wie viel sie jeden Monat beiseitelegen möchten, wollen sie oft für die Antwort nicht die Budgetrechnung vornehmen. Als wäre man beim Autohändler und würde sagen: »Ich möchte ein Auto kaufen, aber ich weiß nicht, welches Modell oder wie viel ich ausgeben möchte. Genau genommen weiß ich nicht einmal, ob ich ein

Deine Investitionen managen

Auto brauche, aber ich bin hier, also bedienen Sie mich und machen Sie es kurz und knackig.«

Es ist der 26. Februar. ES BLEIBEN NUR NOCH WENIGE Tage; um den Rentensparbeitrag für das Vorjahr einzuzahlen. Einige Kunden sind in Eile und möchten alles während ihrer Mittagspause erledigt haben, also am besten in 15 Minuten.

Diese Nachzügler schreiben einen Scheck über 5.000 Euro für einen Anlagefondsberater, unterzeichnen eilig die Papiere und kehren zurück in ihr Leben. Es sind dieselben Kunden, die sich beim Kauf eines Pinsels im Baumarkt die Zeit nehmen, den Verkäufer zu fragen, ob sich der Pinsel für Latexfarbe eignet, und sich nach anderen Werkzeugen erkundigen, die ihnen das Leben vereinfachen. Wir beklagen uns darüber, dass uns Finanzprodukte verkauft werden, die wir nicht verstehen, aber gleichzeitig schenken wir den Fachleuten aus der Finanzbranche weniger Aufmerksamkeit als den Baumarktverkäufern.

Schaust du dir je an, welche Investments du hast? Oder die bis heute erhaltene Rendite? Oder die Wachstumserwartungen? Eine unpassende Investmentstrategie kann den Unterschied zwischen tatsächlichen und potenziellen Renditen bewirken.

Natürlich ist es großartig, deine Investitionen zu managen, aber du brauchst erst einmal Kapital, um eine Strategie für eine Rendite zu implementieren. Wenn ein Kunde mit 45 oder 50 Jahren anfängt, für den Ruhestand zu sparen, sind Finanzberater so entmutigt wie ein Herzchirurg, der sieht, wie ein übergewichtiger Patient zwei Wochen nach seiner Bypass-OP Foie Gras Poutine[37] isst und dazu eine Zigarette raucht. Es ist nie zu spät, um mit dem Sparen anzufangen, aber je länger du wartest, desto enttäuschender sind die Ergebnisse. Das ist simple Mathematik.

Sich nicht um die Rendite zu kümmern, hat seinen Preis

Ich könnte kein Buch über persönliche Finanzen schreiben, ohne das Prinzip der Zinseszinsen zu erklären. Ich weiß, du hast schon x Beispiele davon gesehen. Aber wenn du dieses Buch gekauft hast, ist die Information vielleicht zum einen Ohr hinein und zum anderen wieder hinausgegangen.

Ein einfaches Beispiel:

Musst du das wirklich?

Jean-Philippe und Karine sind 25 Jahre alt und haben die gleiche Fachrichtung studiert. Keiner der beiden hat einen Arbeitgeber, der eine Betriebsrente anbietet. Jeder von ihnen spart jährlich 5.000 Dollar.
Ohne die Inflation oder andere Quellen für Einkommen im Ruhestand zu berücksichtigen, wie viel wird jeder der beiden im Alter von 65 Jahren angesammelt haben, wenn wir annehmen, dass Jean-Philippe eine Rendite von 4 Prozent anstrebt und Karine eine von 6 Prozent?
Im Alter von 65 Jahren wird Jean Philippe etwa 475.000 Dollar haben.
Im Alter von 65 Jahren wird Karine etwa 774.000 Dollar haben.

Wie ist eine solche Differenz möglich? Weil Karine aggressiver beim Finanzmanagement vorgegangen ist.
Die durchschnittliche jährliche Rendite, das Risikolevel und der Investitionszeitraum erklären den Unterschied zwischen beiden Investoren. In diesem Beispiel sind die Beiträge von Jean-Philippe und Karine in ihre Altersvorsorge konstant, sie können aber auch graduell ansteigen, wenn ihre Gehälter ansteigen.

Das Risiko des risikofreien Investments

Du musst dich an das Risiko gewöhnen. Du musst verstehen, dass Sparen von einem frühen Alter an unter Zuhilfenahme von GICs – Guaranteed Investment Certificate oder wie ich sie nenne: Guaranteed Indigence (Bedürftigkeits-) Certificate – Investoren keine überdurchschnittlichen Renditen erwirtschaften lassen. Schlimmer noch, langfristig hält diese Art der Investition nicht einmal mit der Inflation Schritt. **Nicht über die eigene Investitionsstrategie nachzudenken, bedeutet definitiv, am Ende noch ärmer zu sein.**
Finanzinstitute können risikofreie und risikoreduzierte Investments noch so sexy Namen geben, das ändert nichts an der Tatsache, dass es eine Höchstgrenze für ihre Renditen gibt. Wieso? Weil die Menschen einen garantierten Schutz ihres Kapitals wollen und Garantien ihren Preis haben. Ein Kapital

garantierendes Investment ist nicht umsonst: Die Kosten dieser Garantie sind in die Anlagenrendite eingeschlossen.

Über einen 40-jährigen Investmenthorizont ist schwer zu glauben, dass eine Investition in einen Indexfonds oder Aktien von Qualitätsunternehmen keine Rendite bringen, die über dem garantierten Kapital liegt, selbst mit großen Schwankungen.

Wenn du zum Beispiel 1.000 Euro im Jahr 1980 investiert hättest, ist es dann so wichtig, eine Garantie für dein Kapital zu haben, wenn du dich 2020 zur Ruhe setzen willst? Es ist extrem unwahrscheinlich, dass über 40 Jahre gehaltene Aktien weniger als 1.000 Euro Rendite generieren, es sei denn, du hättest alles in Nortel investiert.

Die eigenen Investitionen managen bedeutet auch, sich nicht wegen täglicher Wertschwankungen zu sorgen. Falls du, nach ein paar Jahren, 200.000 Euro investiert hast, darfst du nicht in Panik verfallen, wenn du an einem Tag nur noch 198.000 Dollar hast. Diese 2.000 weniger sind lediglich ein einprozentiges Absinken im Wert deines Portfolios.

Paradigmenwechsel

Als ich meinen Vertrag unterschrieb, sagte mir mein Lektor, er wolle das *Paradigma* nicht in meinem Buch sehen. Ich benutze es als Überschrift, um zu überprüfen, ob er aufpasst.

Es ist nicht der vorübergehende Kapitalverlust, den Investoren vermeiden wollen, sondern das Nicht-Generieren einer Rendite. Wenn Risiko vermeidende Investoren damit angeben, dass sie bei einer Marktkorrektur kein Geld verloren haben, vergessen sie oft ein grundlegendes Prinzip: Investoren, die sich einem größeren Risiko aussetzen, mögen zwar kurzfristig 10 Prozent ihres Kapitals verloren haben, aber kumulativ haben sie vermutlich vorübergehend die Rendite verloren, die andere Investoren nicht verdienen.

Nehmen wir den Fall von Geneviève und Pierre, beide 35 Jahre alt. Geneviève hat nie Kapital verloren, weil sie stets in risikofreie Produkte investiert. Paul kauft Aktien und Anlagefonds.

Beide haben vor ein paar Jahren 50.000 Euro investiert. Vor der letzten Marktkorrektur waren Genevièves Investments 60.000 Euro wert, die von Pierre 78.000 Euro.

Musst du das wirklich?

Heute ist Pierre ein bisschen entmutigt: Der DAX hat kürzlich 10 Prozent an Wert verloren. Er hat also 10 Prozent seines Portfolios verloren, womit ihm immer noch 70.200 Euro bleiben.

 Geneviève dagegen ist glücklich: Ihre Investitionen sind mehr wert als das ursprünglich investierte Kapital. Sie erzählt ihren Freunden, wie stolz sie sei: »Ich war besonnen und das hat sich ausgezahlt; ich habe bei der Marktkorrektur nichts verloren.«

Pierre lächelt. »Ich verlor vorübergehend 7.800 Euro; aber die gehen von vergangenen Erträgen ab, die du nicht gemacht hast. Ich habe immer noch mehr Nettokapital als du.«

Dieses Beispiel zeigt, wenn man sich vor dem Kapitalverlust fürchtet, man die Angst des Scheiterns beim Renditegewinn vergisst. Wir sollten versuchen, unsere Ersparnisse wachsen zu lassen. Im Grunde hängen die Gesamtersparnisse von drei Variablen ab:

1. dem investierten Kapital,
2. der jährlichen Rendite und
3. dem Investitionszeitraum.

Sich auf den Schutz des Kapitals zu fokussieren, ist keine gute langfristige Strategie.

Je älter du bist, desto stärker musst du natürlich die Risikoanfälligkeit einschränken. Aber in den ersten Jahren des Sparens brauchst du eine andere Investmentstrategie als jemand, der 71 und im Begriff ist, seinen Rentensparplan in eine monatliche Rente umzuwandeln.

Wenn du im Alter von 25 Jahren die gleiche Investmentstrategie hast wie jemand mit einem Plüschbezug auf dem Toilettendeckel, könntest du eventuell auf dem Holzweg sein.

Deine Investitionen managen

Die Vernachlässigung deiner Investments trägt zu finanzieller Unsicherheit bei. Wenn du 500.000 Euro gespart hast, entspricht ein Jahr mit zehnprozentiger Rendite dem Lohn eines anderen Menschen mit 40-Wochenstunden-Job. Wenn du unbewusst die Rendite auf deine Investments ignorierst, sorgst du dafür, dass diese langsamer wachsen, als sie es mit etwas kalkuliertem Risiko tun würden. Also, deine Investments managen, musst du das wirklich? Das hängt davon ab, ob du gern umsonst arbeitest und sparst.

Anmerkung: Dieses Kapitel soll die Korrelation zwischen Risiko und Rendite veranschaulichen, aber nicht als persönlicher Ratschlag angesehen werden. **Bevor du basierend auf ein Investorenprofil investierst, solltest du stets einen Fachmann konsultieren.**

KINDERPARTYS
BRAUCHST DU DIE WIRKLICH?

Martin und Isabelle sind total gestresst. Planen sie ihre Hochzeit? Nein, heute ist der Geburtstag ihres Sohns Victor und sie erwarten 24 seiner Freunde – oder so.

Das Paar hat alles geplant: Hüpfburg angemietet, einen Zauberer für 13:00 Uhr bestellt, einen »Beutesack« für jeden Gast zum Mitnehmen vorbereitet, einen Trainer für das Fußballspiel am Nachmittag angeheuert. Sie sind also bereit!

Um 11:45 Uhr wird das Sushi geliefert und die Wassertemperatur im Pool beträgt 26 Grad Celsius. Der glutenfreie Kuchen wurde von einem vegetarischen Bäcker zubereitet, der nur Bio-Mehl verarbeitet. Victors Party muss perfekt werden, denn sein Freund Gabriel hatte Akrobaten und die Kinder waren begeistert.

Dieser fiktive Fall gibt einen Einblick in den Wahnsinn, den Hüpfburgen in Kindergeburtstage bringen. Noch schlimmer wird es, wenn dein Kind mit dem Kind eines reichen Unternehmers befreundet ist. Die Partyplaner reiben sich freudig die Hände.

Eines Tages richtete einer meiner Freunde aus einem Vorort von Montréal für seine Tochter und deren Freundinnen eine Party aus. Beim Abholen fragte die Mutter eines Mädchens meinen Freund: »Meine Tochter hat großen Spaß gehabt. Was habt ihr gemacht?«

»Wir haben Verstecken gespielt«, antwortete er.

Mein Freund hatte sich selbst um die Kinder gekümmert: keine Hüpfburg, kein Zauberer, kein Showmaster. Er hat die Kinder selbst bespaßt – anscheinend inzwischen unüblich.

Welche größere Freude gibt es für Kinder, als für sie da zu sein und sich für sie zu interessieren? Ich kann mich nicht erinnern, bei irgendetwas mehr Spaß gehabt zu haben, als mit meinem Vater zu spielen oder wenn er zu einem meiner Fußballspiele mitkam.

Geburtstagspartys von Kindern, Partys von Erwachsenen, Empfänge und andere Gelegenheiten erzeugen ein (falsches) Gefühl von Stolz, dass wir

Kinderpartys

nämlich unseren Gästen mehr geben, wenn wir es in Wahrheit übertreiben. Schon beginnen die Vergleiche: Wenn die Nachbarn Foie Gras servieren, kannst du sie nicht zu Hot Dogs einladen.

Unser Freund hat letztes Mal eine Flasche Wein für 30 Euro mitgebracht, also können wir ihm keinen Wein für 18 Euro die Flasche anbieten. All das dient dazu, eine Blase der gesteigerten Geldausgabe, der Mengen und Bedürfnisse zu erzeugen, und wir bleiben stecken in einem Kreislauf unperfekten Relativismus.

> Von Partyplanern organisierte Kindergeburtstage: Brauchst du das wirklich? Nein. Du brauchst lediglich ein bisschen Zeit und die ist kostbar. Du kannst sie nicht akkumulieren oder eine Rendite in Minuten daraus generieren. Sie ist begrenzt, endlich. Ist deine Zeit nicht das größtmögliche Geschenk? Davon abgesehen: Wenn du Hunderte von Euro in die Geburtstagsparty deines Kindes steckst, aber nicht für seine Ausbildung sparst, hast du das Ziel verfehlt.

DER KEINE-GESCHENKE-PAKT
BRAUCHST DU DEN WIRKLICH?

In unserer Gesellschaft kann jeder Vorwand für die Übergabe von Geschenken benutzt werden, aus den unterschiedlichsten Gründen und zu allen möglichen Gelegenheiten: Hochzeitsgeschenke, Gastgebermitbringsel, Geburtstagsgeschenke, zum Schuljahresende, Valentinsgeschenke – die Liste ist gefühlt unendlich. Niemand wagt es, dieses unablässige Spiel des Vor- und Zurückschiebens von Ressourcen zu beenden; soziale Konventionen lassen sich nur schwer ändern.

Weihnachten: ein Nullsummenspiel

Ich hasse Weihnachten. Nenne mich einen Grinch, aber ich hasse dieses Festival der sinnlosen Geldausgabe. **Die magische Zahl ist 652 Dollar – das durchschnittliche Feiertagsbudget für kanadische Haushalte im Jahr 2015.**[38] Das Wort *Budget* bedeutet offenkundig prognostizierte Ausgaben; das heißt nicht, dass diese Grenze eingehalten wurde oder das Geld tatsächlich verfügbar war.

Weihnachten ist eine Phase des orgiastischen Konsums, während der die moderne Gesellschaft auf lächerlichste, albernste und abstoßendste Weise ihre Dekadenz beweist. Man fragt sich, ob sich die Nordamerikaner nicht einfach nur langweilen und Geld zur Minderung dieser Langeweile ausgeben. Das Kaufen um des Kaufens willen ist anscheinend zur Gewohnheit geworden. »In letzter Zeit irgendwelches neues Spielzeug gekauft? Überlegst du, irgendetwas zu kaufen?«

Und dann sind da all diese Schenkaktionen, für die Menschen ein weiteres Ding kaufen, das nicht wirklich gebraucht wird. Eine Sache mehr, die in eine Kiste, einen Schrank oder in die Garage wandern, die alle schon zum Bersten vollgestopft sind. Und schließlich endet all das nutzlose Zeug in einem Garagenverkauf. Zusammen mit dem nur einmal getragenen Paillettenkleid und dem leuchtendroten Weihnachtspullover.

Was wäre, wenn ...

 ... wir eine Pause machen würden? Ein Weihnachten ohne Geschenke. Ein Weihnachten, bei dem wir die bequemen alten Jeans tragen können, preiswerten Wein aus großen Flaschen trinken und vor Zufriedenheit strahlen, während wir zusehen, wie die Zeit vergeht.

Was am kostbarsten ist und wir uns selbst nicht mehr geben, ist nicht das neueste Technikspielzeug oder Handy. Was in unserem verrückten Leben knapp geworden ist, ist Zeit. Uns gegenseitig Zeit schenken.

Ich fand die Weihnachtsfeiertage immer wunderbar, wenn wir uns die Zeit nahmen, einfach nur zu sein, zusammen zu sein und die Zeit mit den uns wichtigen Menschen zu genießen. Nichts Extravagantes, keine Trips in den Süden oder Skiwochenenden. Nur die Zeit, um Familie und Freunden zu sagen: »Ich liebe dich, du bist mir wichtig und ich bin froh, mit dir zusammen zu sein.«

Sich die Zeit nehmen, innezuhalten und in einem hektischen Leben auf die Bremse zu treten.

Sich die Zeit nehmen, sich zu Hause einen Kaffee zuzubereiten, statt zu einer multinationalen Steuerhinterziehung beizutragen.

Die Freuden der Kindheit wiederentdecken.

Nimm teil an einfachen, kostenfreien Aktivitäten: Rollschuhlaufen im Park, ein Abendspaziergang, im Schnee liegen und die Sterne betrachten (ein Wunschtraum, wenn du in Montréal lebst, wo die Luftverschmutzung den Himmel vernebelt).

Dir ein Stück vom Leben der einfachsten Art zu nehmen. Uns die Zeit zum Leben zu nehmen, bevor wir sterben.

Was wäre, wenn wir jedes Jahr den Keine-Geschenke-Pakt unterschreiben? Eine gemeinsame Vereinbarung, mehr Freizeit als Familie zusammen zu verbringen, statt uns gegenseitig materielle Gegenstände zu übergeben. **Lasst uns die Begrenzung der Verrücktheit beschließen – eine Familie nach der anderen.** Lasst uns Schlussverkäufe meiden, lange Schlangen, mit Tüten vollgeladene Autos, den Stress, bei Schneesturm loszuziehen, die Zeit, die wir mit dem Einpacken der Geschenke verbringen. Lasst uns nein zur Verrücktheit sagen und uns Zeit für uns selbst nehmen.

Brauchst du den wirklich?

Die Ironie der Feiertage

Vor ein paar Jahren arbeitete ich für eine internationale Wirtschaftsprüfungs-
gesellschaft im Zentrum von Montréal. Es war der 23. Dezember. Ich war
überwältigt von meinem Berufsleben und dem Mangel an Privatleben. Ich
machte, so schnell ich konnte und kämpfte mit einer ständigen Müdigkeit.
Als ich eines Abends auf dem Heimweg war, näherte sich mir unweit der
U-Bahnhaltestelle Berri-UQAM ein Mann.

»Haben Sie ein bisschen Kleingeld
für Essen?«

»Nein, tut mir leid.«

Ich ging weiter. Nach ein paar Schritten blieb ich stehen und kehrte um.

»Was möchten Sie
denn essen?«

»Was immer Sie mir geben
wollen.«

Es stellte sich heraus, dass er gern zu McDonald's wollte. Ich ging mit ihm in
das Restaurant. Die Angestellten schauten, als ich mit diesem Typen eintrat.
Sie waren es gewohnt, ihn draußen zu sehen, wo er Plastiktüten statt Stiefeln
an den Füßen trug. Ich kaufte ihm ein Big-Mac-Menü und einen Gutschein
(dieser war sinnvoll) für seine nächste Mahlzeit. Er dankte mir und ich ging.

Inzwischen frage ich mich, wer wem an jenem Tag einen Gefallen getan
hat. Ich fühlte mich in diesem Moment für den Mann nützlicher, als ich es
für all die Firmenklienten war, für die ich seit meinem Karrierebeginn arbeitete.

Seit damals machte ich es zu meinem Programm, einmal im Jahr anonym
jemandem zu helfen, ohne es in den sozialen Medien mitzuteilen, ganz ohne
Eimer voll Eiswasser über meinem Kopf. Ich helfe, weil ich morgens den
Mann im Spiegel wiedererkennen möchte. Der Spiegel zeigt nicht immer das,
was wir sehen wollen. Einem Mitmenschen zu helfen, ist letztlich ein selbst-
süchtiger Akt, denn er sorgt für mehr Selbstliebe.

**Für Weihnachten träume ich von leeren Einkaufszentren, glücklichen Kindern,
die erleben, dass ihre Eltern mit ihnen spielen, statt sich ein Stück Ruhe und**

Der Keine-Geschenke-Pakt

Frieden zu erkaufen. Ich träume von etwas anderem. Was ist mit dir? Wieso nicht dein Weihnachten einer Suppenküche geben? Nutze die 652 Dollar, um haltbare Waren zu kaufen oder gib sie für eine andere Sache, die dir am Herzen liegt.

Gutscheine

In Geschäften gibt es sie in Hülle und Fülle. Aus rein ökonomischer Sicht sind sie ein seltsames Konzept. Was tun wir genau genommen, wenn wir einen Gutschein kaufen? Wir tauschen eine allgemeine Währung gegen eine andere, die nur, zum Beispiel, bei Hollister ausgegeben werden kann. Wieso geben wir dem Beschenkten nicht einfach das Geld in bar? Weil das unüblich ist? Um sicherzugehen, dass der Betreffende nichts anderes damit kauft? Jemandem einen Gutschein zu geben, ist ein falsches gutes Gewissen: Es wirkt nur wie ein persönliches Geschenk.

Wir kaufen diese Gutscheine aus einem Grund: Sie verschaffen uns Ruhe. Der Geber hat nicht Stunden mit der Suche nach einem Geschenk verbracht, und der Beschenkte ist froh, dass er sich sein Geschenk selbst aussuchen kann, statt etwas umtauschen zu müssen. Finanziell gesehen ist es geradezu albern: Du gibst mir einen Gutschein für Douglas und ich gebe dir einen gleichwertigen für Amazon.

Es ist im Grunde also ein Nullsummenspiel, eine reine Zeitverschwendung.

GRATISTIPPS!

Tut euch zusammen, um jemandem als Geburtstagsgeschenk 100 Euro (oder wie viel auch immer) zu überreichen. Der Empfänger kann sich etwas Nützliches und relativ Teures kaufen, während sich reduziert, was jeder Einzelne beisteuern muss.

Überreicht essbare Geschenke – selbst gebackene Plätzchen, Chutney oder etwas Ähnliches – und legt das Rezept dazu. Das ist ein einzigartiges Geschenk mit einem stets geschätzten persönlichen Touch.

Brauchst du den wirklich?

> Der Raum zu Hause ist heiß begehrt. Ihn mit Gegenständen vollzustellen, macht freien Raum noch wertvoller. Wieso sich nicht unter Erwachsenen einigen, die Anzahl der Geschenke zu begrenzen? Also, wer möchte den *Keine-Geschenke-Pakt* unterzeichnen? Wer weiß, vielleicht magst du ihn sogar irgendwann. Denn ein weiteres Stehrumchen: Brauchst du das wirklich?

EINE AUSGABENSTRATEGIE
BRAUCHST DU DIE WIRKLICH?

Eine Ausgabenstrategie? »Wovon redet der da?«, fragst du dich vielleicht. Natürlich haben wir alle unsere Methode, ein Produkt gegenüber einem anderen zu bevorzugen. Wir alle kennen einen weisen älteren Menschen, der uns zeigt, wie die Arbeit getan werden sollte: wie man etwas am Haus repariert, einen Garten anlegt oder etwas zurechtbastelt. Wenn wir davon sprechen, etwas zu kaufen, haben wir alle einen besserwisserischen Freund oder Onkel, der uns alles (Un-)Mögliche über jenes Produkt erzählen kann.

Aber wir haben niemanden, der uns sagt, wie wir unsere Ausgaben kontrollieren können. Dieses Kapitel ist nicht besonders wissenschaftlich, aber es bietet eine Drei-Punkte-Strategie für das Kaufen teuer Produkte.

1. Geh nach Hause

Konsum ist wie die Lust. Er hält uns vom vernünftigen Denken ab und entzieht unserem Gehirn das Blut. Wir wollen dieses Teil da haben, auf der Stelle. Daran ist nichts rational – es ist ein plötzliches Verlangen. Wenn ich einen größeren Kauf tätigen will und das nicht durchdacht habe, gehe ich nach Hause, bevor ich irgendetwas kaufe. Wenn ich etwas Verlockendes entdeckt habe und dann nach Hause gehe, ermöglicht mir die Vernunft meistens, mich wieder zu fangen.

Ich hatte die Angewohnheit, mehr Gitarren als nötig zu kaufen. Ich weiß nicht wieso, aber sobald ich ein Gitarrengeschäft betrete, überkommt mich der überwältigende Drang zum Gitarrenkauf. Liegt es daran, dass ich ein Rockstar sein möchte? Es ist ein Impuls, eine Form von Aufregung. Ich sehe die Gitarre, berühre sie und – als hätte mich ein Virus befallen – verspüre ein brennendes Kaufverlangen.

Dabei besitze ich für mein bescheidenes Talent längst genügend Gitarren. Deshalb funktioniert es, in solchen Momenten nach Hause zu gehen. Sobald ich dort ankomme, verschwindet das Verlangen nach einer weiteren Gitarre, vor allem wenn ich dann den Staub auf den anderen dreien sehe.

Brauchst du die wirklich?

Mit Fahrrädern ist es genauso. 20 Jahre lang bin ich ein und dasselbe Rad gefahren. Aber jedes Jahr gehe ich in das Geschäft und sage mir, dass ich dieses Jahr ein neues kaufen werde. Ich rede mit dem Verkäufer und handle den Preis herunter. Am Ende gehe ich nach Hause und frage mich: »Brauche ich das wirklich?« Die Antwort lautet nein, denn mein Rad funktioniert noch sehr gut.

Nach Hause zu gehen, bevor du etwas kaufst, gibt dir auch die Chance, eine Prioritätenliste deiner Ausgaben zu erstellen. Meistens ist der Impuls zum Geldausgeben schon bald nur noch eine Erinnerung. Was treibt mich zu dieser Ausgabe? Was fehlt in meinem Leben, dass dieses Bedürfnis immer wieder hochkommt?

Wie eine vom Honig angelockte Fliege saugen wir endlos Produkte ein – oder bis wir sterben. Wir sind Fliegen und die Produkte sind Zucker (oder manchmal auch ein Hundehaufen). Wir müssen uns unserer Abhängigkeit lediglich bewusst sein und uns dazu bringen, nach Hause zu gehen und eine Tasse grünen Tee zu trinken.

2. Das Budget

Das mag offensichtlich sein, aber eine gut funktionierende Strategie besteht darin, dir ein Budget zu setzen. In den Geschäften lässt du dich von der Aufregung womöglich hinreißen und das Verlangen wächst exponentiell. Du hast das Gefühl, das Beste zu verdienen. Indem du im Vorfeld deinen Höchstpreis festlegst, hältst du dein Gehirn von Kurzschlussreaktionen im Laden ab.

Wenn du zum Beispiel für den Kauf eines Fernsehers in den Elektrofachmarkt gehst, setzt du dir vorher ein Budget von 1.000 Euro. Sei wachsam – es wird immer teurere Geräte mit noch mehr Funktionen geben. Wir neigen dazu, erst nachträglich zu erkennen, dass der Bildschirm die einzig wichtige Funktion für uns ist.

Um dich von deinen realen Bedürfnissen abzulenken, stellen Händler attraktive, teurere Modelle aus, spielen mit Kontrasten und Farben. Aber da du so geistesgegenwärtig warst, dir vorher ein Budget zu setzen, gehst du ihnen nicht in die Falle.

Ich würde gern mal jemanden treffen, der tatsächlich alle Funktionen an seinem Fernseher oder alle 13 Programme seiner Waschmaschine nutzt. Es

Eine Ausgabenstrategie

herrscht eine gravierende Kluft zwischen den Möglichkeiten der Produkte und der Zeit, die wir ihnen widmen können.

3. Die Lieblingsausgabenkategorie

Wir alle neigen dazu, eine Lieblingsausgabenkategorie zu haben. Meine war lange Zeit die Musik. Ich erlaubte mir ein höheres Budget als die meisten Menschen, um CDs und Musikinstrumente zu kaufen.

In unserer Überzeugung schwelgend, dass Glück mit der Ausgabe von Geld zusammenhängt, erlauben wir es uns, in einem Bereich mehr auszugeben, in dem andere gar nichts ausgeben würden, vorausgesetzt wir beschränken unsere Ausgaben in anderen Bereichen. Offenbar ist es alles eine Frage der Mittel. Manche Leute werden dir sagen, dass es von der Menge abhängt, die dieser »exzessiven« Ausgabenkategorie zugeteilt wird, weil wir uns zwei, drei oder vier Kategorien aussuchen können, in denen wir ein bisschen über die Stränge schlagen dürfen, solange der Betrag vernünftig ist. Es ist alles eine Frage des Budgets und der finanziellen Kontrolle.

Eines ist sicher: Es ist seltsam, dass wir glauben, dass wir das teuerste High-End-Produkt verdient hätten. Warum sollten sich andere mit weniger zufriedengeben, wenn wir uns ein Luxusprodukt gönnen? Die Formulierung *es verdient haben* fand ich schon immer seltsam. Als hätte Geldausgabe etwas mit Verdient-haben zu tun. »Ich arbeite hart. Ich werde mich belohnen!« Wenn du dich bei diesem Gedanken ertappst, musst du mal alles genau unter die Lupe nehmen. Wozu so hart arbeiten, wenn das Ziel nur darin besteht, sich dafür zu belohnen, dass man so hart gearbeitet hat?

Diese Strategie kann zusammengefasst werden zu Z-B-K: Zuhause, Budget und Kategorie.

1. Nimm dir Zeit, bevor du kaufst.
2. Entscheide, wie nützlich diese Sache wirklich für dich ist.
3. Sorge dafür, dass du dich nicht in jeder Ausgabenkategorie verhätschelst.

Es gibt keine perfekte Strategie des Geldausgebens, aber wie Benjamin Franklin es ausdrückte: »Wenn du an der Vorbereitung scheiterst, bereitest du das Scheitern vor.«

Brauchst du die wirklich?

> Also, eine Ausgabenstrategie: Brauchst du die wirklich? Nicht unbedingt, aber sie kann hilfreich sein. Erst einmal wieder nach Hause zu gehen, ein Budget im Hinterkopf zu haben und nach eigenem Ermessen Ausgabenkategorien festzulegen, hilft dir, trotz Kaufimpuls einen kühlen Kopf zu bewahren.

ERWARTUNGEN MANAGEN
MUSST DU DAS WIRKLICH?

Ah, Erwartungen managen. Wir managen unaufhörlich Erwartungen, sei es in Beziehungen, unserer Karriere, den übernommenen Projekten oder bei unseren Freizeitaktivitäten. Das Erwartungsmanagement findet sich überall, einschließlich der persönlichen Finanzen und dem Lebensstil. Seine eigenen Erwartungen in diesen beiden Bereichen zu managen, ist ein Rezept zum Unglücklichsein.

Die Erwartungsgleichung

Verzeiht mir die Metapher aus der Wirtschaftsprüfung, aber das Managen von Erwartungen ähnelt stark der Analyse von Finanz- oder Geschäftsergebnissen.

Bei der Finanzergebnisanalyse berechnen wir die Varianz zwischen dem tatsächlichen Ergebnis und dem prognostizierten Ergebnis. Wir verwenden zum Beispiel die folgende Gleichung, um die Spanne, in Prozent gemessen, zwischen Ergebnis und Prognose zu berechnen.

Unterschied zwischen Ergebnissen und Erwartungen (in Prozent)

$$\frac{(\text{Reale Finanzergebnisse} - \text{Prognostizierte Finanzergebnisse}) \times 100}{\text{Prognostizierte Finanzergebnisse}}$$

$$= \frac{(€\ 1.000 - €\ 900) \times 100}{900}$$

$$= 11,11\ \%$$

Falls das Ergebnis der Gleichung positiv ist, bedeutet das, dass wir die Verkäufe oder Profitprognosen übertroffen haben. Management und Anteilseigner sind zufrieden, da wir die Erwartungen übertroffen haben. (Wenn wir von Ausgabenkategorien sprechen, ist die Logik genau umgekehrt, es sei denn, zusätzliche Ausgaben generieren einen proportional höheren Ertrag.)

Musst du das wirklich?

Führungskräfte in Unternehmen sind Meister des Erwartungsmanagements geworden, um Märkte und Investoren zufriedenzustellen.

In unserem Privatleben ist es nahezu das gleiche Prinzip. Nehmen wir ein Beispiel: Eine Frau geht nach Hause. Sie bereitet sich auf einen romantischen Abend vor. Sie duscht, kühlt eine Flasche Wein, kocht ein einfaches Abendessen und zündet Kerzen an.

Ihre Erwartungen steigen. Das Telefon klingelt und ihr Freund sagt, er müsse den Abend mit der Arbeit an einer Akte für den nächsten Tag verbringen (in Seifenopern erfahren wir nie etwas über diese Akte, weil sie für gewöhnlich leer ist). Die Gleichung ist also wie folgt:

Unterschied zwischen Ergebnissen und Erwartungen (in Prozent)

$$\frac{(\text{Wert eines Abends vor dem Fernseher} - \text{Wert eines romantischen Abends}) \times 100}{\text{Wert eines romantischen Abends}}$$

= Negatives Ergebnis, weil ein Abend vor dem Fernseher allgemein weniger wertvoll ist als ein romantischer Abend

Miss die Zufriedenheit. Falls das Ergebnis Null ist, wurden unsere Bedürfnisse befriedigt. Ist es positiv, wurden unsere Erwartungen übertroffen, ist es negativ, wurden sie unterboten.

Es ist schwierig, dem Ergebnis eine Zahl zuzuordnen, aber man kann schätzen, dass der Wert eines Abends vor dem Fernseher geringer ausfällt als der Wert eines romantischen Abends. Die Zufriedenheit ist folglich negativ. Manche Situationen sind einfacher zu quantifizieren – zum Beispiel Gehaltserwartungen oder der Wert eines Hauses.

Möglicherweise denkst du, meine Sichtweise sei zu sehr von der Wirtschaftsprüfung oder Mathematik durchtränkt, aber es ist wie gesagt nur eine Metapher. Werden die Erwartungen so gerade eben erfüllt, beträgt die Varianz zwischen tatsächlichem Ergebnis und Erwartungen Null Prozent. Praktisch gesehen können wir also Glück als das Ausmaß der Erwartungserfüllung definieren. Wir können dieser Zufriedenheit nicht wirklich eine Zahl zuordnen, aber wir können ihr eine Größenordnung zuweisen (gleich, größer als oder kleiner als, besser oder schlechter als die Erwartungen). Wir kontrollieren nicht immer den Zähler in der Gleichung (das tatsächliche Ergebnis), aber wir können uns auf den Nenner konzentrieren, also unsere Erwartungen.

Konkrete Beispiele

✓ Wenn ich meinen Arbeitgeber um eine 30-prozentige Gehaltserhöhung bitte, ist es wahrscheinlich, dass ich bei lediglich einem oder zwei Prozent enttäuscht sein werde.

✓ Das gleiche Prinzip gilt für Erwartungen in Beziehungen. Wenn ich meiner Frau sage, dass ich um 18.00 Uhr zu Hause sein werde, ist sie enttäuscht, wenn ich erst um 20:00 Uhr komme. Wenn ich ihr jedoch sage, dass ich um 20:30 Uhr kommen werde und dann schon um 20:15 Uhr eintreffe, wird sie sich freuen. Das ist reines Erwartungsmanagement, das große Enttäuschungen vermeiden lässt. Das Ziel ist die Kontrolle des Nenners in der Gleichung.

✓ Wenn eine meiner Erwartungen ist, in einem Eine-Million Dollar-Einfamilienhaus in Outremont zu leben, ich mir jedoch nur eine Eigentumswohnung für 250.000 Dollar in Hochelaga-Maisonneuve leisten kann, könnte ich enttäuscht sein.

Warum diese ganze Enttäuschung? Wegen der schlecht gemanagten Erwartungen. Die erwarteten Ergebnisse waren zu schwer erreichbar. Diese Beispiele zeigen, dass Ziele richtig definiert werden müssen.

Erwartungen und SMART-Ziele

Im Management gibt es einen Weg der Zielformulierung, der sich auch auf unser Privatleben anwenden lässt, vor allem im Hinblick auf das Erwartungsmanagement. Du musst die Ziele kennen, die du erreichen willst.

Mit Anfang 20 schrieb ich meine Lebensziele auf ein Stück Papier und trug es ein paar Jahre in meiner Brieftasche mit mir herum. Als Zusage an mich selbst hatte ich entschieden, mir Ziele zu setzen, basierend auf meinen Erwartungen, Interessen, Wünschen, Träumen und Fähigkeiten. Die Liste war in verschiedene Kategorien unterteilt, einschließlich:

✓ Investments
✓ Ersparnisse
✓ Körperliche Fitness
✓ Familie
✓ Karriere

Musst du das wirklich?

Wenn du dir keine Ziele setzt, kommt du auch nirgendwo an oder zumindest nicht dort, wo du hinwillst. Zum Beispiel bestand mein Ziel in der Kategorie Ersparnisse darin, jedes Jahr 20 Prozent meines Bruttogehalts zu sparen. Im Bereich Karriere notierte ich verschiedene Ziele, wie »mit 45 Universitätsprofessor sein« und »mit 40 ein Buch geschrieben haben«.

Die Ziele ergaben alle Sinn; sie folgten den Prinzipien aus meinen Managementkursen. Sie waren das, was man als SMART-Ziele bezeichnet. Was sind SMART-Ziele?

Spezifisch. Ein gut definiertes Ziel muss klar und präzise sein. Zum Beispiel ist »ein besserer Mensch werden« vage. Aber »Universitätsprofessor sein« ist klar und präzise.

Messbar. Du musst in der Lage sein, das Ziel zu quantifizieren, um dessen Erreichung zu bestimmen. Wenn mein Ziel zum Beispiel darin besteht »18 Prozent meines Jahresgehalts zu sparen«, ist das messbar. Du kannst am Jahresende messen, ob das Ziel erreicht wurde.

Ambitious (ehrgeizig). Wenn es um das Erwartungsmanagement geht, muss das Ziel ehrgeizig sein, es muss also schwierig genug zu erreichen sein, damit das Erreichen eine Befriedigung ist. Ehrgeiz hängt von den persönlichen Fähigkeiten ab. Zum Beispiel ist es für den Klassenbesten im Alter von 17 Jahren nicht sonderlich ehrgeizig, »das Abitur vor meinem 30. Geburtstag zu haben« – für jemanden, der als Erwachsener wieder die Schulbank drückt, aber schon.

Realistisch. Ein Ziel muss erreichbar sein. Ein Mangel an Realismus entmutigt nicht nur, sondern kann auch unser Erwartungsmanagement erschweren. So ist es zum Beispiel theoretisch möglich, »mit 25 Präsident eines multinationalen Konzerns zu sein«, wenn du aber schon 24 bist und Hamburger bei MacDonald's wendest, ergibt dieses Ziel nicht viel Sinn. Oder wenn du als Mitarbeiter 40.000 Euro im Jahr verdienst, ist es genauso unwahrscheinlich, sich mit 40 zur Ruhe setzen zu wollen.

Time-bound (zeitgebunden). Das Ziel muss zeitlich definiert sein. Um ein Ziel zu erreichen und zu verfolgen brauchst du einen Zeitplan. Sich zum Beispiel »mit 30 ein Renditeobjekt« kaufen zu wollen, ist ein zeitliches Ziel, falls es eine klare Deadline gibt. Wenn du mit 32 immer noch Mieter bist, hinkst in dem zeitgebundenen Teil deines Ziels hinterher.

Erwartungen managen

Wenn du also persönliche oder berufliche Ziele setzt, müssen sie diese fünf Prinzipien einhalten, damit du deine Erwartungen managen kannst. Das Folgende ist ein gut formuliertes Beispiel:

Von 25 bis 65 (zeitgebunden)
spare ich 20 Prozent (messbar, ehrgeizig und realistisch)
meines Bruttojahresgehalts (spezifisch).

Durch das Setzen von SMART-Zielen sorgst du dafür, dass Erwartungen sowohl realistisch als auch ehrgeizig sind. Erwartungsmanagement bedeutet nicht, sich so bescheidene Ziele zu setzen, dass du nicht stolz auf ihr Erreichen sein kannst. Es muss eine Ausgewogenheit zwischen Realismus und Ehrgeiz vorhanden sein.

Die meisten Kanadier zahlen nicht den maximalen Betrag in ihre Altersvorsorge ein. Von daher ist es relativ ehrgeizig für einen Durchschnittsbürger, 18 Prozent seines Vorjahreseinkommens sparen zu wollen, aber es ist realistisch, ein paar Entscheidungen zu treffen, die sich von denen anderer Steuerzahler unterscheiden. Erwartungen und Ziele sind eng miteinander verbunden, dessen solltest du dir bewusst sein.

Sich verändernde Ziele und Erwartungen

Ein weiteres wichtiges Prinzip beim Managen von Erwartungen ist die Erkenntnis, dass Ziele und Erwartungen im ständigen Wandel sind. Sie müssen angepasst werden, wenn das Leben verschiedene Wendungen nimmt – sei es zum Besseren oder Schlechteren.

Was im Alter von 20 realistisch gewesen sein mag, ist es mit 35 oder 45 nicht länger. Im Laufe der Zeit können sich Interessen und Ziele verändern. Ich wollte zum Beispiel Universitätsprofessor werden und wurde CEGEP(College)-Lehrer. Ich habe am Ende mein berufliches Ziel erreicht, nur eben auf einer anderen Ebene.

Mit der Zeit erkannte ich, dass diese Wende in meinem Berufsweg von Vorteil für mich war. Die Veränderung meiner Erwartungen trug zu meiner persönlichen Zufriedenheit bei.

Musst du das wirklich?

Überprüfen und Maßnahmen ergreifen

Privat- und Berufsleben haben eine Gemeinsamkeit: Wenn du keine Entscheidungen triffst, werden andere sie für dich treffen und dir deinen Weg vorgeben.

Ich verwende gern die Metapher von einem Segelboot auf dem Meer. Wenn der Kapitän kein Ziel hat, wird das Boot von den Wellen herumgetragen und fährt im Kreis, steuert in die günstigste Richtung. Aber ein Kapitän mit einem Ziel wird alles dafür tun, um dieses zu erreichen, auch wenn der Wind ungünstig steht.

Deshalb musst du dich regelmäßig fragen: »Wo stehe ich im Hinblick auf meine persönlichen und beruflichen Ziele?« und »Was brauche ich, um sie zu erreichen?« Als ich einmal ein bisschen Zeit zur Verfügung hatte und alles aufschob, fragte ich mich, was ich an jenem Tag oder im vergangenen Jahr für meine Zielerreichung getan hatte.

Von Zeit zu Zeit eine Bestandsaufnahme deiner Ziele zu machen, bedeutet, dass du dir der verstreichenden Zeit bewusst bist und deinen Kurs wenn nötig anpassen kannst.

Ziel: Im Alter von 65 mit einem jährlichen Einkommen zur Ruhe setzen, das 70 Prozent deines Gehalts entspricht.

Überprüfung des Ziels:

- ✓ Stimmt der monatlich gesparte Betrag mit dem Ziel überein?
- ✓ Hast du dich mit einem Fachmann zusammengesetzt, um einen Ruhestandsplan zu erstellen?

Maßnahmen: Du hast vielleicht immer von einem Jobwechsel geträumt, stattdessen schlägst du Wurzeln in deiner Büronische, erledigst seit 20 Jahren einfache Aufgaben, ohne dich irgendwie aus dieser Trägheit zu befreien. Wie meine Mutter zu sagen pflegte: »Gott hilft denen, die sich selbst helfen.«

Wir warten gern darauf, dass das Gute vom Himmel fällt, um das lebensverändernde Angebot zu erhalten, ohne dass wir uns dafür anstrengen müssen. Wenn du dich in dieser Büronische festsetzen lässt, werden deine »Festsetzer« ihr Verhalten nicht ändern. Was musst du also tun, um dein Ziel zu erreichen oder um dich umzuorientieren, damit du es erreichst?

Erwartungen managen

Das Erwartungsmanagement bezüglich Glück und Gesundheit

Das Management von Erwartungen ist eng mit den Zielen verknüpft, die wir uns in jedem Lebensbereich setzen.

Keine Erwartungen zu managen und keine konkreten Maßnahmen zur Zielerreichung zu ergreifen, bedeutet, sich mit Unzufriedenheit zu begnügen.

Ich definiere Glück gern als den Punkt exakt zwischen »ohne Bedauern« und »ohne Reue«. Du musst sicher sein, dass du dein Nichtstun nicht bedauern und die getroffenen Entscheidungen nicht bereuen wirst. Das Managen der Erwartungen schränkt Bedauern ein und verhindert Reue.

Ich weiß, vernünftiges Erwartungsmanagement ist leichter gesagt als getan. Aber um zu verhindern, dass man als Passagier auf dem Beifahrersitz des eigenen Lebens landet, braucht man einen Plan.

Erwartungen managen: Brauchst du das wirklich? Frage gestellt, Frage beantwortet.

VERREISEN
MUSST DU DAS WIRKLICH?

Ich kann dich beim Lesen dieser Kapitelüberschrift förmlich mit den Zähnen knirschen hören. Dein Blutdruck steigt und du möchtest am liebsten auf Facebook eine Schimpftirade über mich loslassen. Der Text dafür steht sogar schon grob.

Sei versichert, dass ich deiner Meinung bin: Es ist schön, zu verreisen, neue Horizonte zu erforschen, eine andere Welt zu erleben, zu lernen, zu leben und zu fragen. Ich meine, sollen wir denn überhaupt keinen Spaß mehr haben? Doch. Aber es ist vielleicht an der Zeit, über unsere Reisebesessenheit zu reden.

Verreisen ist wie Glasur: Zuerst musst du einen Kuchen backen, auf dem du sie verteilen kannst. Ersparnisse sind der Kuchen. **Die Vorstellung von »reise jetzt, zahle später« ist ja schön und gut, aber in ein paar Jahren wird dich dieses Versäumnis kosten.** Finanzielle Versäumnisse sind wie Zinseszinsen: Im Laufe der Jahre wächst ihr Einfluss exponentiell.

Sich mit einer Reise zu belohnen, ist keine Leistung, sondern eine Ausgabe, wie ein Whirlpool auf der Terrasse (sicher, zusätzlich zu einer kurzen neuen Erfahrung und Erinnerungen für ein ganzes Leben). Verreisen ist eine rein finanzielle Entscheidung. Du weist einen Teil deines Budgets dem Flug, dem Essen und der Unterkunft in einem anderen Teil der Welt zu.

Das ist keine Leistung – es ist ein Luxus, der deinen diesjährigen Rentensparplan schmälert. **Verspeist du im Italienurlaub quasi deine Rente?** Ich hoffe, der Teller Nudeln war richtig gut, denn er wird dich viel mehr kosten als die gezahlten 15 Euro.

Das Verreisen wieder in die richtige Perspektive rücken

Eines Tages saß ich in einem örtlichen Café und korrigierte die Arbeiten meiner Studenten. Am Tisch gegenüber gab eine Frau Anfang 20 einer Journa-

Verreisen

listin ein Interview über ihre Reisen. Sie erklärte, dass sie auf ihren Reisen die unterschiedlichsten Menschen kennenlernte, die sie aufnahmen, verköstigten etc. Im Grunde lautete die Botschaft:»Ich möchte nicht so wie andere arbeiten. Ich bin Teil von etwas Größerem. Ich werde mein Leben mit Reisen verbringen. Arbeit ist nichts für mich. Ich arbeite gerade genug, um verreisen zu können.«

Sie schaute auf unsere Gesellschaft mit ihren verschrobenen Werten und dem Materialismus herab (oder zumindest klang es so). Mit einem Haus und Kindern festzusitzen, interessierte sie nicht. Vielleicht war es eine Zurschaustellung der vorübergehenden, arroganten Naivität der Jugend, aber ich konnte sehen, dass sich die Journalistin für ihr Leben in einem Vorstadtbungalow verurteilt fühlte.

Schön und gut, dass diese junge Frau auf unsere strukturierte Welt herabsah, aber diese Welt baut eben auch die Flugzeuge, mit denen sie fliegt. Diese Welt stellt auch die Lebensmittel her, die sie isst, und transportiert diese sowie die Materialien für ihre Reiseausrüstung.

Außerdem ist es einfach, wie ein Parasit bei anderen zu wohnen, wenn man eine junge Frau Anfang 20 ist. Später wird das weitaus schwieriger. Reisen kann unsere Jugend formen, aber man kann sich nur eine Zeitlang auf die ökonomische Realität junger Menschen verlassen, um das Übernachten bei anderen zu rechtfertigen.

Für wen verreist du?

Irgendwo tief in unserem Inneren wollen wir es alle tun. Abhauen und die tägliche Routine und Plackerei hinter uns lassen. Manchmal denken wir, wir seien für etwas Größeres bestimmt als andere. Wir alle denken das. Aber was haben wir denn wirklich so Besonderes an uns? Das Bedürfnis, uns anders zu fühlen? Das Bedürfnis, uns lebendig zu fühlen? Vielleicht. Glaub es mir, ich kann das nachvollziehen. Die Sache ist nur, dass zwar die Reisemöglichkeiten unendlich sind, unsere Finanzen jedoch nicht.

Musst du das wirklich?

Ich habe ein paar ernste Fragen an dich.

Wenn du verreist, für wen tust du das wirklich? Ist es nur wegen des Gruppendrucks, damit du sagen kannst, dass du irgendwo gewesen bist?

Im Grunde deines Herzens, was willst du sehen? Verreist du, weil du es wirklich möchtest oder aus Gründen sozialer Akzeptanz? Du machst deine Freunde vielleicht neidisch, aber bewundern werden sie dich dafür nicht.

Wozu schießt du während deiner Reise 12.350 Fotos? Hoffentlich nicht für deine Freunde. Ehrlich gesagt freuen wir uns ja, dass du eine schöne Zeit hattest, aber länger als 15 Minuten deine Bilder anzugucken, schaffen wir einfach nicht.

Was verbirgt sich hinter deinem Wunsch, in Touristenfallen in anderen Ländern Geld auszugeben?

Du bist zu gut für ein gewöhnliches Leben? Das Gewöhnliche des einen Menschen ist das Außergewöhnliche des anderen. Deshalb besuchst du das Gewöhnliche in einem anderen Land.

Vor wem läufst du davon, von einer Touristenattraktion zur nächsten, wie ein Huhn mit abgeschlagenem Kopf?

Wenn dich jemand fragt, »Wohin fährst du in den Urlaub?«, bist du nie versucht, zu antworten, »Nirgendwohin«?

Dieses süße Gefühl des Urlaubs, was so viel heißt wie »nicht arbeiten, sondern die Tage ohne Hetze und Stress zu genießen«: Wieso ist ein Urlaub auf Balkonien keine Option?

Vielleicht verreist du, um zu sehen, wie gut du es zu Hause hast. Aber wovor versuchst du zu fliehen, wenn du ins Ausland fliegst, sobald du fünf Tage am Stück frei hast? Deine Freundin oder dein Freund liebt dich nicht wirklich? Deine Beziehung? Dein Job? Deine Gedanken? Alles klar.

Verreisen

Die wirtschaftliche Kehrseite des Reisens

Indem sie viel reisen, steigern Weltenbummler die Nachfrage nach internationalen Flügen, machen Fluggesellschaften profitabel und helfen der Demokratisierung von Flugreisen.

2014 reisten 3,3 Milliarden Menschen auf diesem Planeten mit dem Flugzeug.[39] Flugreisen tragen jedoch stark zur Luftverschmutzung bei. Eine Maschine mit so vielen Passagieren und ihrem Gepäck in die Luft zu bringen, erfordert eine Menge Kraft, die während des Flugs aufrechterhalten werden muss.

Das erzeugt ökonomische Externalitäten: Wir verschmutzen die Luft. Ohne den realen Preis dafür zu zahlen. Unsere angehenden Globetrotter und ihr Entdeckungshunger tragen zu einer Steigerung des Luftverkehrs und der Verschmutzung bei, was letztlich der Gesellschaft schadet.

Studentenreisen

Humanitäres Verreisen und Studentenreisen haben etwas Eigenwilliges an sich. Natürlich ist es großartig, jungen Menschen die Möglichkeit zum Reisen zu geben. Aber aus rein ökonomischer Sicht ergibt irgendetwas daran keinen Sinn. Fundraising Activities zielen auf Familien, Freunde, Einkäufer im Supermarkt und alle, die erreicht werden können, ab. Im Grunde werden Menschen, die selbst kein Geld zum Verreisen haben, gefragt, ob sie einen Teil zur Reise eines jungen Menschen beitragen. Finanziell gesehen versuchen die Studenten also, ihre Reisen zu subventionieren.

Diese Art des Reisens hat auch positive Aspekte: die Welt sehen, etwas über die Kluft zwischen Arm und Reich lernen, kulturelle Sensibilität erlangen. Dennoch verstärken Studenten, die Gelder für Reisemöglichkeiten sammeln, die Botschaft, dass andere für das zahlen werden, was sie haben wollen.

FÜR EINEN JOB IN DER REISEBRANCHE STUDIEREN

Deine Leidenschaft für das Verreisen weckt vielleicht den Wunsch nach einem Job in der Reisebranche. Aber möchtest du wirklich in einem Büro Reisen verkaufen? Was ist der Unterschied zwischen dem Verkaufen von Reisen und einem Fünf-Gänge-Menü? Du reist nicht wirklich: Du bist nur im Verkauf.

Musst du das wirklich?

Du bekommst jedes Jahr eine Gratisreise? Toll! Aber warum suchst du dir nicht einfach einen besser bezahlten Job und machst jedes Jahr eine selbst bezahlte Reise? Anders ausgedrückt: Du solltest dir dein Studienfach nicht auf Basis der Reisen aussuchen; du solltest dich für deine Fachrichtung entscheiden und dann damit verreisen.

Das lässt mich an Universitätsprogramme wie an internationalen Handel denken. Der Name enthält das Wort *international*, aber welchen Job bekommst du damit tatsächlich? Es mag sexy klingen, aber die Realität ist eine gänzlich andere. Du denkst wirklich, du würdest mehr reisen? Du würdest im Ausland leben? Wie gefragt sind die Fähigkeiten, eine Reisetasche zu packen und unempfindlich gegenüber Jetlag zu sein, auf dem Arbeitsmarkt?

Kannst du Internationale Wirtschaftsprüfung studieren? Nein. Wirtschaftsprüfung gibt es überall und die Standards sind international. Also, Allerwelts-Wirtschaftsprüfer können beruflich reisen, wenn sie es sich so wünschen. Um im Ausland zu arbeiten, ist kein Abschluss nötig, der aufgemotzt wird mit dem Wort *international*.

Ich liebe das Verreisen

Praktisch jeder möchte reisen. Ich möchte öfter verreisen. **Aber in meinem Alter musst du für regelmäßige Reisen reich, leichtsinnig oder ein Steuerhinterzieher sein.** Ein verantwortungsbewusstes Finanzleben ist teuer. Es ist in Ordnung, eine Reisevorliebe zu hegen, aber es ist nun mal so, dass manche Menschen zu viele Verpflichtungen und Schulden für häufiges Reisen haben. Wenn es um die persönlichen Finanzen geht, ist es in Ordnung, solange du mit 35 zwei Jahresgehälter auf der hohen Kante hast. Wie bitte? Zwei Jahresgehälter? Bist du verrückt? Selbst mit niedrigen Renditen ist das finanziell machbar – es sei denn, du versäufst deine Ersparnisse lieber in Strandbars.

Verreisen

Also, du bist 35 und hast eine Facebook-Seite mit vielen Erinnerungen darauf. Weiter so! Und was ist mit deiner Altersvorsorge und sonstigen Sparplänen? Wie läuft es damit? Verreisen, das brauchst du wirklich – aber zu welchem Preis? Ich weiß, ich langweile dich. Aber denk auch ein bisschen an deine Zukunft ...

KOCHEN
MUSST DU DAS WIRKLICH?

An der beschlagenden Scheibe eines Restaurants klebt ein verblichener Sticker mit dem Slogan:»Na los, meine kleinen Schweinchen, macht euch keine Mühe, Gemüse klein zu schneiden oder durch die Suppe zu rühren. Esst einfach nur. Es ist so einfach. Esst, was ihr wollt, bis eure Geschmacksknospen ausgelaugt sind.«

Tausende Jahre haben wir uns selbst Mahlzeiten zubereitet, um an einem Ort zu enden, an dem die Menschlichkeit kulinarisch gesprochen eher passiv ist. Wie hoch aber ist der Preis des Einfach-nur-Essens? Zu hoch. Ganz zu schweigen von der mangelnden Kontrolle über das, was wir auf dem Teller haben.

Nicht zu kochen, bringt dich ins Armenhaus. Du musst dich fragen, was du mit den fehlzugeteilten Geldmitteln hättest tun können. **Bei mir steht von allen kürzungsreifen Punkten des monatlichen Budgets das Auswärtsessen an erster Stelle.**

Die Sache ist nur, dass Menschen vom Wesen her gesellig sind – wir treffen gerne andere Menschen in Cafés, genießen einen Tapetenwechsel oder die Entspannung bei der Hintergrundmusik. Es hat seinen Reiz, auswärts und nicht zu Hause zu sein.

Als ich in einem dunklen, wenig einladenden Apartment lebte, entfloh ich ihm ständig. Ich sagte mir, sobald ich ein hübsches Zuhause hätte, würde ich mehr Zeit daheim verbringen. Das war Wunschdenken. Das Alltagsleben zu Hause kann sich vor allem für jemanden im andauernden Homeoffice wie ein Gefängnis anfühlen.

Restaurants

Wenn du ausgehst, musst du viel ausgeben, um gut zu essen. Restaurantbesitzer brauchen eine ausreichende Gewinnspanne, um die Ladenmiete, das Personal, die Steuern, den Strom, die Heizung, Versicherung, Lebensmittel, Reinigung et cetera abzudecken. Außerdem müssen sie sich selbst ausrei-

Kochen

chend für die aufgewendeten Stunden entlohnen. Wenn du zu Hause kochst, neutralisierst du einen Großteil der Kosten.

Die mit dem Kochen zu Hause verbundenen Realkosten beinhalten die Lebensmittel, die verbrauchte Energie und deine Zeit (die du mit Geldverdienen hättest verbringen können).

Du musst dir das Auswärtsessen nicht völlig verbieten, aber es ist eine gute Idee, dessen Menge zu beschränken. **Du musst bei all dem die Kosten des beauftragten Kochens und den Preis des Vergnügens berücksichtigen.**

Aber sei versichert, dass Restaurants aus rein finanzieller Sicht eine schlechte Wahl sind. Speisende generieren für den Restaurantbesitzer einen Bruttoverdienst. Sie zahlen mehr als den Preis des Essens, sie zahlen auch für den Wagen und die Eigentumswohnung des Restaurantbesitzers.

Wenn wir ehrlich zu uns selbst sind, ist das Essen in Restaurants nicht immer gut, es ist teuer, und, langfristig betrachtet, hat es auch einen gesundheitlichen Preis – sowohl für den Einzelnen als auch das Gesundheitssystem. Außerdem erzeugt es einen unfairen Wettbewerb zu dem daheim zubereiteten Essen, wo wir nicht so viel mit Zucker, Salz, Glutamat und anderen fragwürdigen Sachen schummeln. Deren Mahlzeiten mögen leckerer wirken, aber die Geschmacksknospen täuschen dich oft.

Cafés

Mit 18 traf ich in Montréal ein, um in eine WG zu ziehen, die zwar sauber war, aber in einer langweiligen Gegend lag: Parc-Extension.

Da ich mein Geld gut einteilen musste, hatte ich nicht die Option, mir Cafés zu suchen. Das Studienjahr beschränkte sich auf Vorlesungen, Lerneinheiten und Arbeit. Wir lebten zu dritt in einem Apartment mit zwei Schlafzimmern. Eine Faltschiebetür teilte das Wohnzimmer in der Hälfte, um ein drittes Schlafzimmer mit einem Einzelbett zu schaffen.

Wenn ich meine Situation heute mit früher vergleiche, bin ich immer wieder erstaunt darüber, dass sich Studenten über ihre Situation beklagen, während sie die Starbucks & Co. dieser Welt in Beschlag nehmen. Mir ist klar, dass ich hier vereinfache. Ich würde auch nicht behaupten wollen, sie lebten #thegoodlife, aber sie teilen ihre Ressourcen auch nicht bestmöglich zu.

Wenn du an einem freien Tag in ein Café gehst, hast du dich da je gefragt, was all diese Menschen dort eigentlich tun? Offenbar bist du nicht die einzige Person mit einem freien Tag.

Musst du das wirklich?

Um die Umgebung aufzunehmen, schreibe ich das hier in einem Café. Neben mir versucht eine Studentin zu lernen. Leider verbringt sie jede zweite Minute auf Social Media. Seit sie hier ist, hat sie ein Panini mit Salat und zwei Tassen Kaffee bestellt. Da ein Kaffee hier zwischen 2 und 5,45 Dollar kostet, ihr Essen 10 Dollar, plus Steuern und meinetwegen auch das niedrigste Trinkgeld, kostet sie ihr Aufenthalt hier mehr als 20 Dollar.

Zu Hause hätte sie die gleiche Mahlzeit für fünf Dollar oder weniger haben können. Diese 15 Dollar Unterschied sind nicht zu verachten. Vor allem, da es eine Nach-Steuer-Ausgabe ist. Studenten mögen zwar wenig Steuern zahlen, aber ihre finanziellen Mittel sind begrenzt.

Schlussfolgerung: Je stabiler deine finanzielle Situation ist, desto höher sind die Kosten, das Kochen zu delegieren; Essen wird mit deinem Nettoverdienst bezahlt. Aber je höher dein Einkommen ist, desto mehr frei verfügbare Mittel stehen dir für den Luxus des Delegierens zur Verfügung.

Drive-ins

Hast du je die Schlange der Autos am örtlichen Fast-Food-Imbiss gesehen, deren Insassen sich schnell einen Kaffee holen wollen? Vielleicht stehst du selbst in der Schlange? Diese Fahrer behaupten, sie hätten zu wenig Zeit, um sich zu Hause einen Kaffee zu kochen.

Ehrlich gesagt ist es die vermutlich einfachste Gewohnheit, sich Kaffee in eine Thermoskanne zu füllen. Ich habe nie verstanden, wie sich Autofahrer über die Benzinpreise aufregen können, aber ihre Bremsen verschleißen, während sie im Drive-in warten.

Wenn der Benzinpreis um 10 Cent den Liter steigt, erzeugt das eine öffentliche Debatte. Für einen 50-Liter-Tank bedeutet diese Erhöhung weniger als einen Euro pro Tag. Daheim frühstücken oder dort Kaffee aufbrühen, könnte dies ausgleichen. Der Profit der Ölraffinerien ist eine Beleidigung unserer kollektiven Intelligenz, aber der Profit der Kaffeehändler ist das Ergebnis von geliefertem High-Quality-Service (#Sarkasmus).

Full-Service-Restaurants

Restaurants kosten von Anfang an 30 Prozent zu viel – selbst ohne Berücksichtigung des Bruttoertrags des Inhabers. Mit einer Gesamtsteuerbelastung

Kochen

zwischen 5 und 15 Prozent sowie einem anständigen Trinkgeld von 15 Prozent wissen die Kunden, dass sie bis zu 30 Prozent zu viel für ihr Essen bezahlen, sobald sie einen Fuß in das Restaurant setzen.

In einem Spitzenrestaurant musst du eine höhere Gewinnspanne je Gedeck kalkulieren. Mit Einnahmen, die hauptsächlich von Donnerstag- bis Samstagabend getätigt werden, braucht man eine große Gewinnspanne, um kostendeckend zu arbeiten und noch etwas zu verdienen. Ein Teller Pasta mit Tomaten-Sahne-Soße, der vor Steuern 15 Euro kostet, kann zu Hause für nur 3 Euro selbst gekocht werden. Je mehr sich das Restaurant auf Menge stützt, desto geringer ist die Gewinnspanne je Teller; je mehr das Restaurant sich auf Differenzierung stützt (schicke Einrichtung, Platz zwischen den Tischen, raffinierte Gerichte und so weiter), desto höher ist die Gewinnspanne je Gedeck.

Wie hoch wären die Kosten für ein Dinner für 150 Euro im Restaurant, wenn man es zu Hause zubereiten würde? Vorsichtig geschätzt etwa die Hälfte. Und das ist nur eine von vielen Mahlzeiten.

Kochsendungen im Fernsehen, Küchenrenovierungen sowie Wettkämpfe zwischen Profiköchen und Amateuren sind beliebter denn je. Dabei haben wir vermutlich noch nie so wenig gekocht wie heute, während die Zahl der Restaurants wächst.

Es amüsiert mich, wenn Lieferanten mit Essen an Türen von Häusern klingeln, in die Küchen zu 50.000 Euro und mehr eingebaut wurden. Meinem Großvater Anatole würden die Haare zu Berge stehen. An Freitagabenden ging er zum Lebensmittelladen und kaufte die reduzierten Waren, bei denen das Haltbarkeitsdatum bald ablaufen würde.

Food-Courts

Die Food-Courts[40] von früher haben sich deutlich verändert. In Einkaufszentren breiten sich die Fast-Food-Ketten aus. Diese Art von Restaurant löscht für gewöhnlich den Nährwert der zu uns genommenen Lebensmittel aus, stattdessen haben sie Salz, Zucker, Fett und Stärke im Angebot.

In Food-Courts sieht es so aus, als gäbe es einen Wettbewerb, aber tatsächlich gehören viele der Franchise-Banner zur selben Gruppe. Nehmen wir mal die MTY Group, die an der Toronto Stock Exchange[41] gelistet ist. Dabei handelt es sich um das Mutterschiff wohlbekannter Marken, wie Cultures, KimChi, Thai Express, Tandori, Muffin Plus, Tiki-Ming, Mucho Burrito,

Musst du das wirklich?

Vie & Nam, Café Dépôt, Sushi Shop, Franx Supreme, Valentine, Tutti Frutti und Madisons. Anders ausgedrückt ist oftmals alles, was in einem Food-Court angeboten wird, vom Anbieter ein- und derselben Gruppe.

Wenn du im Food-Court 10 Euro für ein Essen bezahlst, bekommen das Einkaufszentrum, der Franchisenehmer und der Franchisegeber ihren Anteil. Von daher ist es ökonomisch unrealistisch, zu glauben, dass das Essen vor dir irgendeinen Nährwert hat. Bei 10 Euro bekommst du das, wofür du bezahlst, also fast nichts.

Als ich 1996 bei McDonald's arbeitete, erzählte mir der Inhaber, dass der Becher fast genauso viel kostet wie die darin enthaltene Flüssigkeit: ein paar Cents. Deshalb konnte er sich das kostenloses Nachfüllen leisten.

Die Idee der Fast-Food-Menüs ist eine ungewöhnliche Marketingstrategie. Wenn du nur ein Sandwich kaufst, kostet es praktisch so viel wie ein Menü. Für einen kleinen Aufpreis bekommst du zu deinem Sandwich den Becher mit »flüssigem Zucker« und die »kartoffelfreien Pommes«. Aber dieser kleine Aufpreis summiert sich für den Händler, wenn er bei jeder Bestellung dazukommt.

Mit oder ohne Steuern?

Verkaufssteuern sind ein spezieller Bereich der Steuern. Es ist ein komplexes Thema mit vielen Ausnahmen. Aber als Konsument ist es gut, eine andere Perspektive auf den Konsum zu haben. So gibt es einen ermäßigten Steuersatz bei Grundnahrungsmitteln.

Wenn diese Nahrungsmittel jedoch für den Verzehr erhitzt werden, sind sie rein technisch gesehen steuerpflichtig. Wenn sie dagegen verpackt sind und in den Gefrierschrank kommen, sind sie nicht steuerpflichtig, weil man sie zu Hause aufwärmen muss (das Steuerwesen kann ziemlich undurchsichtig sein).

Wenn man in Kanada einen Karton Milch im Laden an der Ecke kauft, ist dieser nicht steuerpflichtig, wenn man ihn jedoch am Verkaufsautomaten zieht, möglicherweise schon. Wenn man eine einzelne Pastete kauft, gibt es Verkaufssteuer, wenn man jedoch sechs kauft, dann ist das eine andere Geschichte und sie sind nicht steuerpflichtig. Sie schmecken alle gleich, aber die Größe der Packung beeinflusst den Preis.

Kochen

Wenn du also zum Bäcker gehst, ist es folglich besser, sechs statt fünf Croissants zu kaufen. Aber wer interessiert sich wirklich für die Verkaufssteuer, die in seiner Erwerbung enthalten ist? Niemand.

Mengen

Um Profit zu machen, häufen die Köche in Restaurants gern Stärke auf die Teller. Das ist billiger. Zu Hause würdest du vermutlich weniger essen. In Restaurants achtest du nicht so darauf, dass du von den teureren Lebensmitteln weniger auf deinem Teller hast.

Wenn du zum Beispiel bei Sushi das Protein vom Rest trennen würdest, fiele dir auf, dass sich auf deinem Teller mit fünf Sushis, die dich 7 Euro kosten, nur eine geringe Menge davon befindet. Wichtig ist dabei auch der Gedanke, dass du zu Hause von den Vorteilen der Größenordnung profitierst: Du kannst vier Portionen zubereiten, isst aber nur eine sofort. Du servierst vernünftigere Portionen und fühlst dich nicht schlecht, wenn du die Reste in den Kühlschrank stellst, um sie während deiner nächsten Mahlzeiten zu essen.

Zeit

Für die meisten Mahlzeiten erfordert das Kochen gar nicht so viel Zeit, jedoch ein bisschen Planung. Das ist der Punkt, an dem oft alles scheitert. Wegen unserer vollen Zeitpläne vernachlässigen wir die Planung. Und dann sind wir plötzlich hungrig und wissen nicht, was wir uns kochen sollen. Und schwupps greifen wir zum Telefon und bestellen Brathähnchen, Pommes frites, braune Soße und Krautsalat beim Lieferservice. Wir geben Trinkgeld für ein Essen, das matschig ist vom Kondenswasser und dem Temperaturschock. Nach dem Essen fühlen wir uns vollgestopft, sagen uns, dass wir unsere Gewohnheiten ändern müssen – bis zum nächsten Mal.

Kochen ist die Beschäftigung, die wir als Letztes an andere vergeben sollten. Ich betrachte es als meine Achillesverse. Es ist der Bereich, in dem ich mehr tun sollte, um auf meine Worte Taten folgen zu lassen.

Musst du das wirklich?

> **GRATISTIPPS!**
> Veranstalte Tomatensoße-Partys! Keine Zeit zum Kochen? Es macht dir keinen Spaß? Das ist verständlich, aber mit Wein und ein paar Freunden kann es wirklich Spaß machen. Bereite an einem Samstag zusammen mit ein paar Freunden Soße zu und esst sie dann gemeinsam mit Nudeln. Anschließend kann jeder etwas von den Resten mit nach Hause nehmen und in den Kühlschrank stellen oder einfrieren.
> Es ist wichtig, Gemüse zu essen, aber das kann teuer sein. Achte auf Sonderangebote bei Tiefkühlprodukten und auf die Auszeichnungen. Je nach Jahreszeit können die lokal geernteten Sorten günstiger sein als die importierten. Spare Geld und rette den Planeten!

Für dich selbst zu kochen, setzt die Kontrolle von Timing, Menge, Qualität, Nährwert des Essens voraus. Also, wirtschaftlich gesehen brauchst du es wirklich. Jetzt musst du nur noch entscheiden, wer den Abwasch macht ...

EINE KRAWATTE
BRAUCHST DU DIE WIRKLICH?

Jemand muss es ja sagen: Krawatten sind albern. Ob du nun 10, 40, 80 oder 120 Dollar für eine zahlst, ihre Rolle ist bestenfalls dubios. Krawatten werden aus Konformismus getragen oder damit man »professionell« aussieht. In Wahrheit sind Krawatten nur hängende Stoffstücke. Ein Pfeil, der auf das Zentrum des männlichen Universums deutet: seinen Penis. Aber für sein kostbarstes Kapital, seinen Kopf, sind sie äußerst unbequem. Wie die weiße Halsbinde des Anwalts gehören sie zu einem Dresscode, der vor langer Zeit eingeführt und aus Konvention fortgesetzt wurde. Wir müssen es endlich von den Dächern rufen: »Genug ist genug!«

Als ich eines Tages den Stapel Stoffpfeile sah, der auf meine Hosen zeigte und im Schrank verstaubte, schnappte ich mir die meisten der über Jahre gesammelten Exemplare und spendete sie der Heilsarmee.

Natürlich sind Männer bereit, Krawatten zu bestimmten gesellschaftlichen Anlässen wie Hochzeiten, Unternehmensveranstaltungen und Preisverleihungen zu tragen. Aber selbst dann tun wir es nur widerstrebend. **Mal ehrlich, wer läuft schon gern mit einer Schlinge um den Hals herum?** Sei es ein einfacher, ein doppelter oder ein Windsor – Knoten bleibt Knoten. Jedem, der das hinbekommt, sollte ein Pfadfinderabzeichen verliehen werden.

Sind Krawatten notwendig?

Krawatten sind wie ein String in der Hinternritze: Sie mögen gut aussehen, sind aber unbequem. (Ich stelle nur eine Hypothese auf, um einen Vergleich zu haben. Um das zu bestätigen, müsste ich eine Umfrage bei Frauen durchführen.) Der Beweis besteht darin, dass Krawatte tragende Männer sie bei der erstbesten Gelegenheit lockern oder ausziehen. Sie schnürt die Luft ab, erdrückt einen, erschwert das Atmen. Der Hemdkragen schreit nach Luft und der obere Knopf sagt: »Willst du mich wirklich zu machen?«

Brauchst du die wirklich?

Krawatten sind Korsetts für Männer. Aber sie verbessern in keiner Weise die Figur eines Mannes. Tatsächlich kann dieser geschlossene obere Knopf die überschüssige Haut aus dem Kragen quillen lassen.

Als ich bei McDonald's gearbeitet habe, mussten die Köche ihre Krawatten ständig aus dem Weg schaffen, indem sie sie über die Schulter warfen. Es ist in Ordnung, professionell wirken zu wollen, aber wenn deine Krawatte dauernd im Senf und Hamburgerfett hängt, ist das nicht nur unhygienisch, sondern einfach ekelhaft.

Krawatten wurden eindeutig für den antiseptischen Arbeitsplatz geschaffen. Wenn sich deine Krawatte in einem laufenden Motor verfängt, ist die Strangulation garantiert. Eine Krawatte um deinen Hals schreit deinem Angreifer zu:»Nun, mach schon, erdrossle mich!«Wie das Kopfüberhängen ist eine Krawatte praktisch ein Zeichen der Knechtschaft des durchschnittlichen Arbeiters. Es ist eine Metapher für die Arbeitgeber-Arbeitnehmer-Beziehung, bei der der Mächtigere der beiden sagt:»Ich habe dich an der Kehle.«

Eine kurze Geschichte der Mode

Modezyklen führen Krawatten endgültig ad absurdum. Sobald du eine Auswahl breiter Krawatten hast, kommen die schmalen wieder in Mode. Wenn du schmale hast, erleben die mittelbreiten ein Comeback. Kräftige Farben? Im darauffolgenden Jahr sind es Pastelltöne und Grau.

In dem einen Jahr sind Kontraste angesagt, im nächsten muss alles Ton in Ton sein. Nach ein paar Jahren findet sich der Berufstätige, der etwas auf sich hält, mit einer Sammlung von Stoffstücken wieder, die alle nur eines gemeinsam haben: Sie sind völlig nutzlos, auch wenn ein paar Stücke in dieser Sammlung jeden Modegeck neidisch machen würden.

Ständig deine Krawattenauswahl zu aktualisieren ist so, als würde man den Kamin mit 100-Euro-Scheinen anzünden: Es ist eine unkluge Investition. Ein unterschätzter Aspekt der Krawatte ist ihre Diskriminierung. Ohne dass sie es wissen, leiden Männer mit kurzen Hälsen unter dem von der Krawatte erzeugten Erscheinungsbild: Als hätte ihnen jemand mit einem Holzhammer auf den Kopf geschlagen, wie in einem Schlag-den-Maulwurf-Spiel. Wieso befreien wir sie nicht von ihrer Erstickungsgefahr? Warum lassen wir ihre Hälse nicht die Sonne sehen?

Eine Krawatte

Manche werden nun sagen: »Ja, aber es ist wie Schmuck. Es verbessert dein Erscheinungsbild.« Obwohl aber die Krawatte eine akzeptierte Konvention ist, hinkt der Vergleich, da eine schöne Kette nicht das Wohlbefinden des Halses beeinträchtigt.

Ich würde gern wissen, was wir durch das Krawattetragen gewinnen. Als die legere Berufskleidung aufkam, flogen die Krawatten aus dem Fenster. **Wir müssen dem Unbequemen im Namen der Produktivität den Kampf ansagen.** Ich möchte das Recht einfordern, ohne Krawatte professionell auszusehen. Ich möchte frei sein von diesem geknoteten Unsinn. Ich möchte das Recht einfordern, kein Krawattenbudget zu brauchen.

Meine Herren, was wäre, wenn wir alle unisono fragen würden: »Krawatten: Brauchen wir die wirklich?« Befreien wir uns von der Krawatte! Warum nicht ein ganzes Jahr ohne Krawatte verbringen und das dadurch gesparte Geld für etwas anderes ausgeben? Denn 200 Euro für Vergnügen schlägt 200 Euro für Strangulation.

DEINE SOCKEN ESSEN
MUSST DU DAS WIRKLICH?

Wenn es um persönliche Finanzen geht, müssen nicht nur die Ausgaben kontrolliert werden. Auch das Einkommen und der Wert auf dem Arbeitsmarkt muss gemanagt werden. Möchtest du ein einzigartiges Produkt mit beträchtlichem Mehrwert sein oder möchtest du lieber Socken essen?[42] Manchmal essen Mensch für einen Job oder Vertrag so viele Socken, dass ihr Atem wie eine Mischung aus Wolle und Baumwolle riecht.

Um eine Gelegenheit abzugreifen oder ihre Nische zu finden, entscheiden sich Menschen oft dazu, ihre Socken zu essen, ohne auch nur einen Klecks Ketchup. Anders ausgedrückt: Sie verkaufen sich unter Wert.

Um dich zu profilieren und deinen Wert unter Beweis zu stellen, musst du manchmal einen strategischen Rabatt gewähren. Wenn du den jedoch beibehältst, wirst du als ausgebeutetes Billigprodukt enden. Wenn du im Marketing ein Produkt oder eine Dienstleistung zu einem niedrigen Preis verkaufst, setzt du auf Menge, nicht auf Gewinnspanne. Wenn du aber deine Zeit verkaufst, bedeutet dies, dass du am Ende mehr Stunden für weniger Geld arbeitest.

Ein gutes Beispiel ist der freischaffende Printjournalist. Für eine Veröffentlichung im Portfolio stimmen viele Journalisten zu, einen Artikel[43] inklusive Recherche für 50 Euro oder sogar weniger als den Mindestlohn zu schreiben. Wenn du als Journalist pro Stunde weniger verdienst, als wenn du Burger bei McDonald's braten würdest, könnte es an der Zeit sein, deinen Basissatz festzulegen, auch wenn dich das Auftraggeber kostet. Du musst am Anfang deiner Karriere einen Mindestsatz festlegen. Dieser Satz wird zu deinem Ankereffekt (siehe »Verhandlungsgeschick« auf S. 35) bei Verhandlungen mit zukünftigen Kunden.

Textilhersteller lieben Sockenesser. So lange du weiter schluckst, lassen sie die Webstühle weiterarbeiten. **Schließlich kommt der Tag, an dem du Verdauungsbeschwerden hast und ein Machtwort sprechen musst: Du kann nicht für einen Apfel und ein Ei arbeiten.** Der einzige Weg, um das Sockenessen zu

Deine Socken essen

beenden, besteht darin, deinen professionellen Marktwert zu erzeugen. Du musst dich Folgendes fragen:

- Was unterscheidet mich?
- Warum sollte mir jemand mehr zahlen als anderen?
- Bin ich schneller, talentierter, zuverlässiger, verfügbarer, netter, verständlicher oder flexibler?
- Besitze ich Fachkenntnisse, die mich unersetzlich machen?

Wenn du deinen Mehrwert nicht identifizieren kannst, wie soll das dann ein potenzieller Arbeitgeber? Deine Arbeit zu einem Dumpingpreis anzubieten, kann nicht dein einziges Unterscheidungsmerkmal sein. Wenn dem so wäre, wirst du professioneller Sockenesser: jemand, der viel sät, aber wenig erntet. Je mehr du auf deinen Socken herumkaust, desto schlechter wird die Stoffqualität: von Baumwolle über Wolle endest du dann bei Acryl.

Du musst auch deinen Markt kennen.

- Wie viele Sockenesser sind auf meinem Gebiet unterwegs?
- Wie viele Menschen arbeiten bereitwillig härter als ich, zu einem niedrigeren Satz?
- Welche von denen verdauen so viel Wolle, dass sie praktisch das ganze Schaf schlucken?

Wenn du schon mal dabei bist, solltest du dir noch weitere Fragen stellen:

- Werde ich gerade zum Sockenesser?
- Erlaubt mein Studienfach es mir, mich zurückzulehnen und zu entspannen?
- Bewege ich mich in einem Spezialgebiet mit nur wenigen Experten?
- Wenn ich mir die Einstellungsstatistiken für Absolventen anschaue, ist die Bezeichnung »zukünftiger Sockenesser« impliziter Bestandteil der Jobbeschreibung?

Manche Menschen werden nach ihrem Studienabschluss unsanft geweckt. Nachdem sie ihren BA oder MA im Sockenessen gemacht haben, beklagen sie sich über ihr armseliges Gehalt, das in Anbetracht ihrer Ausbildung zu

Musst du das wirklich?

niedrig sei. Aber – wie wir wissen – führt ein Master im Polyester-Kauen direkt zu einem langfristigen Sockenkonsum.

Menschen, die keine Socken essen, können mit ihren Füßen wählen: Sie können ihren Job kündigen oder Aufträge ablehnen. Wenn jemand allergisch auf Textilfaser reagiert oder mit seinem Los nicht zufrieden ist, kann er seine Dienstleistungen andernorts anbieten. Aber nur, weil du einen Sockenhersteller verlässt, heißt das nicht, dass du nicht in einem Markt voll ähnlicher Hersteller steckenbleibst.

Bevor du würgst, solltest du dich fragen, ob du in einer Position bist, um ein bestimmtes Einkommen zu verlangen. **Aber unabhängig davon verschleißt das Sockenessen dein Gebiss und dörrt deine Zufriedenheit aus.** Bevor du also einem anderen Auftrag mit schlechter Bezahlung zustimmst, musst du dich fragen, ob du das wirklich brauchst. Falls ja, musst du dich an die Socken gewöhnen.

ES GIBT ZWEI ARTEN VON SOCKENESSERN: MITARBEITER UND SELBSTSTÄNDIGE

DER MITARBEITER

Hierbei handelt es sich um einen traditionellen Sockenesser. Der Mitarbeiter arbeitet hart, schuftet in seiner Ecke und schafft sich schließlich ein Plätzchen für sich. Den ersten Job bekommt er aufgrund guter Schulnoten oder eines beeindruckenden Lebenslaufs, der feiner gewebt ist als der seiner Klassenkameraden.

Eine glückliche Kombination beider ist natürlich eine noch bessere Erfolgsgarantie. Das Einstiegsgehalt und die Steuerung seiner Karriere wird die Gehaltsentwicklung bestimmen.

Er wird während seines gesamten Berufslebens darum kämpfen, dass sein Wert anerkannt wird und sein Gehalt wettbewerbsfähig bleibt. Das Anfangsgehalt in einem Job ist die Kraft des Krieges.

Deine Socken essen

Manchmal muss man für einen Gehaltssprung in eine andere Firma wechseln oder um in den Genuss von Wettbewerbsbedingungen zu kommen. Mitarbeiter sind Kämpfer bei Verhandlungen (siehe »Verhandlungsgeschick« auf S. 35). Wenn er kampflos bleibt, ist er dazu verdammt, zu einem niedrigen Preis an seiner Wollsocke zu ersticken.

DER SELBSTSTÄNDIGE

Vergütung für Selbstständige spiegelt in der Regel den Lebenszyklus eines Unternehmens wider.

Einführungsphase – Die selbstständige Person, zu diesem Zeitpunkt noch unbekannt, bietet ihre Dienstleistungen an. Es gibt zwei Strategien. Die erste besteht darin, einen Preis unter dem der Wettbewerbskonkurrenz anzubieten, während man von der Auftragsmenge profitiert und, als Folge, Socken isst.

Die zweite besteht darin, ein Unterscheidungsmerkmal anzubieten, sodass ein höherer Preis ausgehandelt werden kann. Trotz des Mangels an Erfahrung versucht diese selbstständige Person nun, einen unterscheidenden Wert zu finden: die Arbeitsqualität, eine seltene Fähigkeit, ein sich unterscheidendes Produkt oder eine sich unterscheidende Dienstleistung, ein schneller Turnaround, zusätzlicher Service und so weiter.

Wachstumsphase – Die selbstständige Person etabliert sich. Ihr Name macht die Runde und sie investiert für das Wachstum in ihre Firma. Soweit nötig investiert sie in Anlagegegenstände, aber flüssige Mittel sind noch eine große Herausforderung. An dieser Stelle muss sie ihre Preise erhöhen: Ihr Bekanntheitsgrad steigt langsam und Anfragen kommen herein. Sie muss bei der Auftragsauswahl Urteilsvermögen beweisen und gleichzeitig versuchen, Kundenloyalität aufzubauen.

Reifephase – Die selbstständige Person isst in dieser Phase nicht länger Socken, weil ihre Glaubwürdigkeit etabliert ist. Sie hat ihren Maximalpreis erreicht. Sie segelt auf dem Ruf, den sie sich während der Wachstumsjahre erarbeitet hat. Sie hält ihr Serviceangebot aufrecht. Wenn sie an diesem Punkt immer noch Socken isst, liegt das daran, dass sie sich gern ausnehmen lässt, oder weil die Qualität ihrer Dienstleistungen keine höheren Sätze als die der Konkurrenz rechtfertigt.

Musst du das wirklich?

> **Abschwungphase** – Im Vorruhestand ist die selbstständige Person vielleicht nicht mehr ganz so verfügbar und von ihrer Arbeit getrieben oder nicht mehr so anpassungsfähig wie die Newcomer auf dem Markt. Es wird immer Menschen geben, die jünger und verrückter sind und nur auf ihre Chance warten.

Ob du nun selbstständig oder angestellt bist, musst du deinen besonderen Wert beweisen. Wenn es um persönliche Finanzen geht, liegt der Schlüssel nicht nur im Ausgabenmanagement, sondern auch im intelligenten Einkommensmanagement. Es ist eine Kunst, seinen eigenen fairen Marktwert auszuhandeln. Versetz dich in die Position eines Kunden oder Arbeitgebers und frage, warum dieser diesen Preis zahlen sollte.

> Was ist dein besonderer Wert? Falls dir nichts einfallen sollte, hoffe ich sehr, dass du Wolle oder Polyester magst. Möchtest du WIRKLICH dein Leben lang Socken essen?
>
> Falls die Antwort darauf nein lautet: Was tust du, um das Faserverdauen zu stoppen? Du musst dich für eine Seite entscheiden: Ich persönlich wähle die Seite der Nicht-Sockenesser.

EINEN FRISEURSALON
BRAUCHST DU DEN WIRKLICH?

Ich sehe dich förmlich vom Stuhl aufspringen: »Dieses Mal bist du zu weit gegangen, McSween!«

Das Thema dieses Kapitels ist irgendwie eigenwillig. Ich hätte auch jede Menge anderer Ausgabenkategorien wählen können, **aber Friseursalons sind ein faszinierender Ort, um die Diskrepanz zwischen dem Wert des gelieferten Services und dem Endergebnis zu sehen.**

Das andere Faszinierende daran ist, wie sie sich im Laufe der Zeit gewandelt haben. Was einst ein einfacher Haarschnitt war, ist zu einer langen und komplizierten Erfahrung geworden – und zu einer teuren noch dazu.

Eine andere Ära

Als ich klein war, ging ich zum Barbier. Die Erfahrung war ziemlich bodenständig: ein Stuhl, ein Kamm, ein Rasierer und in 10 bis 15 Minuten war alles erledigt. Terminvereinbarung überflüssig. Es war ein netter Ausflug, den ich alle paar Monate mit meinem Dad unternahm.[44] Wir zahlten 7 Dollar, um uns die Haare schneiden zu lassen, der Barbier gab mir einen Kirschkaugummi für 2 Cents und ich verließ zufrieden den Laden. Es war eine Zeit der faulen Samstage und der an Sonntagen geschlossenen Geschäfte. Wir konnten das langsame Tempo der Wochenenden genießen und im Nichtstun schwelgen.

Haare färben

Eines Tages veränderte das Marketing für Haarfärbemittel, das sich bisher nur an ergrauende Frauen gewandt hatte, seine Strategie. Irgendjemand kam auf die Idee, jungen Frauen zu sagen, dass irgendetwas mit ihrer natürlichen Haarfarbe nicht in Ordnung sei, sie aber eine einfache Lösung parat hätten.

Schwupps! Die Verkaufszahlen schossen in die Höhe. Frauen kauften mehr Haarfärbemittel in den Drogeriemärkten oder ließen ihr Haar fachmän-

Brauchst du den wirklich?

nisch färben. Brünetten wurde gesagt, sie sollten blond sein, und Blondinen riet man zu Rot. Das Geld strömte nur so herein.

Dann nahm das Tempo zu. Zur Sorge über die Haarlänge und den Erhalt der Spitzen mussten die Leute auch über ihre Wurzeln nachdenken, was die Geldausgabe erhöhte und eine loyale Klientel garantierte. Manche Frauen zogen nicht einmal auch nur eine kurze Pause beim regelmäßigen Haarefärben in Erwägung.

Warum solltest du deine Haare färben, wenn du gerade am schönsten bist? Warum die Haarfollikel stressen, wenn du jung bist und einen wunderbaren Naturton hast?

Weil das Marketing es verlangt. Und wenn das Marketing etwas will, überzeugt es dich davon, es auch zu wollen. Es überzeugt dich, dass dein natürliches Haar nicht glänzt. Es kann dich sogar vom Haarefärben überzeugen, obwohl dir dein Naturton gefällt. Mach nur!

Die Kundenerfahrung

Ab einem gewissen Punkt reichten Färben und Stylen nicht mehr aus. Wie rechtfertigten sie die Preiserhöhungen? Stimmt: das schicke Ambiente. Salons servierten erst besonderen Kaffee, dann Cocktails. Sie erschufen sogar eine soziale Hierarchie: Stylist, Colourist und der Haarwäscher. Und alle brauchen Trinkgeld.

Schließlich wurde aus einem einfachen Haarschnitt ein Tag Schönheitspflege mit einem entsprechend hohen Preisschild. Im Laufe eines Jahres gibt eine Frau, die jeden Monat für 100 Euro pro Termin ihr Haar färben lässt, 1.200 Euro für ihre Haare aus. Der Gedanken ist ganz schön verrückt.

Der Frauenaufschlag

Der unsinnigste Aspekt von Salons ist aber der Preisunterschied für Männer und Frauen.

Einmal, als mir mein Haar bis zur Schulter reichte, kam eine Frau in den Salon mit Haaren, die kürzer waren als meine – trotzdem musste sie mehr bezahlen. Warum? Erfordert Service bei Frauen durchschnittlich mehr Behandlungen oder Zeit als bei Männern?

Einen Friseursalon

Wie viele Frauen wollte ich meine Spitzen schneiden lassen. Sie bezahlte mehr, obwohl auch bei ihr nur die Spitzen geschnitten wurden. Der Preis basierte auf dem Geschlecht statt auf der involvierten Arbeit. Das ist ein bisschen so, als würden junge Männer mehr für die Autoversicherung bezahlen. Opfer statistischer Diskriminierung? Das ist eine Erklärung, aber die Antwort liegt vermutlich mehr in der Häufigkeit der Dienstleistung.

Ich denke, die unterschiedliche Preisstruktur ist mehr eine Frage des Wettbewerbs. Barbiere und Haarsalons für Männer, in denen man keinen Termin braucht, bieten den Kunden einen preiswerten Service an. Das bedeutet, dass Männer eine preiswertere Option zu den schicken Salons mit ihren höheren Preisen haben.

Selbst in Salons für beide Geschlechter zahlen Männer weniger als Frauen. Für den Durchschnittsmann rechtfertigt der Eindruck, einen Mehrwert-Service zu bekommen, keinen höheren Preis. Wenn man bedenkt, dass die meisten Männer ihre Haare öfter schneiden lassen und sie beim Barbier schneller fertig sind, basiert der Preis für den Haarschnitt eines Mannes auf der Zahl seiner Besuche (Menge) und nicht auf dem differenzierten Service.

Etwas anderes erklärt den Unterschied sehr gut: Ankereffekt (siehe »Verhandlungsgeschick« auf S. 35). Frauen sind es gewohnt, für den im Salon erhaltenen Service mehr zu bezahlen, warum also den Preis senken, wenn sie doch dazu bereit sind?

Der Preis sendet ein Signal aus: Je höher er ist, desto mehr Luxus bedeutet das. Wenn du einen schicken Salon mit einer beeindruckenden Einrichtung und einem 5-Sterne-Service aussuchst, muss sich das auch im Preis widerspiegeln.

Eine Familienwachstumsstrategie

Wenn ein Geschäftsmodell auf der Stelle tritt, wird eine Umsatzsteigerung versucht. Man sucht nach einer Wachstumsstrategie. Der Haarsalon und die Kosmetikindustrie haben das verstanden. Zum Beispiel:

- ✓ Du kannst ein neues Produkt in einem existierenden Markt entwickeln (eine neue Anti-Aging-Creme).
- ✓ Du kannst ein vorhandenes Produkt in einem neuen Markt verkaufen (der Erste mit Haarfarbe für junge Frauen).

Brauchst du den wirklich?

✓ Du kannst diversifizieren, indem du ein neues Produkt oder eine neue Dienstleistung in einem neuen Markt verkaufst (wie Nivea es mit ihrer Creme für den Mann tat – siehe weiter unten).
✓ Oder du kannst ein existierendes Produkt in einem existierenden Markt verkaufen; du musst für die Marktdurchdringung beim Preis konkurrieren.

WAS IST MIT BEAUTY-PRODUKTEN?

Während ich meinen Bachelor an der HEC Montréal machte, nutzten uns Unternehmen für Marktstudien ihrer neuen Produkte und baten uns, sie zu testen oder zu probieren.

Eines Tages erhielt ich eine Probe von Nivea Men Creme. Ich dachte: »Das wird nie ein Erfolg. Vermutlich ist es das gleiche Produkt wie für Frauen, nur mit dem Wort *Men* auf der Packung.«

Ich irrte mich. Wieso sollte man sich auch bis zu 50 Prozent seiner potenziellen Klientel entgehen lassen? Tatsächlich ist der Markt für Kosmetikprodukte für Männer inzwischen förmlich explodiert. Indem man den Männern auf der Verpackung signalisiert, dass das Produkt speziell für sie ist, bleibt ihre Männlichkeit erhalten.

Soll ich dir was verraten? Auf meinem Badezimmerregal steht Gesichtscreme für Männer (im Winter kann die Haut ein bisschen rissig werden). Es ist Teil meiner täglichen Routine geworden.

Beauty-Marketing geht in unsere Köpfe und findet eine Ecke, um seine Ideen zu platzieren. Es erzeugt Verlangen. Oder weckt es gar einfach ein schlafendes Verlangen? Dies ist eine endlose Debatte, die Managementschulen am Laufen hält. Unabhängig davon funktioniert das Rezept, also wird es angewandt – so wie Gesichtscreme.

Einen Friseursalon

Also, ein Frisörsalon, in dem der Haarschnitt 100 Euro kostet: Brauchst du den wirklich? Im Ernst? Jeden Monat? Jeden zweiten Monat? »Hör zu, McSween, ich kann mit meinem Geld machen, was ich will!« – »Du hast recht. Wie läuft's mit deinem Rentenplan? Du kannst dir keinen leisten? Oh, verstehe. Du hast natürlich recht. Mach mit deinem Geld, was du willst. *Carpe diem*!«

SICH AUF DAS SCHEITERN VORBEREITEN
MUSST DU DAS WIRKLICH?

Viele Menschen bauen ihre persönliche Finanzplanung auf einer falschen Prämisse auf: dass immer alles gut laufen wird. Natürlich muss man mit einer positiven Haltung an das Leben herangehen. Und möglicherweise hast du auch Glück. Aber der Kopf ist ein seltsames Wesen: Er kann uns nämlich in unglaubliche Abenteuer führen oder vom Weg abkommen lassen.

Wenn es um persönliche Finanzen geht, musst du dich auf ein Scheitern vorbereiten. Worin scheitern? Das ist die Frage. Scheitern ist persönlich und kommt unterschiedlich intensiv daher. Für manche Menschen wird das Leben einen düsteren Weg einschlagen. Das ist kein Zynismus, sondern reine Statistik.

Heute Entscheidungen für morgen treffen

In unserer Gesellschaft müssen wir langfristige Entscheidungen basierend auf heutigen Informationen treffen. Der Durchschnittsarbeiter schaut auf das Guthaben seines Kontos und gibt entsprechend Geld aus. Er nimmt eine Hypothek auf, zieht in ein Haus und zahlt seine Rechnungen. Solange jeden Monat alles ausgeglichen ist, lächelt er mit der im Sonderangebot gekauften Dose Bier in der Hand.

Dann verändert sich das Leben. Schnell, plötzlich und ohne Vorwarnung.

Unsere Chancen, es im Leben zu vermasseln, sind sowohl hoch als auch unvorhersehbar. **Es braucht Jahre, um ein wohlschmeckendes Leben zusammenzubrauen, aber nur einen Moment, um es zu versalzen.** Finanziell brauchst du einen gewissen Spielraum, um mit unerwartetem Scheitern umgehen zu können, das direkt hinter der nächsten Ecke lauert.

Sich auf das Scheitern vorbereiten

Beim Überqueren einer breiten Straße wird Isabelle von einem Auto erfasst. Sie verbringt die kommenden 18 Monate in der Reha.

Matthieu fährt in den Surf-Urlaub und kommt im Rollstuhl zurück.

Der gestrige Fehler wischt die guten Zeiten von heute aus.

Aus heiterem Himmel endet Annies Ehe. Sie verliert jeden Halt und kann nicht mehr arbeiten.

Martin wacht mit Bauchschmerzen auf. Der Arzt teilt ihm die Diagnose mit und verwendet das Wort *Endstadium*.

Ein Fehlurteil verwandelt ein friedvolles Leben in die Hölle.

Ein Moment der Unaufmerksamkeit am Steuer erzeugt irreparablen Schaden.

Innerlich weinen

Jeden Tag kommst du auf der Straße an weinenden Menschen vorbei. Du siehst ihre Tränen nicht, weil sie innerlich weinen. Selbst wenn sie ein Lächeln als Maske tragen, herrscht in ihrem Kopf kein Frieden. Zu viel Schmerz, eine ruinierte Zukunft, eine zu schwere Last, um sie zu tragen, sodass sie gleich nach dem Aufwachen von düsteren Gedanken heimgesucht werden.

Die Menschen um sie herum lächeln zu sehen, vertieft nur ihre Traurigkeit: Die Kluft zwischen dem Glück anderer Menschen und ihrer eigenen

Musst du das wirklich?

Situation ist zu groß. Manchmal betrachten sie einen Balken in ihrem Wohnzimmer und denken, dass ein Strick ihrem Unglück ein Ende setzen würde. Es gibt Scheitern, von dem man sich nie wieder erholt – es ist so schmerzhaft, dass man es nicht erträgt, sich dem zu stellen. Ein Scheitern, das das tägliche Leben mit der damit verbundenen Schuld absterben lässt. Schuld ist wie Rost. Anfangs ist es nur ein Fleck. Langsam breitet er sich überall aus, über den Körper, dann die Maschine (der Kopf) und unterbricht die Funktionsfähigkeit. Die Maschine bricht zusammen und kann die alltäglichen Aufgaben nicht mehr durchführen. Alles wird zu einem Berg, den man besteigen muss, und die Moral ist auf dem Tiefpunkt.

Wenn diese Situationen eintreten, ist der Mangel an finanziellen Ressourcen eine Falle, die direkt in den Abgrund führen kann. Du musst dich mit Versicherungen, mit finanziellem Spielraum vor den Problemen des Lebens schützen (siehe »Finanzieller Spielraum« auf S. 9) oder ein beträchtliches Kapital haben. Das ermöglicht es dir vielleicht, aus deiner Klemme herauszukommen, statt darin festzustecken.

Was wäre, wenn ...

... diese Situation anders verlaufen wäre? Was wäre als Nächstes passiert? Wenn ich mich in dem Moment für die andere Alternative entschieden hätte, das andere ausgesucht hätte?
Wenn du darüber nachdenkst:

80 Jahre Leben sind ...
29.220 Tage ...
701.280 Stunden ...
42.076.800 Minuten ...
2.524.608.000 Sekunden.

Es braucht nicht mehr als den Bruchteil einer Sekunde, um den Gang des Lebens zu verändern. Wenn das darauffolgende positiv ist, denkst du nicht weiter darüber nach. Wenn jedoch ein negatives Ereignis dein zukünftiges Glück gefährdet, kann der Verstand das manchmal nicht verkraften. Die Menschen werden dir sagen, dass du dich nur damit arrangieren musst. Sie drängen dich, die dunklere Seite zu akzeptieren, auch wenn du weißt, dass diese Chance eine Reihe von nur teilweise kontrollierbaren Faktoren ist.

Andere werden dir sagen, dass es nur an den Umständen lag. Wenn du darüber nachdenkst, ist schwer zu begreifen, wie wir unbeschadet daraus hervorkommen können. Wir begegnen so vielen Hindernissen auf dem Weg, und es ist wahrscheinlich, dass eines davon unüberwindbar wird. Die ganze Arbeit, um etwas aufzubauen – für nichts. Die ganze Zeit des Grübelns über morgen, nur um am Ende so zu leben, als wäre immer noch gestern. Das ist die Ironie unseres Lebens, getüpfelt mit falschen Erfolgen und echtem Scheitern (oder echten Erfolgen und falschem Scheitern). Es ist alles eine Frage der Wahrnehmung.

Trotz allem gibt es diesen Moment, diesen Einschub, dieses Komma in unserer Existenz; kombiniert mit Sekunden wird es zu dem schicksalhaften Moment, der den Ton für alles danach bestimmt.

Am Boden sein

In der Nähe meines Hauses gibt es ein Gebäude, das von einer Organisation gemanagt wird, die Menschen hilft, die vom Leben niedergeschlagen wurden und die seitdem nie wieder auf die Beine gekommen sind. Diese Menschen leben von Sozialhilfe und zahlen eine verringerte Miete. Bevor das Leben ihnen einen Schlag versetzte, wohnten sie woanders.

Manchmal denke ich über die Umstände nach, die sie an die Belastungsgrenze brachten. Ich frage mich, ob ich diese Art von Scheitern überleben würde. Könnte ich finanziell nach ein oder zwei Jahren des Scheiterns wieder auf die Beine kommen? **Wie sieht mein Finanzplan aus, falls der Schiedsrichter sich zu meinem Rauswurf entscheidet?**

Du musst in der Lage sein, diese Fragen zu beantworten. Sei es eine Berufsunfähigkeitsversicherung oder der Verkauf von Eigentum – du brauchst unbedingt eine finanzielle Krücke, um wieder auf die Beine zu kommen.

Trauer: ein täglicher Impfstoff

Trauer ist wie ein Impfstoff: Wir wenden ihn in kleinen Dosen an, bis wir schließlich die ultimative Trauer erleben – und unser eigenes Leben betrauern. Diese Momente des Lebens gehen ziemlich der Reihe nach vorbei: Trauer in der Kindheit, Unschuld, Schule, sorgenfreies Leben, erste Liebe, Familienleben, aktives Leben, die Palette an Möglichkeiten, neue Erfahrungen,

Musst du das wirklich?

Reisen, Gesundheit, dein Verstand, dann dein ganzes Leben. **Wenn du plötzlich mit Unglück konfrontiert wirst, musst du bestimmte Sachen betrauern: Perfektion und das Leben, wie du es gekannt hat.**

Scheitern und Trauern sind eng miteinander verbunden: Du kannst das eine nicht ohne das andere haben. Die Gesellschaft bereitet dich nicht auf dein Unglück vor, sie treibt die Menschen zum Erfolg an. Wenn also etwas Tragisches passiert, besitzt du nicht immer die Stärke, um damit umzugehen. Du musst dich vor dem Tag schützen, an dem die Eiche dem Sturm nicht länger standhalten kann. Vor dem Tag, an dem dich jemand weinend in Embryohaltung auf dem Boden deiner Dusche findet.

Niemand ist immun gegen Depressionen oder einen sinnlosen Unfall. Musst du dich wirklich aufs Scheitern vorbereiten? Das lässt sich schwer verallgemeinern, weil du möglicherweise keine Kontrolle über deine Reaktion haben wirst.

BANKROTT
BRAUCHST DU DEN WIRKLICH?

Ich komme direkt zum Punkt: Es ist kein Weltuntergang, Bankrott erklären zu müssen. Insolvenz hat natürlich große Auswirkung auf deinen Kreditscore und Zugang zu Krediten in den darauffolgenden Jahren, aber ist das wirklich so schlimm? Eine Insolvenz gibt Menschen eine zweite Chance. Es ist ein Rechtsverfahren, dass jedem den Raum zum Scheitern gibt.

Insolvenz ist nicht immer die Folge von schlechtem Management; es kann das tragische Ende unglücklicher Vorfälle im Geschäftsleben oder einer Idee sein, die einfach nicht einschlagen wollte. Wenn du einen Traum hast und dafür alles gibst, geht die Sache manchmal eben nicht auf. Manchmal ist das wahre Scheitern nicht der Bankrott selbst, sondern ihn nicht zum rechten Zeitpunkt erklärt zu haben.

Warum musst du den Bankrott erklären?

Ein Managementprofessur, der in seiner Karriere als Unternehmer Höhen und Tiefen erlebte, vom Aufbau einer kleinen Firma zum Manager eines Québec Inc. Unternehmens bis zum Bankrott einiger seiner Firmen, sagte Folgendes zu seiner Klasse: »Den privaten oder geschäftlichen Bankrott zu erklären, ist nicht das Ende der Welt. Es ist nur wichtig, dass man es tut, bevor andere es für einen übernehmen.«

Wie im Theater musst du sogar dein Scheitern inszenieren. Du musst es als eins von vielen Ereignissen im Leben sehen. Als würde man die Reset-Taste einer Nintendo-Konsole aus den 1980er-Jahren drücken: Du verlierst alles, was du während des Spiels gesammelt hast, und beginnst wieder von vorne. Alles? Nicht wirklich. **Ein Gutes hat der Bankrott: Es gibt Regeln, die den Menschen, die fast alles verloren haben, einen minimalen Schutz bieten.**

An dieser Stelle ist der Hinweis wichtig, dass du einen Konkursverwalter konsultierst, wenn du glaubst, dass dir die finanzielle Situation entglitten ist. Bevor es wirklich zum Bankrott kommt, gibt es vielleicht noch andere Lösungen.

Brauchst du den wirklich?

Tief einatmen, tief ausatmen

Als Erstes atmest du tief durch. Wenn du das hier liest und du aufgrund deiner finanziellen Situation nachts nicht schlafen kannst, musst du dich beruhigen. Geld ist nur ein Spiel. Ja, es ist ein Spiel mit großem Einfluss auf unser Leben. Manche Menschen spielen ihre Karten besser aus als andere oder haben beim Würfeln einfach mehr Glück.

Wenn du im Spiel des Lebens verlierst oder in einer verwundbaren Situation bist, ist es wichtig, dir eine Strategie zu überlegen. Statt also zu würfeln, solltest du einen Fachmann aufsuchen, um einen Überblick über die Situation zu bekommen.

Als Moderator einer Radiosendung erinnere ich mich an panische E-Mails von Hörern, weil sie nicht wussten, was sie gegen ihre katastrophale Finanzsituation unternehmen sollten. Einer schrieb mir, dass er nicht schlafen könne, weil er seine Kreditkartenschulden nicht begleichen könne und er nicht wollte, dass seine Ehefrau das übernahm.

Leider sind bei Zahlungsunfähigkeit die Ehepartner mit im Boot. Falls ein Ehepartner nicht über die Runden kommt, hat das Auswirkungen auf Urlaubspläne, die Abendgestaltung und Lebensentscheidungen für den ganzen Haushalt. Du musst über diese Dinge sprechen und für euch beide die beste Lösung finden. Als Erstes musst du definitiv deine Kreditkarten zerschneiden und anfangen, bar oder mit EC-Karte zu zahlen.

> Aber dann sammle ich keine Punkte mehr!

> Um Himmels willen!

(Siehe »!%#*?& Punktekarten« auf S. 49)

Deine Kreditkarte zum Punktesammeln zu benutzen, ist so wie Leergut sammeln, um dein Einkommen aufzubessern: Der Ertrag ist extrem gering.

Wege aus dem Schuldenberg

Vor dem letzten Schritt, dem Bankrott, gibt es ein paar grundlegende Tricks, um Verbraucherschulden loszuwerden. Erstens: Wenn du eine Kreditkarte mit 19,99 Prozent Überziehungszinsen hast, wieso fragst du dann nicht nach einem Dispo?

Bankrott

Die Zinsen dafür sind oft nur halb so hoch wie bei einer Kreditkarte. Wenn du einmal im Monat deine Kreditkartenrechnung nicht bezahlen kannst, greifst du auf den Dispo mit den niedrigeren Zinsen zurück.

Wenn dein Haus nicht überschuldet ist und du eine große Forderung begleichen musst (zum Beispiel 30.000 Euro) kannst du dir überlegen, eine weitere Hypothek zu beantragen, um flüssig zu werden. Das ist nicht gratis, kann aber ein Ehepaar davor bewahren, noch tiefer in die Schuldengrube zu fallen. Die Kosten für eine Hypothek sind niedrig genug, um die Überlegung wert zu sein.

Weitere Möglichkeiten:

- ✓ **Deine Schulden konsolidieren:** Das ist eine Lösung, wenn du viele Schulden hast, einige mit hoher Zinsbelastung. Ein Finanzinstitut kann dir einen Kredit gewähren, um alle zurückzuzahlen.
- ✓ Dann zahlst du diesen einen Kredit mit einer monatlichen Rate ab. Aber über diese Möglichkeit musst du früh nachdenken: Sobald dein Kreditrating zu schlecht ist, bekommst du bei Finanzinstituten eventuell keinen Kredit mehr.
- ✓ **Mit deinen Gläubigern verhandeln:** Manche Gläubiger bevorzugen es, ihre Konditionen zu lockern, statt gar nicht bezahlt zu werden. Du kannst zum Beispiel nach einem anderen Zahlungsziel, einer anderen Ratenhöhe oder vielleicht sogar anderen Zinsen fragen. Selbst mit dem Finanzamt kannst du das Gespräch suchen. Du hast kein Recht auf ein Entgegenkommen, aber sie zu fragen schadet nicht. Wer nicht wagt, der nicht gewinnt.
- ✓ **Freiwillige Vereinbarung:** Bei diesem Verfahren gibst du freiwillig einen Teil deines Gehalts dem Gericht. Auf dieser Basis erhalten Gläubiger eine Zahlung. Der Vorteil ist, dass du vernünftige Zinsen auf deine Schulden zahlst. Dieser Gedanke lohnt sich also , bevor dein Gehalt gepfändet wird.
- ✓ **Formeller Vorschlag an die Gläubiger:** Mithilfe eines Konkursverwalters machst du den Gläubigern einen Einigungsvorschlag, bei dem deine Schulden bei der Zustimmung der Gläubiger reduziert werden. Diese werden sich überlegen, ob sie auf so mehr Geld bekommen als bei einer Insolvenz.
- ✓ Für den Schuldner werden auf diese Weise die Zinsen gestoppt, der Vorgang verschwindet aber nicht aus der Kredithistorie.

Brauchst du den wirklich?

Bankrott

Der Bankrott ist keine magische Lösung, um aus den Schulden herauszukommen. Es gibt ihn nicht umsonst. Du musst dich von einigem Besitz verabschieden und zahlen. Für eine Bankrotterklärung muss zum Beispiel der Wert deines gesamten Besitzes weniger wert sein als deine Schulden.

Auch wenn du die Voraussetzungen erfüllst, musst du den Konkursverwalter bezahlen und dich durch Zahlungen basierend auf deiner Zahlungsfähigkeit über einen bestimmten Zeitraum »entlasten«.

Eine Reihe von Schulden kann in den Bankrott fließen (Privatkredite, Kreditkarten, Dispo etc.). Andere Schulden sind davon ausgeschlossen, wie Unterhaltskosten für den Ehegatten und Betrug sowie einige Studiendarlehen.

 Manches ist vor der Pfändung geschützt, insbesondere alles, was zu den Grundbedürfnissen zählt: Kleidung, Essen, Arbeitsmaterial etc. Nach einer gewissen Zeit werden Insolvenzauflagen aufgehoben.

Wieder auf die Füße kommen

Man kann es nicht oft genug sagen: Alles zu verlieren, ist nicht das Ende der Welt. Falls du denkst, deine Familie kann ihren Lebensstil nicht ändern, überleg noch mal. Menschen sind äußerst belastbar. Sind alle gesund? Das ist die Hauptsache.

Im Spiel des Geldes kannst du wieder von vorne beginnen. Das ist zwar nicht toll, aber Hauptsache, du bist dir schnell der Notwendigkeit eines Neuanfangs bewusst. Du musst den Rückschlag einstecken und lernen, darüber zu lachen. **Man muss sich nicht dafür schämen, alles verloren zu haben.**

Wenn du siehst, dass Menschen ins Stolpern geraten, gilt unsere allgemeine Bewunderung oft jenen, die sich trauen, wieder aufzustehen. Kannst du dich an die Athleten erinnern, die bei den Olympischen Spielen 1992 eine Medaille gewannen? Mark Tewksbury, Sylvie Fréchette, Linford Christie, Mike Powell, Carl Lewis und Boris Becker fallen dir vielleicht ein.

Aber es gab auch einen Typen namens Derek Redmond, dessen Geschichte ein Vierteljahrhundert später immer noch durchs Internet geistert. Wieso? Weil er tapfer gescheitert ist.

Nachdem eine Verletzung seinen olympischen Traum zerstörte, kam er wieder auf die Füße und beendete weinend und humpelnd seinen Lauf – vor

Bankrott

stehenden Ovationen der Zehntausenden Zuschauer im Stadion. Diese Zuschauer werden für den Rest ihres Lebens sagen können: »Ich war dabei.«

Ja, wir bewundern Gewinner, aber wir bewundern jene, die sich allein wieder aufraffen, noch mehr. Über dein finanzielles Scheitern zu reden, hilft vielleicht denen in deinem Umfeld, sich weniger alleine zu fühlen. Denn wenn sie eines Tages ins Stolpern geraten, werden sie sich aufraffen und an dich denken, den Derek Redmond in ihrem Leben.

> Finanzielle Probleme sind ein Teil des Lebens. Du kannst nicht für alles planen oder vor allem beschützt werden, nicht einmal vor deinen eigenen Fehlern. Weil es in dem Spiel um Geld Gewinner gibt, muss es auch Verlierer geben.
>
> Bankrott: Brauchst du den wirklich? Vielleicht. Das Wichtigste dabei ist, dass du dir dann bewusst bist und erkennst, dass es nicht das Ende der Welt ist.[45]

Anmerkung: Die Informationen in diesem Kapitel sind unvollständig und zusammengefasst. Es soll ein Samenkorn in deine Gedanken pflanzen und Lösungen anbieten, bevor nur noch eine Möglichkeit bleibt: der Bankrott.
Es ist wichtig, dass du eine für dich passende Lösung findest. Deshalb musst du unbedingt einen Fachmann konsultieren, um die beste Option für eine Entscheidungsfindung zu bestimmen.

VORSORGE FÜR DEINEN TOD TREFFEN?
MUSST DU DAS WIRKLICH?

Bei einem Abendessen erzählte uns eine Freundin der Familie, die ich seit meiner Kindheit (seit sie meine Windeln wechselte, genauer gesagt) kenne, dass sie sich Sorgen wegen ihrer Beerdigungskosten mache. Sie wolle diese Bürde nicht ihren Kindern aufhalsen und überlege deshalb, ihren Körper der Wissenschaft zu spenden.

Wir sprachen über andere Möglichkeiten wie eine anonyme Bestattung, Pappkarton, billige Einäscherung oder Sperrholzurne. Mein Vater und ich steigerten uns immer mehr in diesen Spaß hinein. Schließlich erstellten wir einen Geschäftsplan: Wir würden zusammengebastelte Särge aus wiederverwerteten Materialien billig anbieten. Das Ganze in Zusammenarbeit mit jungen Arbeitslosen, die auf diese Weise wieder in die Gesellschaft integriert werden konnten.

Es war ein wunderbares Konzept, das die Gemeinschaft einbezog. Wir würden sogar die Möglichkeit anbieten, dass Menschen ihren Sarg liebevoll selbst herstellten. Wieso auch nicht die Angehörigen etwas auf den Sarg schreiben lassen? Wozu Holz polieren, das sowieso unter der Erde verschwindet?

Unser Plan beinhaltete sogar das Retten von Kirchen in Québec, weil wir deren ungenutzte Kellerräume und Chorräume zum Aufbahren der Toten mieten wollten. Abgesehen von einigen Gottesdiensten würden wir die Bestattungsbranche komplett umgehen.

Natürlich alberten wir nur herum, aber uns war etwas klar geworden: **Eine preiswerte Beerdigung ist zwar möglich, aber verpönt.** Was die Frage aufwirft: Wieso so viele unserer finanziellen Ressourcen für unseren Tod aufwenden, wenn wir sie zu Lebzeiten besser hätten nutzen können?

Vorsorge für deinen Tod treffen?

Die Garantie

In gewisser Weise ist das Marketing rund um den Tod seltsam. Zum Beispiel versiegeln wir den Sarg, um den Körper länger zu erhalten. Super! Aber wer gräbt eine Leiche aus, um zu überprüfen, dass sie noch gut erhalten ist? In seltenen Fällen muss die DNA des Verstorbenen überprüft werden (wie bei einer kürzlichen Vaterschaftsklage bei Salvador Dalí).

Manchmal bieten Bestatter für einen noch besseren Schutz des Körpers Kupfergehäuse für den Sarg an und lassen die Hinterbliebenen grundlos blechen. Wieso diese Besessenheit von der Konservierung eines Körpers? Wir werden alle irgendwann von Würmern gefressen. Da macht die Budgethöhe keinen Unterschied, am Ende verschlingen uns die Würmer. Uns alle.

Es gibt Menschen, die lassen sich einfrieren, bis sie wieder auferweckt werden können. Diese Menschen haben die Legende von Walt Disney zu ernst genommen oder den Film *Vanilla Sky* gesehen.

Der Tod macht uns alle gleich. Wozu also versuchen, ins letzte Kapitel unseres Lebens ein bisschen Luxus zu pumpen? **Ist Sterben nicht die ultimative Lektion in Demut?** Wieso nehmen wir nicht alle biologisch abbaubare Materialien? Wozu den Boden kontaminieren? Falls Menschen unsterblich wären, würde uns der Platz ausgehen. Wozu versuchen, einen Körper unter oder über der Erde zu erhalten?

Sterben ist wie ein Resümee: »Ich bin jetzt an der Reihe. Ich war glücklich, traurig, habe viel erlebt, aber jetzt ist es Zeit zu gehen.« Unsere letzte Ruhe mag verfrüht kommen, aber wir wissen, dass wir alle sterben; wir denken nur immer, der Tod käme zu früh.

Warum also dafür bezahlen, für alle Zeit eine Spur von sich zu hinterlassen, wenn sich niemand mehr an dich erinnert? Wir sind alle zum Vergessenwerden bestimmt; warum finden wir uns nicht einfach ohne große Investition damit ab? Manche Menschen möchten vergoldete Beerdigungen, während andere ihren Besitz lieber den Hinterbliebenen vererben oder ihn genießen, während sie noch am Leben sind.

Möglichkeiten im Todesfall

Nichts auf dieser Erde ist kostenlos. Über die Bestattungsindustrie, Kostenanalyse, Vorvereinbarungen und so weiter könnte man ein ganzes Buch schreiben. Bei diesem Kapitel geht es mehr darum, über die uns zur Verfü-

Musst du das wirklich?

gung stehenden Ressourcen nachzudenken. Dafür im Folgenden ein paar Brocken zum Nachdenken.

Ein Pappsarg

 Warum nicht einfach einen Pappsarg kaufen? Der ist viel billiger, und da Beerdigungen oder Einäscherungen keine langfristigen Investitionen sind: Musst du da wirklich wertvolle Rohstoffe verschwenden?

Eine biologisch abbaubare Urne

Ich finde wie Kunstwerke anmutende Urnen amüsant. Warum füllen wir die Asche in wunderschöne Holzurnen oder teure Metallbehälter? Warum verwenden wir keine dekorative Kiste, in die die biologisch abbaubare Urne während der Zeremonie hineingestellt wird? Wäre doch sinnvoller, oder?

Ist den Menschen, die die Asche in einer Urnenhalle aufbewahren, die physische Nähe zu der Urne so wichtig? Sie können doch in die Erde kommen. Die Kosten wären auch weitaus niedriger, wenn man kein Loch für einen Sarg buddeln muss. Die Familie kann die Überreste des Hinterbliebenen tragen und braucht dazu keine extra dafür bezahlten Sargträger.[45]

Ein Baum werden

Nach der Einäscherung kann man in Nordamerika mit der Asche tun, was man will. Wieso nicht in einem Wald ausstreuen oder damit einen Baum an einem Ort pflanzen, der dem Verstorbenen viel bedeutet hat? Das ist nicht nur ein Symbol für die Überlebenden, der Baum wird auch den ökologischen Fußabdruck verkleinern und die mit der Beerdigung verbundenen Kosten verringern.

Expresseinäscherung

Während sich manche Beerdigungsinstitute auf Luxusbestattungen spezialisiert haben, bieten andere preiswerte Pakete an. Zum Basispaket gehört:

Vorsorge für deinen Tod treffen?

✓ *Leichentransport.* Du möchtest nicht deinen Schwager anrufen, er solle mit seinem Lieferwagen die Leiche ins Krematorium fahren.
✓ *Einäscherungskosten.* Du kannst schlecht ein Feuer im Garten machen, nicht einmal als heftigster Darth-Vader-Fan.
✓ *Rechtliche Formalitäten.* Denn es gibt viel mit den Behörden zu regeln.

Andere Kosten

Online-Bestattungsunternehmen bieten eine Reihe von Dienstleistungen – gegen Gebühr – an:

✓ Transport der Asche zum Friedhof
✓ Miete einer Kapelle
✓ Bestattungsberater
✓ Kosten für einen Geistlichen

Es gibt auch Online-Dienstleistungen, wie eine Gedenkseite, die ein paar Jahre bestehen bleibt. Und wenn du schon mal dabei bist, warum nicht ein paar Carbon Credits kaufen, um CO_2-neutral zu sein, wenn du stirbst? Oder gegen einen kleinen Aufpreis ein Erinnerungsvideo produzieren lassen? Die Liste der Angebote ist endlos.

Warum im Vorfeld Regelungen treffen?

Erstens, damit du deine Hinterbliebenen nicht auf einer dicken Rechnung sitzen lässt oder sie zwingst, im Trauerfall schwere Entscheidungen zu treffen (davon ausgehend, dass deine Angehörigen dich mögen).

Zweitens – noch wichtiger – damit deine Hinterbliebenen nicht dem Größenwahn zum Opfer fallen. **Indem du deine letzten Wünsche äußerst, müssen sich deine Erben nicht kritisiert fühlen, wenn sie sich für eine schlichte Beerdigung entscheiden.** Du nimmst ihnen im Voraus die Angst, dass andere sie dafür verurteilen können. Nehmen wir als Beispiel Michael Jacksons Beerdigung und machen das Gegenteil, denn ein Staatsbegräbnis sollte für die meisten von uns nicht das Vorbild sein.

Lasst uns also die belegten Brötchen und den Streuselkuchen auf ein Minimum beschränken. Für diesen Übergang brauchen wir mehr Menschen,

Musst du das wirklich?

die die traditionellen Kosten vermeiden und den Tod eines Menschen wieder zu dem machen, was er im Grunde ist: ein letzter Akt der Demut. Von Staub zu Staub.

> Ist es normal, dass das teuerste Event unseres Lebens nach unserem Tod stattfindet? Ob deine Beerdigung nun 10.000 oder 50.000 Euro kostet, du bist deswegen nicht weniger tot.
>
> Letztlich ist das Einzige, was wirklich zählt, deine Organspende. Das ist der wahrhaftigste Weg einer Spende.
>
> Eine Beerdigung für 20.000 Euro: Brauchst du die wirklich? Hast du deinen Organspendeausweis unterschrieben? Nein, aber du hast überlegt, deinen Sarg versiegeln zu lassen? Jetzt komm schon! Die Realität ist, dass wir unser Leben auf dieser Erde in einer einfachen, biologisch abbaubaren braunen Papiertüte beenden sollten.

Anmerkung: Natürlich kann man auch über die Bedeutung eines Testaments sprechen. Auf dieses Thema gehe ich im Kapital »Heiraten: Braucht du das wirklich« auf S. 90 ein.
Falls du die Nachlassplanung noch nicht auf dem Schirm, aber schon Kinder hast, hör sofort auf zu lesen und ruf einen Notar an! Das ist dringend! Ohne Ehevertrag oder Testament zu sterben und Kleinkinder zu hinterlassen, ist ein juristischer und behördlicher Albtraum für die Überlebenden.
Möglicherweise wird nicht alles gemäß deinen Wünschen umgesetzt. Mach dir keine Sorgen wegen der Steuern, aber jemand wird deine letzte Steuererklärung für dich ausfüllen müssen. Das Leben ist steuerpflichtig, auch wenn du bereits tot bist.

FAZIT ...
WARUM BRAUCHST DU ES WIRKLICH?

Finanzielle Fragen treten in jeder Phase des Lebens auf. Das Ziel dieser Übung zu den persönlichen Finanzen besteht nicht darin, dich in eine Zwangsjacke selbst auferlegter Einfachheit zu stecken oder dir zu raten, ein Geizhals zu sein. Ich möchte Fragen darüber stellen, wie Menschen ihre finanziellen Ressourcen nutzen.

Das Hauptziel dieses Buches besteht darin, Menschen zwischen 15 und 35 zu überzeugen, ihre finanzielle Zukunft in die Hand zu nehmen. Die finanziellen Entscheidungen, die sie während dieser zwei Jahrzehnte treffen, werden den Rest ihres Lebens bestimmen. Aber das Buch stellt auch Fragen, die Menschen zwischen 7 und 77 über ihre Beziehung zum Geld nachdenken lassen.

Indem du dich fragst: »Brauche ich das wirklich?« – und früh in deinem Leben damit anfängst – wirfst du weitere Fragen auf, die dich bei deinen Ausgabeentscheidungen lenken.

- ✓ Werde ich wirklich einen vollen Monat für diesen Gerätekauf arbeiten?
- ✓ Bin ich der Architekt meines eigenen Unglücks?
- ✓ Wie viel kostet mich das Nichtsparen tatsächlich?
- ✓ Denke ich an meine Zukunft und die meiner Kinder oder lebe ich, als wäre das Leben in einem Pflegeheim (was nicht immer lustig ist) für mich rein hypothetisch?
- ✓ Bin ich wirklich frei?
- ✓ Bin ich ein Sklave der monatlichen Zahlungen, wenn ich mich nicht um Geld kümmere?

Sich die Frage: »Brauche ich das wirklich?« vor jedem Kauf zu stellen, ist auch ein Weg, dich an die erste Stelle zu setzen oder dir selbst Antrieb zu geben.

Warum brauchst du es wirklich?

Da Zeit unsere wertvollste Ressource und begrenzt ist, musst du dich fragen, warum du das Leben damit verbringen willst, für albernes zu viel Ausgeben zu bezahlen? Was treibt uns dazu, so viel auszugeben? Die Antworten zu diesen entscheidenden Fragen sind persönlich und erfordern ein bisschen innere Reflektion.

Sparen ist kein Akt des Glaubens. Es ist eine rationale Handlung. Du wirst das Geld, das du heute verdienst, morgen brauchen. Möchtest du wie ein moderner Sklave leben oder deine Entscheidungsfreiheit behalten? Du musst jeden Euro einer Spalte deines Budgets zuteilen, wo er dir das größte Glück bringt, ganz zu schweigen von deinem Glück in den kommenden 20 Jahren. Was macht dich glücklich?

Lass dieses Buch nicht im Regal versauern. Reich es herum, leih es deinen Freunden, lass es zu Hause auf dem Tisch liegen oder verschenke es (sogar gebraucht). Falls jetzt Leser wegen mir frustriert sind, habe ich mein Ziel verfehlt. Frustrierte Leser sind möglicherweise die, die Nachrichten wie die folgende an Finanzkolumnisten schicken:

> Ich bin ratlos. Ich bin 40 Jahre alt, habe keine Ersparnisse und kann die Rechnung meiner Kreditkarte nicht bezahlen. Mit 58 möchte ich mich zur Ruhe setzen. Was soll ich tun?

Hier ist meine Antwort:

> Ruf Marty McFly an, fahre mit einem DeLorean mit 140 km/h über die Autobahn, um 20 Jahre zurück in die Vergangenheit zu reisen und stelle dir die folgende Frage: »Brauche ich das wirklich?« Wenn du es nicht wirklich brauchst, aber immer noch weiter deinen schicken Wagen fährst, hoffe ich, dass du Makkaroni in Schmelzkäsesoße magst.

Pierre-Yves McSween

DANKSAGUNG

Ein Buch zu schreiben, ist toll für einen Autor, aber um das zu bewerkstelligen, ist viel Hilfe nötig. Besonders danken möchte ich den folgenden Personen, in keiner bestimmten Reihenfolge.

CAROLINE LARRIVÉE, für alles, was du für unsere Familie getan hast.

PAUL-ANTOINE JETTÉ, für das Lesen dieses Buches, dem fachlichen Redigieren, deinen Adleraugen, aber vor allem für deine Freundschaft.

PAUL ARCAND, für die großzügige Zustimmung, das Vorwort zu einem Buch eines Kolumnisten deiner Show *Puisqu'il faut se lever* zu schreiben und dafür, dass du, mit einem simplen Scherz, zu diesem Projekt angeregt hast.

JEAN-FRANÇOIS ST-PIERRE, für deinen Enthusiasmus für den Studenten, der dir das erste Mal an der Coop HEC Montréal begegnet ist.

JEAN PARÉ, für deine Begeisterung und Aufgeschlossenheit gegenüber einem impulsiven, schillernden Wirtschaftsprüfer. Verrückte Ideen werden dank dir zu realistischen Projekten.

ÉLISE BERGERON, für deine Arbeit, Disziplin, Überstunden (sogar am Fête Nationale), dass du mir zugehört hast, deine sanfte Art, und dass du als Stoßdämpfer zwischen mir und der Verlagswelt agiert hast.

LOUISE SAUVÉ, YVES McSWEEN, ANNE-MARIE McSWEEN und MARIE-FRANCE McSWEEN, die Familie, die ich aussuchen würde, wenn ich die Chance dazu hätte.

DOMINIQUE LEROUX, laut dem wir unseren Leidenschaften folgen müssen.

ÉDOUARD und ÉMILE, meinen Söhnen, die mir zwei Gründe für die Einzahlungen in einen Ausbildungssparplan liefern.

Danksagung

Und schließlich danke ich DIR, dem Leser, der Leserin dieses Buchs, weil du es dir gekauft hast und dir die Zeit zum Lesen genommen hast. Um dir bei deinen Wünschen bezüglich der kontrollierten Geldausgabe zu helfen, findest du auf der gegenüberliegenden Seite einen Umschlag für deine Kreditkarte. Jedes Mal, wenn du online einen Flug buchen, eine teure Handtasche kaufen oder dir das neueste »must-have«-Produkt zulegen willst, wird deine Karte dich fragen: **»BRAUCHST DU DAS WIRKLICH?«**

Hier knicken

»BRAUCHST DU DAS WIRKLICH?«

Hier knicken

»BRAUCHST DU DAS WIRKLICH?«

An der gepunkteten Linie ausschneiden

Knicken und kleben

1. An der gepunkteten Linie ausschneiden.
2. An der durchgezogenen Linie knicken.
3. Die obere Kante und eine Seite festkleben.
4. Stecke deine Kreditkarte hinein.
5. Befreie dich finanziell.

ANMERKUNGEN

1 A. d. Ü.: siehe für Deutschland, https://www.wiwo.de/finanzen/geldanlage/ranking-bonus-kreditkarten-bieten-gewisse-vorzuege/23122808.html

2 https://www.davidstea.com/ca_en/faq/frequent-steeper/

3 Dabei handelt es sich um ein Produkt, dem durch Marketing Wert beigefügt wird oder durch Eigenschaften oder andere objektive oder subjektive Unterschiede. Durch das Bewerben der Differenzierung werden zwei Sorten von Tee nicht von allen Konsumenten als identisch angesehen.

4 In Deutschland zahlen bei erheblicher Zahnfehlstellung die gesetzlichen Krankenkassen die Behandlung, aber Korrekturen bei den Behandlungsgraden 1 und 2 fallen nicht unter die Leistungspflicht der gesetzlichen Krankenversicherung und müssen privat bezahlt werden.

5 www.consumer.equifax.ca/about-equifax/press-releases/-/blogs/total-canadian-consumer-debt-climbs-to-over-1-8-trillion-but-delinquencies-and-bankruptcies-edgedown

6 www.desjardins.com/wcm/idc/documents/e35-budget-e.pdf

7 Wenn es zum Beispiel eine zehnprozentige Chance auf einen Gewinn von 1000 Euro gibt, beträgt der erwartete Wert 100 Euro. Es geht darum, den statistischen Wert des potenziellen Ertrags zu berechnen.

8 https://www.caa.ca/wp-content/uploads/2016/09/CAA_Driving_Cost_English_2013_web.pdf

9 Das ist ein Durchschnittsauto. Je luxuriöser der Wagen, desto höher natürlich die Kosten.

10 http://www.ey.com/ca/en/services/tax/tax-calculators-2016-personal-tax

11 http://www.statcan.gc.ca/tables-tableaux/sum-som/l01/cst01/famil130a-eng.htm

12 http://www.statcan.gc.ca/tables-tableaux/sum-som/l01/cst01/trade36e-eng.htm; Anm. d. Übers.: Auch in Deutschland stieg laut Kraftfahrt-Bundesamt 2018 der Anteil der privaten Neuwagen um 2 Prozent auf rund 1,25 Millionen im Vergleich zum Vorjahr: https://www.kba.de/DE/Statistik/Fahrzeuge/Neuzulassungen/n_jahresbilanz.html

13 http://www.nrcan.gc.ca/energy/efficiency/transportation/cars-light-trucks/buying/16755

14 www.youtube.com/watch?v=uhWQ5zr5_xc

15 http://www.stat.gouv.qc.ca/quebec-chiffre-main/pdf/qcm2015_an.pdf; Anm. d. Übers.: In Deutschland waren es 2017 34,75% (https://de.statista.com/statistik/daten/studie/1324/umfrage/uneheliche-kinder-anteil-an-allen-

Anmerkungen

geburten/) und im gleichen Jahr 449.500 Eheschließungen, aber auch 148.066 Scheidungen (https://www.destatis.de/DE/Themen/Gesellschaft-Umwelt/Bevoelkerung/Eheschliessungen-Ehescheidungen-Lebenspartnerschaften/_inhalt.html).

16 https://www.canada.ca/en/services/finance/debt.html

17 www.thebillfold.com (such dort nach »A Story of a Fuck Off Fund«)

18 Filmtipp an dieser Stelle: *The Joneses – Verraten und verkauft*, ein US-amerikanischer Spielfilm aus dem Jahr 2009.

19 Anm. d. Übers.: In Deutschland trifft dies nur bei getrennter Veranlagung zu.

20 Ich spreche bei diesem Beispiel von einer Tochter, es kann aber genauso gut ein Sohn sein.

21 http://www.statcan.gc.ca/daily-quotidien/140325/dq140325b-eng.htm

22 articles.latimes.com/2014/mar/21/health/la-he-keeping-stuff-20140322

23 articles.latimes.com/2014/mar/21/health/la-he-keeping-stuff-20140322

24 Überarbeitete Version eines Artikels, der ursprünglich auf Voir.ca veröffentlicht wurde: voir.ca/pierre-yvesmcsween/2014/06/20/jaime-les-vieux

25 http://www.fin.gc.ca/n08/data/08-051_1-eng.asp

26 https://www.ratehub.ca/5-year-fixed-mortgage-rate-history

27 www.journaldequebec.com/2016/06/06/les-prix-des-condos-en-baisse-de-5-a-quebec

28 affaires.lapresse.ca/economie/immobilier/201604/27/01-4975596-immobilier-surevaluation-elevee-a-quebec-et-moderee-a-montreal.php

29 affaires.lapresse.ca/opinions/chroniques/rudy-le-cours/201606/10/01-4990396-lendettement-des-menages-fragilise-leconomie.php

30 http://www.cbc.ca/news/business/statistics-canada-debt-data-1.4577306

31 affaires.lapresse.ca/economie/immobilier/201512/03/01-4927375-immobilier-signesdesurevaluation-eleves-a-montreal.php

32 blogues.radio-canada.ca/geraldfillion/2015/08/21/alors-taux-fixe-ou-taux-variable

33 Gérard Fillion & François Delorme. *Vos questions sur l'économie*. Montréal: Éditions La Presse, 2014.

34 blogues.radio-canada.ca/geraldfillion/2015/08/21/alors-taux-fixe-ou-taux-variable

35 www.mfa.gouv.qc.ca/fr/publication/documents/sf_portrait_stat_complet_11.pdf, S. 145

36 Anm. d. Übers.: Nortel Networks Corporation, oder kurz Nortel, war ein kanadisches Unternehmen, das als Ausrüster für Telekommunikationsunternehmen tätig war und sich seit Januar 2009 im Insolvenzverfahren befindet.

Anmerkungen

37 Anm. d. Übers.: Poutine ist ein kanadisches Nationalgericht, bei dem Pommes frites mit Soße und Käse – oder in der hochpreisigen Gastronomie auch mit Foie Gras oder Trüffel – serviert werden.

38 Dieses Kapitel ist in Teilen aus meinem Blogpost auf Voir.ca entnommen. www.journaldemontreal.com/2015/12/01/le-quebec-depense-moins-que-toutes-lesautresprovinces-pour-noel

39 https://www.ledevoir.com/economie/431188/le-nombre-de-voyageurs-transportes-par-avion-a-atteint-3-3-milliards-en-2014 vom 07.02.2015.

40 Anm. d. Übers.: verschiedene Gastronomiebetriebe mit gemeinsamem Sitzbereich und Selbstbedienung, meist in einem Einkaufszentrum, inzwischen auch in deutschen Großstädten immer beliebter

41 Anm. d. Übers.: Kanadas größter Börse

42 »Deine Socken essen« ist ein Québec'scher Ausdruck dafür, sich unter Wert zu verkaufen.

43 Zum Beispiel als unbezahlter Blogger für ein Medienunternehmen.

44 Es gibt immer noch Barbershops. Ein öffentlicher Dank an den Ménick Barber Shop auf der Rue Masson in Montréal.

45 Anm. d. Übers.: In Deutschland geht das leider nicht so einfach, man muss sich nach der Einäscherung entscheiden, ob die Urne beigesetzt werden soll, oder es eine Baum- oder Seebestattung geben soll. Alleine das Bundesland Bremen bildet da seit 2015 eine Ausnahme, aber auch hier darf nur unter bestimmten Voraussetzungen und auf bestimmten Privatgeländen oder ausgewiesenen öffentlichen Flächen die Asche verstreut werden.

STICHWORTVERZEICHNIS

A

Agassi, Andre 27
Airbnb 175
Aktienmarkt 99, 129f.
Ankereffekt 39ff., 230, 237
Arbeitsunfähigkeitsversicherung 166, 168
Ausgabestrategie 55, 133, 203, 206
Ausgeglichenheit 83f., 88f.
Autopilot 88

B

Bankrott 245f., 248f.
Barvorschuss 15
Bequemlichkeit 43ff., 47f., 70
Besitz 21, 55, 70f., 80f., 87, 122, 130, 138ff., 143, 147, 174, 248, 251
Beyoncé 129
Bikesharing 78, 121
Bilanz 69
Bildungskapital 128
Bonität 104f.
Bouchard, Eugenie 32
Budget 27, 29, 48, 57ff., 64, 78, 94, 98, 101, 171, 198, 204ff.
Burton 31, 110

C

Canada Goose 31
Carsharing 71, 78f.
Clooney, George 129

Consumer Reports 56
Consumer Surplus 22
Controlling 60ff.
Couillard, Philippe 171

D

Darlehen 103f., 106, 116, 149, 152
Darlehensantrag 105
Delorme, François 153
Dispo 10, 62, 107, 162, 246ff.
Dolan, Xavier 28
Drake 129

E

Ehe 87, 90, 118, 241
Ehevertrag 94, 254
Einkommen 9, 11, 18, 42, 58f., 68, 104, 108, 119f., 123, 137, 145, 150, 153, 187, 192, 212, 222, 230, 232, 246
EOL-Produkt 73
Equifax 59, 104
Erwartungsmanagement 207, 209ff., 213

F

Facebook 69, 95, 145, 147, 214, 219
Familieneinkommen 144
Fillions, Gérald 153
finanzielle Harmonie 121

Stichwortverzeichnis

finanzieller Freiraum 80
finanzielle Unsicherheit 179, 195
Finanzmanagement 183, 192
Finanzstrategie 112
Freiheit 48, 50, 66, 80, 96, 99, 110,
113, 131, 152, 156
Fremdkapital 186

G

Geizhals 255
Geld 9, 12, 15, 17, 20, 22 ff., 29, 32,
38, 50 f., 55, 60, 62, 66 f., 69, 71, 73,
75 f., 80, 91 ff., 96 f., 99 f., 102,
108 ff., 114 ff., 121, 126 ff., 135, 139,
141 f., 144 ff., 148, 150, 152 f., 158,
161 f., 164, 167, 169, 172, 174 f.,
179 ff., 186 f., 189, 193, 198, 201,
205, 216 f., 221, 226, 229 f., 236,
239 f., 246 f., 249, 255 f.
Geldverdienen 89, 221
Gewinn 15, 129, 260
Gewinnspanne 28, 41, 51, 76, 220,
223, 230

H

Haftpflichtversicherung 174
Harpers, Stephen 149
Hatcher, Kevin 138
High-End-Produkte 54
Hochzeit 90 ff., 100, 118, 143, 196
Hypothek 12, 90, 107, 109, 116, 149,
151, 153, 165, 188, 240, 247

I

Immobilieninvestition 151, 186
Insolvenz 245, 247
Internet 85, 115, 120, 142, 177, 248
Investition 91, 126 ff., 135, 147, 152,
154, 185 f., 192 f., 228, 251

J

Jordan, Michael 27

K

Kapital 103, 108, 110, 130, 143, 146,
162, 166, 170, 182, 186, 188,
191 ff., 227, 242, 254
Kapitalismus 180
Kfz-Versicherung 175 f.
Kinderlosigkeit 156
Konditionierung 27
Konsum 25, 66 f., 198
Konsumentenrente 22
Konsumgesellschaft 43, 46, 134
Kostenanalyse 251
Krankengeld 166
Kreditkarte 10, 14 ff., 19 f., 27, 62,
105 f., 172 f., 246 f., 256, 258
Kreditkartenrechnung 10, 15 f., 57,
247
Kreditlimit 67
Kreditrating 16, 247
Kreditscores 103 f., 106
Kreditwürdigkeit 103, 106

Stichwortverzeichnis

L

Langevin, Luc 128
Lavoisier, Antoine 25, 94
Lebensversicherung 17 f., 109, 123,
  162 ff., 167 ff.
Liebe 23, 45, 69, 87 f., 91 f., 95,
  105 f., 114 ff., 119 f., 122 ff., 136,
  145, 159, 167, 189, 243
Lieblingsausgabenkategorie 205
Liquidität 109, 185
Lopez, Jennifer 28
Louis Vuitton 28
Luxusprodukt 205
Luxuswaren 28

M

MacBook Pro 31
Management 69, 80, 89, 143, 189 f.,
  207, 209, 213, 245
Maslow, Abraham 43
Mastercard 15
McIntosh 55

N

Nettovermögen 188
Nike 27
Notfallgroschen 11

O

Öffentliche Verkehrsmittel 80
Operations Research 79
Opportunitätskosten 44, 47, 78, 92

P

PODC 60
Price Skimming 22
Produktivität 125, 229
Punkteprogramme 53

R

Rawls, John 127
Redmond, Derek 248 f.
Registered Retirement Savings Plan
  (RRSP) 18, 130
Reichtum 29, 132
Rendite 71, 146, 152, 170, 185 f.,
  188, 191 ff., 197
Rentensparplan 18, 74, 94, 98 f., 109,
  123, 194, 214
Rückzahlungsplan 20
Ruhestand 11, 64, 80, 97, 99 f., 125,
  127, 129, 131, 163, 191 f.

S

Sakic, Joe 138
Schulden 10, 15, 57, 59, 67 f., 96,
  101, 104, 106, 108, 113, 117, 137,
  180, 185 ff., 218, 247 f.
Schuldenlast 18
Scrooge, Ebenezer 179
Selbstversorgung 180
Sharapova, Maria 32
SMART-Ziele 209 f.
Sozialhilfe 76, 243
Sparplan 100
Spielraum, finanziell 12
Springsteen, Bruce 32

Stichwortverzeichnis

Steuererklärung 63, 175, 254
Sugarpova 32

T

The Wolf of Wall Street 103
Tiffany & Co. 28
Tommy Hilfiger 31

U

Uber 78 f.
Unausgeglichenheit 83 ff., 87 f.

V

Vermögensaufbau 185
Verschuldungsgrad 150
Visa 15
Vollkasko 176

W

Wachstumsstrategie 237
White, Shaun 110
Wiederbeschaffungswert 177
Wohneigentum 147 ff., 151, 154

Z

Zahlungsfähigkeit 104, 154, 248
Zeitmangel 87
Zinssatz 15, 153, 188
Zufriedenheit 22, 97, 199, 208, 211, 232
Zwölf-Monats-Regel 187

ÜBER DEN AUTOR

Pierre-Yves McSween ist Wirtschaftsprüfer und Kolumnist für hochrangige Radioformate. Er schreibt für *La Presse* und *Voir.ca*, moderiert eine Sendung im kanadischen Fernsehen und unterrichtet an der Hochschule in Québec. Er lebt in Montréal.

Haben Sie Interesse an unseren Büchern?

Zum Beispiel als Geschenk für Ihre Kundenbindungsprojekte?

Dann fordern Sie unsere attraktiven Sonderkonditionen an.

Weitere Informationen erhalten Sie bei unserem Vertriebsteam unter **+49 89 651285-252**

oder schreiben Sie uns per E-Mail an:
vertrieb@m-vg.de

REDLINE | VERLAG